CIAM的都市像からの脱却

黒川紀章
槇 文彦
菊竹清訓
山本理顕
古市徹雄

都市を捉えなおす内省的思考

宮本忠長
北川原 温
新居千秋
安田幸一
古谷誠章

建築と都市をつなぐコンセプトへ

内藤 廣
隈 研吾
小嶋一浩
阿部仁史
伊東豊雄

現代建築の軌跡

建築と都市をつなぐ思想と手法

川向正人 KAWAMUKAI Masato 編著

鹿島出版会

はじめに

一五通りの「思想と手法」

本書は、「建築と都市をつなぐ思想と手法をもとめて」と題して、二〇〇二年一〇月から二〇〇四年二月までの間にほぼ月一回のペースで、一五回連続して開催された公開対談をまとめたものである。

対談では毎回、事前に打ち合わせて、対談の「キーワード（主題）」と、建築と都市をつなぐという視点からそのキーワードを読み解いた内容の「副題」を決めることに、かなりの時間とエネルギーを割いている。まず、対談予定の建築家に、「建築と都市をつなぐ」という基本テーマに関連して論じようとする彼らの思想と手法を、一つのキーワードで表現してもらう。そして、回答されたキーワードに即して対談で論じたい内容をプロットしながら、私のほうで、できるだけ適切にその内容を言い表す副題案を考える。案を再び、対談者となる建築家に投げかけて、合意が得られれば、副題が決定する。このようなプロセスを経て、たとえば黒川紀章の「共生―中間領域による多元的世界へ」のようなキーワード（主題）と副題の組み合わせが決まっていった。

つまり、事前打ち合わせは漠然とではなくて、この段階ですでに、キーワード（主題）と副題のかたちで、建築と都市をつなぐ「思想と手法」の言語化を試みているのである。本書への編集過程で、表現の調子を整えるために多少変更しているが、目次を見るだけでも一五通りの「思想と手法」が分かるように心がけた。

ただし、対談の本文を読むと感じるように、彼らの思想の広がりや深みが捉えきれていないものもある。さらに言えば、建築家の内部にあって、一〇年、二〇年、いやそれ以上の長きにわたって設計活動を支えてきた混沌とした何か（これが、黒川のいう「生命」「阿頼耶識《あらやしき》」、あるいは菊竹清訓のいう「か」かもしれない）が、言語化されたものを超えて溢れ出て、広がっているようにすら感じられる。言語化や分類（章立て）を試みているが、それらが絶対的なものでないことは言うまでもない。

語られた事象をより鮮明にして、脈絡をさぐる

最終的に三部構成としているが、本書を、完結した個別の対談を寄せ集めただけの、いわゆるオムニバス形式の対談集にしないことは、企画当初からの目標であり願いであった。

連続対談が終わってから一年余、この間、対談のなかで言及された概念やプロジェクトの意味・内容を、建築家たちがそれらを発表した初出文献（著書や雑誌掲載論文など）で確認する作業を続けてきた。同じ概念を同じ建築家が用いても、発表した当時とその後では、意味が変化している場合もある。菊竹の「か・かた・かたち」は、三段階方法論の枠組みを維持しながら意味内容が意識的に変えられている最も良い例であろう。槇文彦も対談のなかで「グループフォーム」というキーワードについて、「その定義は時代とともに変わっていく。変わり得ることが重要で、それゆえにグループフォーム（という概念）が生き続けてきたとも言えるのです」と述べている。本書の脚注でも指摘しているが、概念と手法が、その表現と意味を変えながら同世代や次世代へと伝播し受け継がれている例は、決して少なくない。強い生命力をもった思想であれば伝播して生き続け、しかも、その間に少なからず変化する。おそらく今後も変わり続けるはずだ。研究者にとっては、そのダイナミズムが現代（建築、建築家）を対象にする面白さであると同時に、評価の誤りに結びつく怖さでもある。

だからこそ、対談で触れられた事象については、できるだけ初出文献を探して、いつ、どのような意味だったのかという歴史研究的な検証作業を、丁寧におこなった。こうした一連の検証作業の成果は、脚注として活かされている。詳しすぎると思われるほどの脚注が本書に付いているのは、こうし

た理由による。

詳しい脚注は、本文だけの場合と比べれば個々の事象の輪郭をより鮮明にして、同時に、一見無関係のような事象の間に脈絡のようなものを浮かび上がらせる。その浮かび上がった脈絡に従って、本書を三部構成とした。

起点としての一九六〇年前後

その構成によれば、本書の本文は、終戦直後、爆撃による一面の焼け野原に立って、建築家となって日本という国の再建を決意する、黒川紀章の話から始まる。きれいに灰となった日本が不死鳥のように蘇る、まさに不死鳥神話のようなスタートになった。しかし、その後の日本社会の復興と成長は、あらゆるものを壊し、分断して、新たな社会問題・都市問題を生み出していく。伝統的なものがすべて否定されて、欧米一辺倒に走る戦後日本の社会状況を語り、黒川との対談は、そのなかで敢えて「日本」という立場を取り続ける彼の精神的根拠ともなった「共生仏教」「唯識思想」との出合いへと進んでいく。

そして、一九六〇年の世界デザイン会議の東京開催とそれをきっかけとするメタボリズム・グループの結成、あるいはチームX《テン》との交流に至り、黒川の軌跡と、続く対談者である槇や菊竹の軌跡が、ここで交差する。同じように「建築と都市をつなぐ思想と手法」を語るにしても、槇とは、外から見た日本、あるいは当時の日本人にとって憧れの対象でもあったアメリカを含む海外の状況から、また菊竹とは、彼の持論でもある「メガストラクチャー」よりも思想的には重要で影響力も大きいと思われる三段階方法論「か・かた・かたち」に重点を置いて、対談を進めている。

建築と都市の視点から現代を考えようとするとき、今日のわれわれに影響を及ぼす重大な出来事が建築界の内外で頻発した一九六〇年前後を、現代という時代の起点に位置づけられるのではないかという思いが、私の内部で次第に強くなった。世界デザイン会議の東京開催とメタボリズム・グループの結成のほかに、それまで日本の洗練された伝統を近代建築に融合することを目指して香川県庁舎（一九五八）では古典の成熟すら見せていた丹下健三が、建築から都市へ、あるいは都市計画に向かう六〇年代の方向転換を象徴するかのように「東京計画一九六〇」（一九六一）を構想し発表するのも、この頃である。東京が人口流入によって五七年に人口世界一、六二年には一〇〇〇万都市に膨張し、都市問題が顕在化して、都市の未来を構想することが建築家の責務と考えられるようになっていた。都市膨張あるいは都市爆発は日本のみならず世界をおそった現象であり、この現象に楽観的なCIAMが解散して、思想・方法を自己批判しつつ個々の課題に具体的に対処するチームXが台頭する。チームXは、日本に限らず世界のどこからでもケーススタディの事例を受け入れて、それを彼らの開かれた場で多面的に議論するというスタンスをとっていた。チームXとの交流は、若い日本人建築家の意識を世界に開く十分な力をもっていたはずである。一九六〇年前後は、とくに「建築と都市」を考える場合には、良くも悪くも現代につながる種々の現象の起点と見てよいであろう。

もっと広く社会を見渡せば、一九六〇年は、貿易為替自由化の促進によって経済的に、また新安保条約・新行政協定が調印されることによって政治・軍事的に、日本が緊張に満ちた国際関係に組み込まれていく年であった。石炭から石油に移行するエネルギー革命によって、一方で、三井三池炭鉱ロックアウトは流血をともなう大争議に発展し、他方で、石油化学を軸とする大規模コンビナートの建設が日本各地で進んでいく。新安保条約のほうは国会周辺の大衆デモが激化するなかで強行採決、そして批准書交換へと進み、それを終えたところで岸首相の退陣表明。後継の池田隼人内閣は、とげとげしく分裂対立する国民の心を癒すかのように「国民所得倍増計画」を発表する。このすべてが一九六〇年に起きたのである。

だが、さらに重大なのは、翌六一年からは政治的対立を抑える「忍耐と寛容」の下に、近代化・都市化・工業化が津々浦々まで浸透して、日本の社会、そして風景が、根底から変わっていくことであろう。私は大学研究室の学生といっしょに、日本の地方都市が戦後どう変わっていったかも併せて調査研究しているが、一九六〇年を境にしての変化は、五〇年代までのそれとは比較にならないほどに激しい。六〇年代以降の変化は、国民全体の所得が倍増して、建てるのも壊すのも国民の一人ひとりの手による、まさに「草の根」からの変化になっていく。敗戦を契機に進んだ価値の大転換は、質素で堅実な日本人の生活様式をくつがえして、資金がなければ銀行から借金し、流行を追いつつ住宅や店舗を新築・増改築する動きを日本中に広げる。二一世紀初頭の今日、若い世代に見放され過疎化と高齢化が進む中心市街地が抱える「住みにくさ」も、元凶は高度経済成長以降の変化にある。

二一世紀に入ってやっと、この四〇年、五〇年の歩みをふり返って修正の舵が切られようとしている。どう修正すればいいのか。そう問うとき、六〇年代半ばから一貫して「修景」の思想と手法を採用し、長野県小布施町のまちづくりを続けてきた宮本忠長の存在は大きい。そして、建築を「素形」にまで突き詰めた内藤廣の思想と手法もまた、質素堅実で豊かでもある生活と、敷地の力を引き出すことによってローコストであっても十分に気候風土に合った寿命の長い建築を手に入れてきた、かつての日本人の知恵につながるものである。

「つなぐ」とは

八〇年代、九〇年代と時代が進むにつれてはっきりしてきたのは、「図」としての建築デザインが高度化し多様化して成熟の度合いも深める一方で、それらを「地」として支える有機的組織としての地域や都市が生命を失い、枯渇し、断片化していく状況だった。そこで私は、八〇年代後半からのフィールドワークに基づいて『風土・地域・身体と建築思考』（一九九七）、『二〇世紀モダニズム批判』（一九九八）、そして『境界線上の現代建築』（一九九八）を書いて、身体と建築、建築と地域などの境界領域をどう再構築するかと、さまざまな事例を挙げて問いかけた。

宮本忠長、新居千秋、古谷誠章、内藤廣、隈研吾、小嶋一浩、阿部仁史たちは皆、本書の対談にもよく表れているように、私と同じく徹底した現場主義者であって、共通点の多い思考形態をもち、前述の拙著にもしばしば登場している。私は設計者ではないが、彼らと同様にその敷地に立ち「私ならば、どう構想し、どう設計するか」と考え、ときには設計者に同意し、ときには批判もした。そういう体験を重ね、彼らからも学んで、空間を空虚なものとしてではなくて濃密な関係や情報が充満する広がりとして捉え、それを「風土」と呼び、「地域」として扱う、私なりの視座を培ってきた。

この視座から見ると、環境を構成するモノとわが身は、この濃密な関係によって深く結ばれている。私たちの身体もモノも、その境界面と見えるところで、実は終わっていない。境界面は曖昧で、粒子が出たり入ったりしている。相互作用は粒子の交換であって、私たちの生きる空間には、この種の多種多様な粒子が充満しているのである。

今回、建築と都市との関係を論ずるに当たっても、この視座を変えていない。だから、基本テーマである「つなぐ」も、一本の線でつながれたようなものではなく、相互に複雑に絡み合い、交叉し、包摂し合った状態をイメージしている。しかも、それは外からの圧力によって強引につながれるのではなくて、これまでも拙著で主張してきたように、「内側から」「自然に」絡み合い、交叉し、包摂し合うことを意味している。

だが、今回は「地域」ではなく「都市」が対象である。このような視座からダイナミックな「都市」を捉え得るかという疑問は、当初からあった。ここでも、一九六〇年前後の、一つはチームX内部での、もう一つはメタボリズム・グループ内部での、建築と都市をめぐる議論を可能な限り史料を集めて調べることで、この疑問から解放された。「つなぐ」理念とそのための具体的な手法についての多面的な検討こそが、CIAMに欠けていたものであって、それを批判するチームXやメタボリズム・

グループでは、議論の核になっていたのである。たとえば、ピーター&アリソン・スミッソンの「アソシエーション」、アルド・ファン・アイクの「対をなす現象とその境界」、黒川の「コネクター」、そして槇の「リンケージ」などは、「つなぐ」要素を介在させて建築で都市を構成する思想と手法に、直接結びつくものであった。

D・ピートの「シンクロニシティ」、「リーマン空間」、「中間体と中間領域」、「道空間と道の建築」など、黒川が語るものはいずれも、「つなぐ」理念に深く結びつき、またそのイメージを非常に豊かにしている。それは、槇の語る「ジェネティックフォーム」「ヴァナキュラー」「地域性」「空間の襞」「奥性」などの概念についても、同様である。

現代建築の軌跡

以上のように検討を重ねていくと、一九六〇年前後を起点として今日に至るまでの現代建築の軌跡のようなものが、次第に見えてくる。

本書のタイトルを決めることになったとき、まず、「建築と都市をつなぐ思想と手法」が候補に上がった。しかし、これだけでは、いつの時代の建築と都市を扱うのかが伝わらない。結果として、どのような建築と都市をどのようにつなぐのかも全くイメージできない。そこで、次第に意識されるようになっていた「現代建築の軌跡」を本書のタイトルにして、「建築と都市をつなぐ思想と手法」をサブタイトルに回すことにした。現代建築の軌跡でも特に「つなぐ」動きの軌跡を扱うこと、あるいは、「つなぐ」は「断片化」「切断」「孤立」などの現象に抵抗する現代建築の本質に関係するものだということが、このタイトル構成によって、伝わりやすくなることを期待している。

あわせて三部構成の各題目を紹介すると、第Ⅰ部が「CIAM的都市像からの脱却」、第Ⅱ部が「都市を捉えなおす内省的思考」、そして第Ⅲ部が「建築と都市をつなぐコンセプトへ」となっている。内容については各部の冒頭で説明しているので、参照していただきたい。

優れた建築家たちは皆、その生きた時代、生きた場所で、何か大きな課題に直面している。あるいは、身体をそこ（時代、場所）に置くことによって、粒子が行き来して、彼らの身体内で次第に課題が育ち、形を成すとも言える。外にあるようで、実は内にある、そのような課題と対峙して苦闘するところから、彼らの思想や手法も育ってくるわけだが、歴史的に見て、近現代建築史上の主要な課題は、ほぼ捉えられている。だから、彼らの思想や手法の全貌が掴みきれないときは、彼らが闘っている課題とか、彼らが師と仰ぐ建築家から闘うことを受け継いだ課題の側から、彼らの立つ位置を捉えてみた。師の例としては、古市徹雄の丹下健三、新居千秋のルイス・カーン、安田幸一のバーナード・チュミ、阿部仁史のコープ・ヒンメルブラウを挙げることができるであろう。師や課題のほうは近現代建築史での位置づけも進んでいるので、それを参照して、建築家の本書での位置を決めた場合もある。

第Ⅰ部に出てくる「ＣＩＡＭ的都市像」には、「機能主義」「居住・労働（仕事）・余暇・交通」「ゾーニング」、これらを骨子とする「アテネ憲章」、また「アテネ憲章」をまとめたル・コルビュジエがそこに混入させた彼自身の「輝く都市」構想とその「住居単位」「垂直田園都市」などの思想と手法も含めている。第Ⅰ部に登場する建築家たちだけではなく、現代建築全体で「ＣＩＡＭ的都市像」との闘いは今も続いており、だからこそ「つなぐ」がテーマであり続けているとも言えるのだろう。

その闘いも、内省化しつつ建築の枠を積極果敢に広げて、日本の歴史風土、哲学・文学・美術・映画の他分野、あるいはアジアの建築と都市づくりの調査研究へと向かい（第Ⅱ部）、さらには、より具体的に使えるコンセプトと手法を鍛えて豊饒化させる動き（第Ⅲ部）へと展開している。

目　次

第III部 建築と都市をつなぐコンセプトへ

第I部

CIAM的都市像からの脱却

まず、黒川紀章、槇文彦、菊竹清訓という三人のメタボリストが登場する。

黒川は、その思想の全貌を掴むことが困難な建築家の一人だが、ここでは、実に明快に自らの思考の軌跡を語っている。彼が若くして学んだ「共生仏教」は、対立するものの和解を説くというよりも、もともと共に生き、共に存在するのが真の姿だと教えるものであった。彼のいう「中間体」は、大乗仏教における「空」の概念にルーツを有するもので、内外の境界線を超えて広がる濃密な存在を指す。それは、しばしば誤って説明される、「二元論的な対立を媒介したり調停したりするもの」とは全く違う。機械的なイメージの強い「カプセル」ですら、彼によれば、すぐれた茶室にも似た壺中の天であって、そのなかに一切のもの、広大で密度の高い宇宙を包み込む。「道空間」もまた、交通だけではなく、多様な生活が濃密に展開する場である。つまり、いかなる概念を使おうとも、黒川の根本思想はつねに同じで、多様なものが一つになって共生・共存する状態を志向する。だから、彼は、切断し、断片化し、孤立させ、対立を好むCIAM的都市像を否定するのである。

槇もまた、一貫して「グループフォーム」の視点から語り、書き、創作してきた建築家である。槇ほど施主に恵まれた建築家であれば「メガストラクチャー」を実現させる機会もあったに違いない。しかし、彼はそれとは距離をとって、「グループフォーム」の可能性を追求してきた。ヒルサイドテラスが示すように、時代とともにその形態・表現は変わっていくが、変わりながらも「グループフォーム」は生き続けている。海外に滞在してチームXのメンバーやその親しい友人たちとも日常的に交流し得た彼（誰とも肩肘張らずに自由に交流するのは、槇の人柄でもあろう）の思想や手法、すなわち「リンケージ」「ジェネティックフォーム」「歴史的集落」「ヴァナキュラー」「地域性」「空間の襞」「奥性」などは、チームXの土壌から直接芽生え、育ってきたようにすら感じられる。

菊竹の場合は、「か・かた・かたち」について論じている。一九六〇年前後、CIAM理論の有効性がゆらぎ、建築と地域、建築と都市との関係を新たに捉え直さねばならなかった。もはや「かた」「かたち」だけでは建築も都市もつくれない。そのような時代に、「か」の存在を見出し、さらには「かた」「かたち」と関係付けて、一つの方法論を提起したことの意義は大きい。この方法論の誕生には、「近代から現代への転換」を強く感じさせるものがある。どのように「か」（現象・状態）を「かたち」（建築）にするか、そのために有効な「かた」は何か、と現代の建築家たちは日々、頭を悩ませているわけだが、この極めて現代的な思考形態を意識化したのが、菊竹の三段階方法論だったのではないか。

山本理顕の「職住混在」は、東雲キャナルコートCODANでの試みについて語るものである。これもまた、第四回CIAMの内容をまとめた「アテネ憲章」やそこに盛り込まれたル・コルビュジエの「輝く都市」の内容に含まれていた「職と住の分離」「田園や緑地に疎らに配置された集合住宅」「通路に対して壁と鉄の扉で閉じた住戸」を否定する点で、CIAM的都市像からの脱却を目指すものである。彼の語る思想と手法は、ツボをぐっと捉えて住宅と都市との関係を変えてしまう可能性を秘めたものだ。

古市徹雄の「スパイン（背骨）」は、師である丹下健三の「都市軸」からの脱却を目指すものである。古市のそれは、最終的に、黒川のいう「道空間」「中間領域」や、槇のいう「リンケージ」「空間の襞」に近いものになっていく。丹下がすでにCIAMの機能主義的な建築や都市を批判し、チームXのメンバー、とくにアルド・ファン・アイクらに似て「機能概念による分析的方法から構造概念による組織化へ」の変化を追求していたが、「スパイン」によって古市が、どれほどCIAM、さらには丹下の都市像よりも前進し得たか。

第1章

黒川紀章
KUROKAWA Kisho

共生
——中間領域による多元的世界へ

川向　黒川紀章さんをゲストに迎えて、いまや建築界を超えて、広く国内外の哲学界でも注目される「共生」の思想についてお話をうかがいながら、建築と都市について考えていきます。この思想は、アジア、そして日本からの発信を強く意識したものだということが重要だと思うのですが、まず、それはなぜなのかという辺りからお話ください。

「日本」という視座

黒川　会場には若い人たちが多いので、最初に私自身がどういう時代に生きたかということからお話しします。私の親父は建築家でした。そして、私が小学校の五年生のときに終戦になって、日本は負けました。私が住んでいた名古屋は当時一〇〇万都市だったと思いますが、それが何日かの焼夷弾の爆撃できれいに灰になった。一緒に焼け跡に立ったときに、親父が「ああ、なんてことだ。結局オレたちがまた、一からつくるしかないな」とつぶやくのです。焼け跡のあの光景と、「ゼロからつくるしかない。それを建築家がやるって、すごいことだな」と思い、と同時に「建築家になるぞ」と決めた瞬間を、不思議なほど鮮明に覚えているのです。

大学は京都大学にしました。京都が焼け残ったことも大きな理由ですが、理由はもう一つあります。私たちの世代に共通する体験でしょうが、戦後、「日本はだめな国だ。日本の文化なんて役に立たない」と真正面から言われながら生きてきた。それに対する反発がすごく強い。確かにアメリカの文化は魅力的だし、ヨーロッパの文化も明治時代から日本人がずっと尊敬してきた点はわたしとて同じだけれど、それでも「日本の文化なんてだめだ」と言われると、圧倒的な欧米志向に抵抗したくなる。そういう気持ちに動かされて京都へ行った。

黒川紀章［くろかわ・きしょう］
一九三四年　愛知県生まれ
一九五七年　京都大学工学部建築学科卒業
一九六二年　(株)黒川紀章建築都市設計事務所
一九六四年　東京大学大学院博士課程修了
一九八六年　中国北京清華大学教授
一九八八年　ブルガリアソフィア大学名誉教授
［主な受賞歴］
一九六五年　高村光太郎賞
一九七八年　毎日芸術賞
一九八六年　フランス建築アカデミーゴールドメダル
一九八八年　リチャード・ノイトラ賞
一九八九年　世界建築ビエンナーレ・グランプリ・ゴールドメダル
　フランス芸術文化勲章（シュバリエ）
一九九〇年　日本建築学会賞（広島市現代美術館）
一九九二年　日本芸術院賞（奈良市写真美術館）
二〇〇二年　第一回世界都市章（スペイン）
二〇〇三年　フランス芸術文化勲章（オフィシエ）
二〇〇四年　デダロ・ミノッセ大賞（イタリア）
［主な著書］
一九六五年　『都市デザイン』（紀伊国屋書店）
一九八三年　『道の建築―中間領域へ』（丸善）
一九八七年　『共生の思想』（徳間書店）
一九九一年　『花数寄』（彰国社）
一九九四年　『黒川紀章ノート』（同文書院）
一九九六年　『黒川紀章――都市デザインの思想と手法』（彰国社）
　『新・共生の思想』（徳間書店）

日本を見直す。日本文化の真髄である京都・奈良に行って、日本を見つめる。反発からそういう気持ちになって、それが私の一生を決めることになります。現在に至るまで「日本」が私の思想を一本の筋として貫いているのは、そもそも日本の文化とは何かという問いが常にあったからで、ヨーロッパ中心主義に対して、もう一つ別の視点があるのではないかという思いを持ち続けてきました。

共生(ともいき)仏教との出合い

川向　そして、黒川思想を考える場合に重要な、もう一つの要素に、「共生仏教」[*1]との出合いがありますね。

黒川　ええ。ヨーロッパの合理主義的二元論で世界中の思想界が統制される。それはすごいけれども、もう一つオルタナティブがあるのではないか。もう一つの考え方があるとすれば、日本というかアジアというか、欧米が無視しようとしている自分たちの文化を基盤にしてやがて世界に影響を与えるであろう、新しい運動を起こしていくことが必要なのではないか。この思いが、メタボリズム[*2]とそれ以降の運動につながる。そういう思いが続くなかで、中学と高校時代に教えられた「共生仏教」という言葉とその思想に、もう一度立ち戻る瞬間が、私の内部にあったわけです。

　私は名古屋の東海学園という仏教学校に六年間通いましたが、学園長が芝の増上寺の管長椎尾弁匡[*3]先生でした。東大のインド哲学を出た仏教思想の権威で、「共生仏教」運動を大正一一年に始めた人でした。一つはそういう非常に強い仏教のルーツ、もう一つは、あまりにも全否定された日本というものに対する私自身の思い入れがあった。

　東大大学院時代には、一九五八年にＣＩＡＭ[*4]が崩壊、そしてコルビュジエの次の世代

*1　共生仏教
大正・昭和初期に浄土宗の僧、仏教学者の椎尾弁匡が唱えた思想。欧米の近代思想に見られるような、相互に助け合い、あるいは一方的に助けることによって、利益を受ける者が生じるという考えとは根本的に異なる。生きとし生けるもののすべて（一切衆生）が縁によって共に生き、生かされている。ゆえに、共に生きることこそ森羅万象の真の姿だと説く。

*2　メタボリズム
一九六〇年の「世界デザイン会議」の準備を契機に、建築評論家の川添登を中心として、建築家の黒川紀章・菊竹清訓・槇文彦・大高正人、デザイナーの栄久庵憲司・粟津潔などが集まり、メタボリズム・グループが結成された。新陳代謝を意味する生物学の用語に由来する。同年に刊行された『メタボリズム一九六〇』には、「来るべき社会の姿を具体的に提案」し、「歴史の新陳代謝を、自然に受け入れるのではなく、積極的に促進させようとする」グループの基本理念が宣言されている。あらゆるモノもコトも動的な代謝現象として総体的に捉える。六〇年代、彼らは建築と都市の境界を取り払い、新陳代謝を通じて成長する有機体として都市的プロジェクトを提案するだけではなく、最先端のテクノロジーを導入してそれを実現させ、既存の建築と都市を刷新しようとした。

*3　椎尾弁匡
一八七六〜一九七一年。建中寺住職や浄土宗大本山増上寺法主、大正大学教授・学長を歴任した。共生会理事長、慈友会幹事長としての活動の他に、東海中学の創設、愛知県選出の衆議院

によるチームX《テン》[*5]の結成、さらに同じ年にレニングラードで開催された国際建築学生会議[*6]では議長を務めることになった。そして一九六〇年には、東京での世界デザイン会議[*7]開催とメタボリズム・グループの組織、それに続く国際会議や各種の国際コンペへの参加と、私の活動は急激に世界に広がっていきますが、自分の立つ位置、アジアの日本と、コルビュジエたちの機械原理に代わる生命原理を思想として打ち立てることを、当時「機械の原理から生命の原理の時代へ」という論文[*8]にまとめています。メタボリズムも共生の思想も、その基本に生命の原理があるとも言えます。

唯識（ゆいしき）思想と二元論の克服

川向　大学時代は、仏教哲学の一つである「唯識論」[*9]をずいぶん研究されたようですが、黒川さんの空間論・建築論・都市論は、この「唯識論」から直接流れ出ているように感じられます。

黒川　唯識思想というのは、古くインドで完成された、世界で最も優れた哲学の一つです。詳しい説明は省きますが、この哲学によれば、善でもある悪でもある、有でも無でもある、肉体でもある精神でもあるというふうに、二元論的に明快に分けられないものにこそ奥行きがあり本質があると考えられる。世の全ての根源は一つであって、あるいは識というものの中に全てが含まれていると考えるわけです。

二一世紀には、共生の思想、そして唯識思想が主流となり、あらゆる学問の最先端の考えになる。たとえば、進化論の世界でも、世界的な生物学者アメリカのマーギュリス[*10]が、進化するために共生する、共生することによって単独以上の能力を発揮する、という新しい共生進化論を唱え始めている。あるいは、素粒子論で世界的に有名な物理学者

議員としての活動もあり、多面的な活動を行った。著作に『椎尾辨匡選集』全一〇巻など。

*4　CIAM
Congrès Internationaux d'Architecture Moderne の略で、「近代建築国際会議」の意味。一九二八年にスイスで、ル・コルビュジエとジークフリート・ギーディオンは、建築をアカデミズムの袋小路から救済するという目的を掲げて、八カ国二四名の建築家が集まる第一回会議を開催した。基本姿勢は社会経済的な広い視野から建築と都市を捉えるところにあり、第二回「生活最小限住居」、第三回「合理的な建設方法」、第四回「機能的な都市」、第五回「住宅と余暇」と、テーマを設定して幅広く議論を展開した。なかでも第四回の討議内容は『アテネ憲章』（一九四三）として刊行されて、世界中の建築と都市に決定的な影響を与えた。しかし戦後は、旧世代と新世代の建築家たちとの思想的対立が次第に鮮明になり、五六年の第一〇回会議の開催準備が新世代の建築家に委ねられたが、会議では批判が噴出してもはや修復不可能な状態に陥り、五九年についに解散となった。

*5　チームX
新旧の世代間で思想的対立が鮮明になっていたCIAMにあって、第九回会議（一九五三）で批判勢力として台頭し、第一〇回会議（一九五六）の準備を委ねられた新世代の建築家チームは、「チームX」と呼ばれるようになった。CIAMは漠然と理想を語るだけで現実の都市問題に対処する能力を喪失していると感じていた彼らは、批判的実践によって特殊解を積み重ねることを重視した。その意味で国際会議の意

デイヴィッド・ピート[11]は、『シンクロニシティ』という本で、精神と肉体は同じもので、この二つが関わり合う共生について量子力学的に明らかにしている。肉体と精神、人工と自然、都市と農村、これらの共生の時代に入っていく。

中間領域──マスもヴォイドもつながっている

川向 空間論では、リーマン空間[12]がそうですね。私はそれを発見したつもりでしたが、『共生の思想』の本が既に、このリーマン空間にも言及しています（笑）。ニュートンは、天体と天体との間は虚無で、引力だけが働いていると考えた。それに対してリーマンは異議申し立てをして、天体と天体との間には密度高く物質が詰まっているのだと言ったわけですね。マスとヴォイドという言葉で説明すると、ヴォイドの部分も実は、何もない空間ではなくて実体がある、実体である、ということになります。人間の身体でもモノでも、その境界面で途切れるのではなくて、周囲の空間にもモノにもつながると考える。空間論としても境界論としても面白いですね。近年のサーフェス（表層）理論にもつながります。そして、黒川さんのおっしゃる「中間体」も「中間領域[13]」も、こういう性格のものですね。

黒川 建築の例で分かりやすく言えば、建築は自然と対立するものと理解されて、頑丈な壁をつくり、外はエクステリア、内はインテリアと区別されてきた。でも、境界面というのは、もっといい加減なものと考えたほうがいい。日本の建築がそうで、外でもあり内でもあるような空間がたくさんある。縁側は良い例です。そういう中間領域的なものに、私はこの四〇年間ずっと注目してきた。日本建築の境界領域というものが、いかにフラジャイルではっきりしていないか、ということです。

義も認めないというスミッソン夫妻が欠席したウルビノ会議（一九六六）において、ほぼ一〇年の活動に終止符が打たれた。メンバーは、スミッソン夫妻（アリソン、ピーター）の他に、ヤコブ・バケマ、アルド・ファン・アイク、ジョルジュ・キャンディリス、ジャンカルロ・デ・カルロなど。

*6 国際建築学生会議
国際建築学生会議は、第一回（一九四九、ロンドン）、第二回（一九五四、ローマ）、第三回（一九五五、パリ）、第四回（一九五七、コペンハーゲン）と開催され、建築学生の各国代表が出席して知識の交換と友好を深めた。日本国内でも第二回会議への招請を受けて日本建築学生会議が結成される。黒川が参加した第五回会議は、五八年七月一三日から一九日までの七日間、レニングラード（現サンクトペテルブルグ）で開催され、二七カ国一三〇名が参加した。議題は「近代都市」「建築教育」「建築学生間の国際交流」の三つであった。黒川は、国内の各ブロックの協力を得て「近代都市」「建築教育」のレポートを書き上げ、会議で報告した。また、それを報告した七月一四日の総会で黒川は議長を務めている。

*7 世界デザイン会議
一九六〇年五月一一日から一六日までの五日間、東京・大手町の産経会館で世界二七カ国からデザイナー・建築家・評論家を集めて開催された。海外から八四名、日本から一四三名の参加があり、建築を含むデザインのあらゆる分野を網羅した会議として世界最初の試みであった。日本からは丹下健三、菊竹清訓、芦原義信、西山卯

「カプセル」は壺中（こちゅう）の天

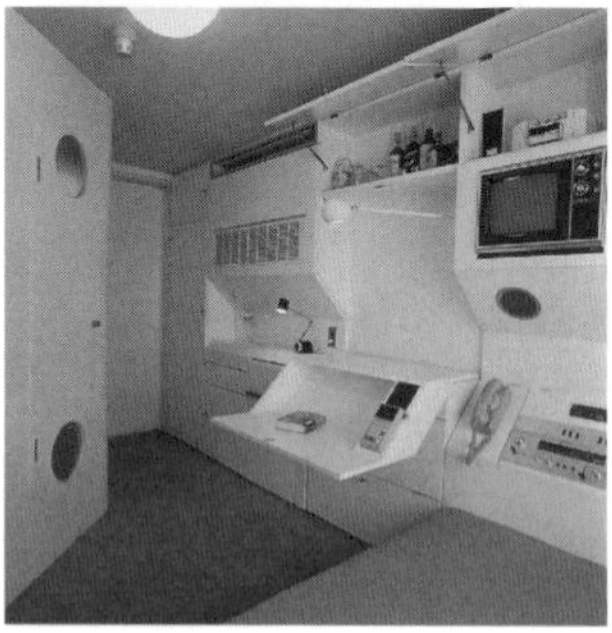

中銀カプセルタワービル
外観（上）、カプセル住居内部（下）

黒川　そもそも日本人の感じる空間というものが、全くの無の空間であっても、何もモノのない倉庫のような空間かというと、決してそうではない。欧米人ならばエンプティーと感じるでしょう。キッチンともダイニングともリビングとも決められていない、つまり一つの機能に固定されず、ときには室名すら固定されない。だが、そこは、あらゆるものが詰め込まれた宇宙。いろいろな人が出入りし、実に多様な使い方になっている。それを無理に、空間と機能を一対一に対応させようとしたのが、近代の機能主義思想です。

「壺中の天」という言葉があります。壺の中に多様な宇宙が入っている、という意味です。あの小さな茶室の中にも、広大で密度の高い宇宙が入っている。中国人もそうですが、日本人もそういう感じ方をする。「中銀カプセルタワービル」[*14]（一九七二）、「森泉郷カプセルハウスK」（一九七三）、「ソニータワー大阪」（一九七六）のいずれにしても、

三、大高正人、黒川紀章、槇文彦、栄久庵憲司、川添登、池原謙一郎、長大作、剣持勇らが、海外からはルイス・カーン、ポール・ルドルフ、ミノル・ヤマサキ、ピーター・スミッソン、ラルフ・アースキンらが参加した。毎日午後はテーマを決めた分科会が開かれ、一二日は「個人性」「地域性」「世界性」、一三日は「環境」「生産」「コミュニケーション」、一四日は「社会」「技術」「哲学」であった。

*8　論文「機械の原理から生命の原理の時代へ」
黒川によれば、一九五九年に「機械の原理から生命の原理の時代へ」という小論文を執筆した。この論文は、CIAMが崩壊して新しい生命の時代がくるという予言であり、彼自身の建築家としてのスタートを印すものだった。機械の時代には規範・理想・正確さといった、どこにでも通用する普遍的な基準に重きがおかれて、無駄や曖昧性を一切含まない国際様式を生み出した。それが至る所に広まって、世界は完全に均質化された。それに対して、「二〇世紀は機械の時代、二一世紀は生命の時代」と考える黒川は、生命の時代では、個別の情報・創造・芸術文化の価値を互いに認め合い、地域文化の脈絡（コンテクスト）、場所（トポス）の意味が重視されて、世界と対話可能な開かれた地域主義が力をもち、生命の本質でもある無駄・曖昧性・不確定性・遊びが積極的に評価される、と論を展開する。

*9　唯識論
インド大乗仏教の一大思潮。その阿頼耶識縁起説によれば、環境も身体もその一切が、阿頼耶識に保持され、そこから生ずる。阿頼耶識を中

私の「カプセル」は、実際に茶室の入ったものもありますが、考え方は、この「壺中」です。機械仕掛けのワンルームというのは、当たってもいるが、見方が表面的で、本質が理解されていないのが残念(笑)。いまこそ私の「カプセル宣言」[*15]を読んでもらいたい。

川向 「カプセル宣言」は、確かに、いろいろな読み方が可能です。そこで指摘されてもいる日本人の空間意識は、建築の内部だけではなくて外部にも働いているわけですね。そもそも、内部と外部という言い方が、近代ヨーロッパの二元論的思考に毒されたものです。たとえば、道も、黒川さんは、「道空間」とか「道の建築」[*16]と捉える。それは外部にある単に移動・輸送するための細長い平面ではなくて、それ自体が三次元的に建築化された空間であって多様な意味・機能を内包するものだ、とも主張されています。しかも、今から四〇年も前の有名なプロジェクトである「農村都市計画」[*17]（一九六〇）、「丸の内再開発計画」[*18]（一九六〇）、そして「西陣労働センター」[*19]（一九六二）の核をなすのが、「道の建築」の概

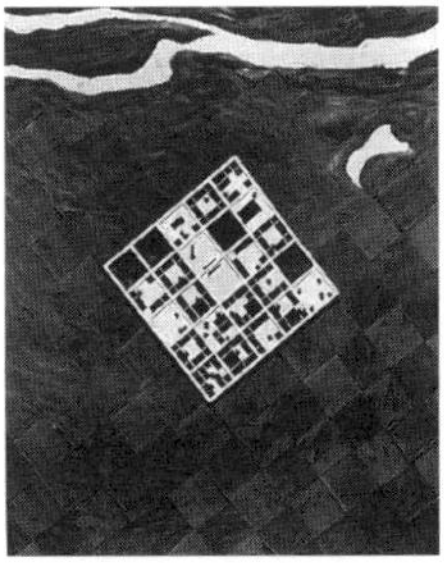

農村都市計画 模型写真

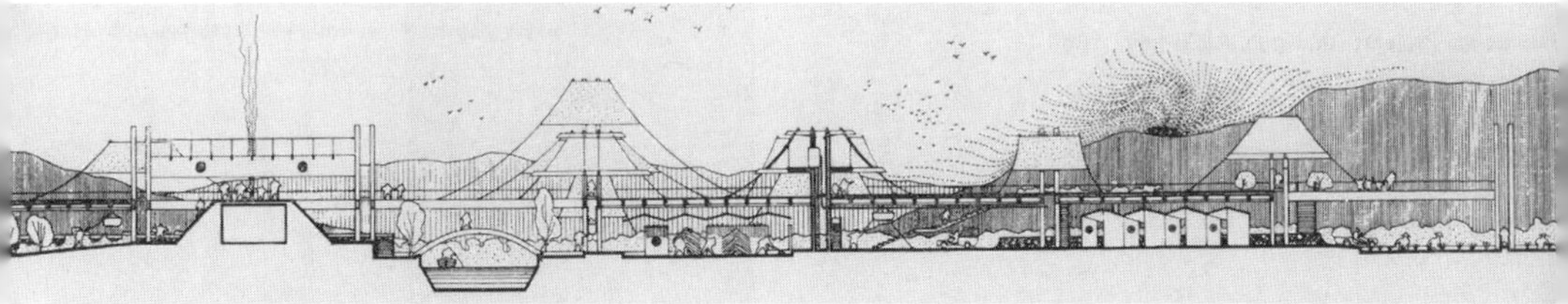

農村都市計画 断面スケッチ

心に七識がある。そのうち、眼識・耳識・鼻識・舌識・身識の五識は感覚の識であり、意識は判断・推理・追憶などに関わる知性に相当し、末那識は常に我に執する、つまり自我意識である。たとえば、阿頼耶識によって身体と環境が形成され、末那識によって自我が生じ、他の六識によって感覚と思考が行われて世界を認識し、世界を経験する。と同時に、世界のほうは、七識の働きによりその種子を阿頼耶識に残す。この往復作用を繰り返して、新たな経験を受容しつつ阿頼耶識は持続して、やがて仏果に至る。この仏果において、識は智に転じて個人の主観性を完全に払拭する。

*10 生物学者リン・マーギュリス
Lynn Margulis 一九三八年生まれ。現在、マサチューセッツ州立大学アムハースト校地球科学教授。真核生物の連続細胞内共生説の提唱者として著名。連続細胞内共生説とは、七〇年にマーギュリスが提唱した、真核生物の細胞の起源を説明する説で、ミトコンドリアや葉緑体などの細胞小器官は、細胞内に共生した他の細胞（原核生物）に由来すると考える。現在では支持者が多く、定説に近い。L・マーギュリス『サイエンス・マスターズ十四 共生生命体の三十億年』（中村桂子訳、草思社、二〇〇〇）参照。

*11 物理学者デイヴィッド・ピート
F. David Peat 一九三八年リヴァプール生まれのイギリスの物理学者。カナダで量子力学の研究生活を送りながら科学的世界観の成り立ちに関する内省的思考に導かれていった。七一年のデイヴィッド・ボームとの共同研究を機会に、ユングとその集合的意識に関心を持ち始める。

念でした。最近の若い建築家たちが「パス（経路）」とか「移動空間」といって問題にしていることが、すでに「道空間」「道の建築」の形で提示されているのは、驚きです。

「道空間」「道の建築」という捉え方

黒川　そうですね。これには、実は論争がありました。紀伊国屋新書の『都市デザイン』（一九六五）というベストセラーになった本で、「西欧の都市には道はない。日本の都市には広場がない」という有名になった文章を書きました。これは高校の現代国語の教科書にも載った文章ですが、むろん、極端に表現している部分もあります。たとえば、イタリアの街に行きますと、素敵な道があります。ヨーロッパにも道はあります。しかし、その道は、両側がレンガとか石の壁で固められて、日本の街のように、インテリアの空

丸の内再開発計画　外観パースのスケッチ

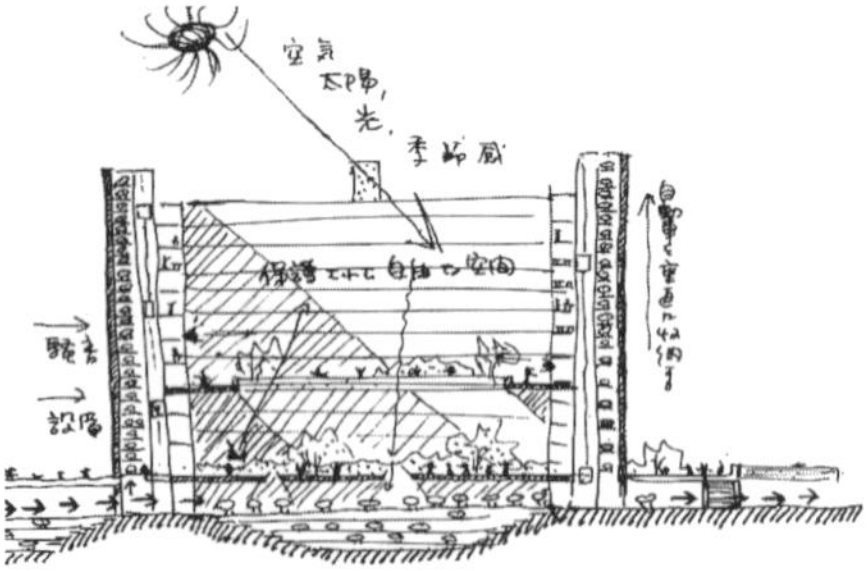

丸の内再開発計画　断面スケッチ

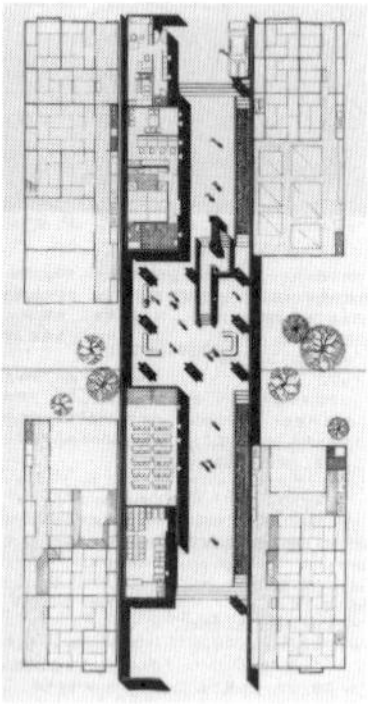

西陣労働センター、平面図（右）、写真（左）

F・D・ピート『シンクロニシティ』（管啓次郎訳、朝日出版社、一九八九）参照。

＊12　リーマン空間
リーマン（G. F. Bernhard Riemann　一八二六～六六）はドイツの数学者。ガウスの曲面論を発展させてリーマン空間の一般的概念を示し、リーマン幾何学や多様体論の基礎を築いた。リーマン幾何学は、後にアインシュタインの相対性理論に利用された。短い生涯であったが鋭い直観力によって、「リーマン多様体」「リーマン幾何学」「リーマン積分」「リーマン面」など、数学の多分野に新機軸を打ち立てた。

＊13　「中間体」「中間領域」
中間体は、大乗仏教における「空」の概念にルーツを有し、建築における内部と外部の境界線上に両義性を帯びて広がる、目には見えないが濃密な存在である。この概念によって、黒川は、内と外を切り離して捉える西欧の二元論的思考を越えようとしてきた。中間領域は、中間体を含む、より広範な概念であるが、それによって西欧的空間論ではない、「中間領域を実体化する空間論」を構築したいと黒川は言う。それは「道」「縁」「利休ねずみ」「曖昧性」「共生」といった諸概念をも含むものだ、とも。黒川紀章『道の建築～中間領域へ』（丸善、一九八三）参照。

＊14　中銀カプセルタワービル
東京都中央区銀座八丁目に建設された。その内装とともに工場で生産された一四〇個のカプセルが、現場でクレーン車によって吊り上げられてシャフト（塔状人工土地）に固定された。カプセル内部にはベッド、収納スペース、デスク、電話、オーディオ、TV、冷蔵庫、バスルーム

間と相互浸透する場所になっていない。それは、道の使い方にもよく表れている。ギリシャのミレトスは、京都のように格子状の道路パターンをもつ都市ですが、そのミレトスでは、裁判が多かったそうです。そういう内容の文書が発見されて、私もそれを手に入れて読んだら、ほとんど毎日、何百人と有罪になったと書いてある。窓からゴミや糞尿を捨て、それが歩いている人にかかった。それで罰金いくら、ということなのです。道が、ごみ捨て場とか排水路でしかなくて、人が集まり、立ち話をし、生活をして、手入れする空間でも建築でもなかった。

川向　内部と外部を分ける考え方が、外部である道路・河川を、ゴミ・汚水などを捨てる場所とみなす考え方に結びついていく。黒川さんのおっしゃる「内外が空間として連続する状況」、つまり、内部と一体のものとして、さらに言えば、わが身の延長として外部を捉えるところでは、それは起こりえない現象でしょうが、日本でも特に戦後は、外部をわが身と無関係のものと考えるようになって、外部を平気で汚染する風潮が強まったこともありました。

黒川　だが、日本には、道を自分たちの生活の中心とする文化があった。これも『共生の思想』に書きましたが、それを制度としてつくったのは秀吉です。京都は中国の都市に倣って、道路で格子状に区画されています。最初は京都でも中国と同じように、道路で囲まれた区画ごとに生活共同体が形成されていて、それを町（ちょう）とか丁（ちょう）と呼んでいた。この区画によれば、道路は、生活共同体としての「ちょう」の外をめぐることになる。ところが秀吉は、交差する対角線で区画を四分割し、道をはさんで向き合っている両側をひとまとめにして、それを町（まち）と呼んだ。それだけではなくて、「永代地子免除令」によって、両側に住んでいる人に道路を無料で永久的に貸すと

などが備わっている。住居、ミニオフィス、ホテルなどに多機能に利用でき、カプセルをそっくり交換することもできる、メタボリズム思想を最も良く具体化した建築。

*15　カプセル宣言（一九六九）
「宣言」は八項目で構成される。その解釈には幾つか注意すべき要点がある。第一に、カプセル建築といえば工業化時代の量産化を連想しやすいが、量産化は一つの手段に過ぎないということ。重要なのは、カプセルが細胞として代謝することであって、その代謝によって建築全体が生き続け、成長もできる。黒川は、この生命の原理の具現化こそが目指すものだったと強調している。第二に、建築を屋根・壁・床・柱といった部位ではなく空間ユニットの構成として考えるべきこと。しかも、多様な空間ユニットが、多様な組み合わせの可能性を有すること。そして第三に、空間ユニットはどれも等価だから、家族や地域社会の古いヒエラルキーが解体され、平等で開かれた関係が構築されるとき、この等価な空間ユニット（カプセル）はその構築作業に適しているということ、である。黒川紀章『黒川紀章ノート～思索と創造の軌跡』（同文書院、一九九四）参照。

*16　「道空間」「道の建築」
黒川は、日本文化の原空間の一つとして、中間領域的性格の強い「道空間」に着目する。近世の京都の路地や城下町の街路は、両側の町家が共有空間としても使う半公共的で半私的な空間であった。多義的で曖昧で、だからこそ人間的な空間の質が保持されていた。そこは、旅人が通りすぎることで、新しい、見知らぬ何かに出

決めた。これは革命的なことで、道空間が、両側に住む人たちの共有財産となり、生活空間として手入れされて、町衆文化が発展するきっかけになった。

近世以降の日本の都市は、世界に冠たる特色をもっていて、広場なしで素晴らしいまちづくりをやっている。日本の道は、生活空間であって、実は建築そのものである。丸善から『道の建築―中間領域へ―』（一九八二）という本も出していますが、建築と同じくらい密度が濃く、建築的な内容をもっている空間だから、ただ道と呼ぶのはかわいそう、それで道空間とか道の建築と呼んだのです。

高密度都市「江戸」の再評価

川向　その道の評価が、すでに一九六〇年代から、江戸の評価にも結びついていきますね。八一年には、ロンドンでの「江戸展」[*20]の企画と設計をなさった。この対談シリーズにも、これからの都市の備えるべき特性として、高密度あるいは超複合を挙げる建築家が登場します。江戸こそは、高密度、超複合都市の典型だったのではないでしょうか。

黒川　その通りです。江戸は、驚くなかれ、ヘクタール当たり八〇〇人を超えていた。いまの都心部の高密なところで三〇〇人くらいです。だから、江戸は低層ではあったけれども、いかに高密度だったかということです。そして、高密度ということは、情報の密度が高いということでもあって、非常に感性豊かな人間ができます。当時の棟割長屋では土間、板の間、それに畳の間が一つ付く程度の構成ですが、そこに平均して七、八人が住んでいた。そういうところでは、互いを思いやらないと一緒に生活できない。機嫌が悪い、体の調子が悪いときにも、自分がどう振舞うか、他の人たちがどう振舞うか、密度が高いと、互いに思いやる空間ができる。フェイス・ツー・フェイスでごちゃごち

合うことのできるコミュニティの共有空間でもあった。そのように考える黒川にとって、道は、都市のインフラストラクチャーとして整備され、その後で住宅・店舗などの私的空間が形成されるようなものではなく、それ自体が地域文化を具現化し、生活が濃密に展開する場である。そして、多様な人間の行為を受け入れるべく建築化された道空間を、黒川は「道の建築」とも呼んでいる。前掲『道の建築～中間領域へ』参照。

*17　農村都市計画
黒川の郷里である愛知県海部郡蟹江町の周辺が伊勢湾台風のために被害を受け、その再建のために計画され、一九六〇年の世界デザイン会議のために作成された。水田から四メートルの高さまで持ち上げて、歩道でもある設備フレームが格子状に組まれ、この道のネットワークを手がかりに（農村）都市が成長する。一〇〇メートル×一〇〇メートルが一ブロックで、二五ブロックが集まって五〇〇メートル×五〇〇メートルのコミュニティ（人口二〇〇〇人）を形成する。この計画案は、黒川の「K邸計画案」、菊竹清訓の「海上都市」とともに、六〇年のニューヨーク近代美術館における「ヴィジョナリー・アーキテクチャー」展に招待された。

*18　丸の内再開発計画
オフィス化が進むにつれて住居が都心部から郊外に追い出される現状に対して、住居と仕事場の共存を目指す。ここでは高層住居棟と業務用棟とをつなぐコネクターとして「設備壁」が提案されている。「設備壁」は、立体駐車場としても使われる。人が、車とは分離された道のネットワークで移動する。道のネットワークで三

ゃ住んで、ものすごく高度な情報化社会を作り出していた。道・路地が非常に活気のある生活空間であったことは、言うまでもありません。そこでは、内も外もない。

川向　江戸は、まさに建築と道空間が高密に織り込まれて、すごく活気のある迷宮的な都市を作り上げていたのですね。近代のゾーニング思想とか「緑と新鮮な空気と太陽がいっぱい」の田園都市思想などが、それを分散させ、拡散させてしまう。ですから、黒川さんは、ゾーニングや田園都市の思想にも、驚くほど早くから反対を表明されています。

黒川　そう、コルビュジエの「輝ける都市」[*21]にも反対。たとえば、いまシンガポールで仕事をしていますが、あそこは「輝ける都市」みたいな街です。三三度とか三四度の気温で、太陽ががんがんでしょう。ビルとビルの間を歩くのは「輝ける地獄」[*22]です。だから、みんな車で移動する。そこで私は、三つの超高層がくっついている案を考えた。そ

テクノポリス 外観CG

次元的に都市をつくる構想を示す初期の作品。

*19　西陣労働センター
京都西陣地区の元誓願寺通りに面する敷地に建つ黒川の処女作。高い部分は鉄筋コンクリート造で、低い部分は補強コンクリートブロック造。黒川は、京都の都市を研究して、路地を内包する通り抜けの出来る建築、まさに「道の建築」を提案した。かつて道空間は、地域の生活空間そのものでもあったが、そこが車に占領され人が追われて、道の生活空間が奪われた。ゆえに道空間を内包する建築を建てることによって京都再生の手がかりにしようというのが、黒川の目論見であった。

*20　ロンドン「江戸展」
一九八一年一〇月二一日から八二年二月二一日まで、ロンドンのロイヤルアカデミー・オブ・アーツで開催された江戸時代の美術の展覧会。黒川は、企画から会場設計まで担当し、展示期間中にオックスフォード大学で「江戸と現代」というテーマで連続講義も行った。

*21　輝ける都市
一九三〇年、ル・コルビュジエは、「セントロソユーズ」（協同組合本部、一九二八〜三五）を設計していたとき、行政官ゴルニーが送ったモスクワの都市計画コンペ「緑の都市」に関するアンケートへの回答として、「三〇〇万人のための現代都市」の原理を敷衍化したヴィジョンを提出して、それを「輝く都市」と命名した。それは、加筆されて三五年に同名のタイトルで出版された。ここでもコルビュジエの生物学的に健康な環境に対する偏愛が顕著に現れている。たとえば、彼は「自然環境の再構成—新鮮な空

の間はスリット程度で、車は通らない。歩道は三層になって、屋根があるから雨がかからないし、日陰の路地です。建築と建築は至るところブリッジでつながっている。下の方は公共施設、その上は民間のオフィス、さらに上には住宅。このコンドミニアムはメゾネット形式で、テラスの高さが二層分あって、そこに大きな樹木を植えている。たとえば、ここに住んでいる子供たちは、幼稚園に行ったり、ブリッジを渡って隣の棟に行ったりできる。できるだけ高密度で迷宮的な街を立体的につくろうとしています。現行の建築基準法ではできないので、全部規制緩和して大実験をやる、都市再生特区の第一号プロジェクトです。

都市が真に生き続けるための共生

川向　都市は歴史と、自然と、そして農業とも共生すべきだという思想は、このシンガポールの超高層プロジェクトのみならず、「クアラルンプール新国際空港」[*23]（一九九八）では、空港内部に熱帯雨林を取り込み、さらに周囲に熱帯雨林を再生するところまで発展していますが。

黒川　クアラルンプールでは、空港のほかに新首都、シリコンバレー、そしてバイオバレーの計画が進んでいます。当時のマハティール首相に、「おまえの共生の思想はひと言でいうと何なのか」と問われて、「マレーシアの伝統とハイテク建築を共生させること、つまりグローバル・スタンダードとローカル・スタンダードを共生させることです」と答えたら、「そんなことができるなら、やってみてくれ」ということになった。しかし、言ったのはいいが、具体化するのに困りましたね。最終的には、イスラムの連続ドームを幾何学的に変換操作して、そのイメージを表現することにしたわけです。私はアブス

気、緑と空、そして肌には太陽の光を」と書いているのである。ル・コルビュジエ『輝く都市』（坂倉準三訳、丸善、一九五六）参照。

*22　テクノポリス（情報・通信技術複合施設）
黒川自身が審査委員長として選んだザハ・ハディドのマスタープランによって進む、シンガポールのワン=ノースという新都市開発地区に、黒川の設計によって建設されるテクノポリスのこと。ただし、地下六階は同じだが、地上は二二、二六、三〇階と異なる三棟に、オフィス・研究施設だけではなく、公共サービス、各種の文化・スポーツ・商業・娯楽施設、そして集合住宅も入り、その隙間は屋上庭園で埋められる。三棟はブリッジで結ばれ、人々は三次元的に歩き回ることができる。

*23　クアラルンプール新国際空港
クアラルンプールから高速道路では六五キロ離れたセランゴール州セパン地区に建設された。予想される航空旅客の爆発的増加に対応するために、新たに一〇キロ四方の世界最大級の新空港の敷地が、ゴムと椰子に覆われた丘陵地に確保された。そのコンセプトは「森と空港の共生」。今回建設されたのは、メインターミナルビル、コンタクトピア、サテライトである。

トラクト・シンボリズムと呼んでいますが、ローカルな文化に特有の象徴形態をそのまま使うのではなくて、抽象化あるいは幾何学化という形態操作を加える。それによって、ローカルなイメージを残しつつ、より普遍的な意味合いをもつ形態へと転換していく。HPシェルを使って、イスラムの連続ドームのイメージを出しています。

これが歴史との共生ならば、ほかに自然・風土との共生も、ここでは試みています。広い空港の内部に熱帯雨林を取り込んでいて、到着した人が必ずここで熱帯雨林に迎えられるようになっている。樹木がすでに十分に成長して、ここに来るとほっとすると同時に、マレーシアに来たな、という感じにもなる。

川向 そして、現在進行中のカザフスタンの新首都「アスタナ」[*24]の建設は、既存の都市、川や森のみならず農業や周囲の大自然との共生までをも視野に入れた壮大な事業ですね。

黒川 カザフスタンの中央部にある小麦生産の中心地であったアクモラは、現在三〇万

クアラルンプール新国際空港

アスタナ

*24 アスタナ
ソ連邦からの共和国独立を世界にアピールする新首都とするために、黒川は、二一世紀型の共生都市づくりを提案する。まず、アクモラの旧市街をできるだけ保存し、機能混在型の再開発を進めて、新街区はイシム川の対岸に建設することで、歴史との共生を図る。新首都のほぼ中央を流れることになるイシム川の両岸は、川と共生する新住宅地リバーシティとする。新旧街区に散在するいくつかの拠点を森の都市軸で結ぶ。さらに雪解け時のイシム川の洪水、強風時に街を襲うダストに対して大規模な調整池や人工の森を設けるなど、自然との共生で、都市の複合的骨格が形づくられていく。たとえば、人工の森（エコ・フォレスト）の造成は、二一世紀型のエコ産業、新農業、バイオとマルチメディアとの共生によるエコ・メディア産業などの育成を目指している。

人が住む都市ですが、ここに二〇三〇年を目処に人口一〇〇万の新首都アスタナを建設する。世界中から応募のあったコンペで、勝ち取ったものです。遷都の場合、都市が急激に成長するので、ここではブラジリアなどとは根本的に異なる、成長を見込んだ、まさにメタボリズム、生命の原理による都市づくりを提案しています。もともと存在した都市も、川や森などの自然も、新首都に組み込んでいく。たとえば既存市街地ではゾーニングのない、新旧のオフィスビル・住宅・文化施設・家内工業などがごちゃまぜになった混在状態を目指す。緑や水の系も周縁にとどまらず、どんどん中心部に入ってくる。思想的には、これまでのメタボリズム、共生、エコロジー、情報、循環などを総動員しますが、全部まとめて、「生命の原理」に基づく都市づくりだと言うこともできる。当然、農業とか大自然との共生がなければ、大都市は生命を保ち、成長を持続することもできない。

川向　ただ機械がだめ、自然がだめ、というのではない。逆に、ただ自然や歴史があればいい、というのでもない。ポイントは、まさに「共生」であり「生命の原理」ですね。異なる概念で語られていても、どれも根っこのところで一つの原理に強く結びついている。そのことが、改めて理解できました。そして、黒川さんの概念・原理はいずれも、既に若い世代に強い影響を与えてきたものですが、まだまだ違った展開を示し得るはずだという印象も強く受けました。

第2章

槇 文彦
MAKI Fumihiko

グループフォーム

——都市の形象をつくる

川向　槇さんは、一九六〇年代から一貫して、建築と都市をつなぎ、建築で都市をつくる思想と手法を提示してこられました。たとえば「グループフォーム」「歴史的集落」「ヴァナキュラー」「地域性」「リンケージ（結節）」「ジェネティックフォーム」「空間の襞」「奥性」などの一連の概念と手法を示されましたが、突き詰めますと、いずれも最初の「グループフォーム」の思想へと収斂していくように思われます。槇さんのゆるぎないスタンスは、常に「グループフォーム」が創作の中枢にあったことと無関係ではなく、「グループフォーム」は、その後の思想的展開にとって、いわば「思想の種子」となるものではなかったかとも、私は考えています。まず、その「グループフォーム」理念の誕生からお話をうかがいたいのですが。

「グループフォーム」理念の誕生

槇　最初に私たちが「グループフォーム」と言ったのは、一九六〇年に日本で初めて、当時としては画期的な国際会議「世界デザイン会議」を開催したときでした。当時の日本国内のみならず、ルイス・カーン、ミノル・ヤマサキ、ポール・ルドルフ、スミッソン夫妻[*1]などの世界のリーディング・アーキテクトたち、それに都市計画、グラフィックデザイン、プロダクトデザインまで含む多くのデザイナーが一堂に会して、数日にわたって非常に密度の濃いセッションを展開しました。

このときに、世界の建築家がせっかく集まるのだから、何かマニフェスト的なものを発表しようではないかということになって、今は絶版になっている四角い本『メタボリズム／一九六〇〜都市への提案』[*2]の刊行のために集まったのがメタボリズムのグループです。川添登さんが最年長だということで長となって、菊竹清訓、大高正人、黒川紀章、

槇文彦［まき・ふみひこ］

一九二八年　東京都生まれ
一九五二年　東京大学工学部建築学科卒業
一九五三年　クランブルックアカデミー・オブ・アート修士課程修了
一九五四年　ハーヴァード大学大学院修士課程修了
一九五六年　ワシントン大学准教授
一九六二年　ハーヴァード大学準教授
一九六五年　株式会社槇総合計画事務所設立
一九七九〜八九年　東京大学工学部建築学科教授

［主な受賞歴］
一九六二年　日本建築学会賞（名古屋大学豊田講堂）
一九八四年　日本建築学会賞（藤沢市秋葉台文化体育館）
一九九三年　プリッツカー賞
国際建築家連盟ゴールドメダル
プリンス・オブ・ウェールズ都市デザイン賞（代官山ヒルサイドテラス）
一九九八年　村野藤吾賞（風の丘葬祭場）
フランス芸術文化勲章
一九九九年　高松宮殿下記念世界文化賞
アーノルド・ブルンナー賞
二〇〇一年　日本建築学会大賞

［主な著書］
一九八〇年『見えがくれする都市』（鹿島出版会）
一九八九年『未完の形象』（求龍堂）
一九九二年『記憶の形象』（筑摩書房）

栄久庵憲司、粟津潔の各氏と一緒に、私もこのグループに参加しました。当時、新宿西口の都の浄水場の跡地開発が話題になりかけていましたが、大高さんと私は、新宿副都心計画[*3]のかたちで「グループフォーム」の理念を発表したのです。日本語としては「群造形」という表現を当てましたが。

川向　この対談の打ち合わせの際に、テーマを「群造形」としてはどうでしょうかと申し上げましたら、槇さんは、英語の「グループフォーム」のままにしましょうとおっしゃいました。私は、そのお答えを、この概念を日本のメタボリズム運動に過度に結びつけず、空間的にも時間的にももっと広い文脈で考えたいという意思の表れだろうと理解しました。つまり、帰国して一九六五年にご自身の設計事務所を開設されるまでの、六〇年前後のアメリカ滞在期に、「グループフォーム」の理念が誕生してどう思想化・手法化されていったのか、そこに重点を置いて対談をしようというお考えなのだろうと。

コレクティブフォーム——三つのパラダイム

槇　そうですね。教えていたワシントン大学に一九六一年に戻った私は「コレクティブフォーム——三つのパラダイム」という論文を書き、六四年には、これを第一章として、『インヴェスティゲーション・イン・コレクティブフォーム』という赤い冊子を出します。この本の第二章では、集合の「リンケージ（結節）[*4]」の問題をさまざまなレベルで

集合体の三形式
右から
Compositional Form
Mega Form
Group Form

*1　スミッソン夫妻
Alison & Peter Smithson　夫ピーター（一九二三〜二〇〇三）も妻アリソン（一九二八〜九三）もイギリス生まれで、ダーハム大学で建築・都市計画を学び、一九四九年に結婚。五〇年にハンスタントン新中等学校（一九五四）の設計コンペで一等をとったのを機会に共同で事務所設立。構造材、設備配管などのむき出しのままの仕上げ、素材の生地のままの使用、厳格なプロポーションによる知的な構成などを特徴とするニュー・ブルータリズムの流れを作る。チームXのなかでも議論されていた概念を建築・都市的に具現化する「ゴールデン・レーン計画」（一九五二）、「ベルリン首都計画」（一九五八）などによって、日本のメタボリストたちにも影響を与えた。

*2　『メタボリズム／一九六〇』
一九六〇年五月一一日に世界デザイン会議の会場入口で、蝶ネクタイ姿の黒川紀章とデザイナーの粟津潔が、五〇〇円という値段で立ち売りしていたのが、全九〇頁ほどの、美術出版社から自費出版した『METABOLISM／1960——THE PROPOSALS FOR NEW URBANISM』である。その構成は、川添登の「メタボリズム宣言」に、菊竹清訓「海洋都市」、川添登「物質と人間」、大高正人＋槇文彦「群造形へ」、黒川紀章「空間都市」という都市的提案と論文が続くものであった。装丁とグループのシンボルマークのデザインを粟津潔が担当した。

*3　新宿副都心計画
メタボリズムというテーマが決まった後で呼びかけられて参加した大高と槇は、比較的考えが

議論しています。最初のものなどは、タイプ打ちしたものをそのままゲラ刷り、コピーして知人に送ったのですが、その反応は意外に大きかった。グロピウス[*5]、ケヴィン・リンチ[*6]、ヤコブ・バケマ[*7]などが手紙でコメントをくれたのを覚えています。

川向　その赤本の内容については、すでに槇さんご自身が文章を書かれていますから、さらに詳しく知りたい方にはそれを読んでいただくとして、「グループフォーム」との関連で簡単にご説明くださいませんか。

歴史的集落とジェネティックフォーム

槇　では最初の、第一章の内容から。一九五八年夏に、シカゴに本部を置くグラハム基金からフェローに選ばれたとの連絡を受け、次の二年間、中近東・ヨーロッパ・アジアと研究旅行をしたのです。エーゲ海にあるギリシャの群島のイドラ[*8]の街などを訪ねたのも、この旅行です。たとえばイドラの場合、一つの直方体状の建築を積み重ねて集落全体を構成するという手法でできていました。そこには「ジェネティックフォーム[*9]」がありました。つまり、ジェネティックなフォームあるいはタイプとしての直方体状の建築を、バリエーションを許しながら横あるいは縦につないで、その街全体が構成されている。斜面に、等高線にそって同一の「ジェネティックフォーム」が並んで集落をつくっていく様子が、劇的に眺められる例でした。

川向　「建築家のアングル」というコラム[*10]でも、「急激な岩山に沿い、地中海この地方特有の白亜の家々が、青い空に向かってのびていく。店々も、学校も、教会も、住宅も、すべてこの乳白色の白と、石だたみの道と、やわらかいオレンジ色の瓦と、そして点在する松の木を町の基本的要素としてつくりあげられている」と、とても美しく、イドラ

合ったこともあって、そのままチームを組み、「群造形へ」というコンセプトで、より現実的な新宿ターミナル再開発計画を提案することにした。新宿西口の浄水場跡地をいかにヒューマン・スケールで再開発するかが、提案の要点であった。当時の大高が関心をもっていた壮大な人工地盤がレールを跨いで設けられ、その上に、オフィスタウン、ショッピングタウン、アミューズメントスクエアなどの建築群が展開する。大高が主に西口のオフィスタウン、槇が東口のアミューズメントスクエアを担当した。

*4　リンケージ
linkage　結節・結合・つながりの意味。槇は歴史的な都市・集落の研究から、基本的なリンケージ、あるいはその操作を、五つに分類する。(1)調停・媒介する、(2)境界を定める、(3)反復する、(4)シークエンスをもったパスをつくる、(5)選択する。『日本の建築家　一六　槇文彦』(新建築社、一九九四年季刊冬号)収録の論文、槇文彦「集合体に関するノート」第二章を参照。

*5　グロピウス
Walter Gropius　一八八三〜一九六九年。ドイツでの彼自身の設計とバウハウス校長としての活躍で、建築にとどまらずモダン・デザイン一般の確立に決定的な役割を果たしたが、ナチスの政権掌握とともに一九三四年にイギリスに渡り、三七年にはハーヴァード大学大学院教授に就任して、ヨーロッパのモダニズム思想・デザインをアメリカに移植するのに貢献する。とくに教育者として優れ、ここからアメリカ近代建築の新しい世代が育っていく。

を描写しておられますね。それは、劇的で、ダイナミックでもある。直方体状のジェネティックなフォームを等高線にそって配置するという「グループフォーム」の理念は、帰国直後のヒルサイドテラス計画に[*11]、かなり色濃く反映されています。このことは、後ほどうかがいますが。

槇　ええ。もともと、「グループフォーム」のアイデアは、エーゲ海の島々の街や北アフリカの村落などの歴史的集落と深く結びつくものです。そして、これは、当時すでに関心の急激な高まりを見せていたもう一つのパラダイム、メガフォームとかメガストラクチャーとは対立するものでした。一九六〇年前後の私の研究は、「グループフォーム」の視点から「歴史的集落」[*12]「ヴァナキュラー」[*13]「地域性」[*14]といったものがどう捉えられるかを示すものでもありました。地域主義は、現在でもその表現の探究が単体の建物に限定される傾向がありますが、集合的なスケールにこそ、言い換えれば「グループフォーム」のあり方と捉え方にこそ可能性が見出される、といったことを具体的に分析して指摘しています。このような視点が、ケヴィン・リンチやチームX《テン》の人たちに、非常に面白い

イドラの街

*6　ケヴィン・リンチ
Kevin Lynch　一九一八〜八四年。アメリカの都市計画家。イェール大学建築学科に学び、三七〜三九年にタリアセンでフランク・ロイド・ライトに師事したことが、都市計画と都市デザインを手がける彼の幅広いスタンスを決定づけている。マサチューセッツ工科大学から都市計画で学位を取得し、都市計画のほかに都市デザインも教える同校の教授であり都市デザイン研究所所長でもあった。都市空間を視覚構造によって分析し秩序づける立場をとり、五四〜五九年にはジョルジー・ケペスとの都市の知覚形態に関する共同研究を行い、六〇年に『都市のイメージ』（丹下健三・富田玲子訳、岩波書店、一九六八）を出版した。同書で、環境イメージの構成要素として「パス（道筋）」「エッジ（境界）」「ディストリクト（地区）」「ノード（交差点）」「ランドマーク（目印）」の五つが挙げられたことは、よく知られている。また六二年には、『敷地計画の技法』（前野淳一郎・佐々木宏訳、鹿島出版会、一九六六）も出版している。

*7　ヤコブ・バケマ
Jacob Bakema　一九一四〜八一年。オランダの建築家。四七年にCIAMに、六三年にはチームXに参加した。ロッテルダムのリーンバーン・センター（一九五四）は「ショッピング・モール」の先駆けであり、ドイツのマールに彼が設計した「シヴィック・センター」（一九六二）もまた、この後の数十年間にわたって影響力を保持するビルディング・タイプを形づくった。

*8　イドラ
Idora　ギリシャのペロポネソス半島の東に位

と評価されたわけです。

川向 そして、六二年にはハーヴァード大学のグラデュエート・スクール・オブ・デザインに移り、そこで学生を含むいろいろな世代の人々とディスカッションをして、建築・都市のあるべき姿についてさらに研究を深めるのですね。日本の建築界には、外国産のセオリーを導入して観念的に議論する傾向が根強く残っていますが、槇さんの場合は、議論の現場に自らの身体を置いて考えている。それが特筆すべき点であって、「グループフォーム」の思想を考えるときに見逃せない点でもあると思うのです。当時の議論の現場は、どういうものだったのでしょうか。

ヒューマンに、人間の行動を中心に

槇 世界デザイン会議のあった一九六〇年の夏に、私はヨーロッパに旅行して、チームXのミーティングに参加[*15]しました。そのときの懐かしい写真をお見せしますが、ここにいるのがスミッソンと彼の奥さん。それからキャンディリス、後ろに隠れているのが理論家の雄であったオランダのアルド・ファン・アイク[*16]、さらにオランダのヤコブ・バケマとイタリアのジャンカルロ・デ・カルロ[*17]です。これが、CIAM後の新しいヨーロッパ建築界を代表する若手建築家たちで、彼らは一年か二年に一度いろんなところで会合を開いて建築を論ずる。たまたま南フランスの小さな町バニョール・スセーズで行われたときのミーティングに、私もオブザーバーとして参加することになったのです。全く和気藹々《わきあいあい》とした雰囲気でした。市長の好意で市庁舎の一室を使ってやっていますが、日本のメタボリズムの連中とそう変わらず、当時みんな若くてお金もなくて、どこかのレストランで話をして、そこでいろいろなアイデアが生まれる。チームXもこのスケール

置する小さなイドラ島の中心となる港町。港をとり囲む急斜面に住居が密集してその間を細い路地が巡る高密な町が形成されている。

*9 ジェネティックフォーム
genetic form 直訳して「遺伝子形態」の訳語が当てられる場合もある。槇によれば、あるリージョン（地域）とか場所に、言い換えればそこでの風土・伝統・生活習慣などに、遺伝子的に生き続ける固有の形態を意味し、それはテクノロジーの刺激を受けて新しく、よりダイナミックに変形し得る。その意味で、「原形」「原型」の訳語が当てられることもある。槇は、一九六〇年七月に南仏で開催されたチームXの会議に参加したおりに、ファン・アイクらが仏領コンゴで撮影したという集落の一六ミリ映画に、「数千年の長きにわたって外界の影響を受けることなしに存在してきた」「彼らの生活様式、生活感情、風土、技術、秩序といったものの直接のあらわれ」となる原形を見出したことを報告している。槇文彦「一九六〇年チームXの会議に参加して～都市デザインに於けるリージョナリズム」（新建築一九六一年二月号収録）参照。

*10 コラム「建築家のアングル」
新建築一九六二年九月号掲載。

*11 ヒルサイドテラス
まだ武蔵野の面影が強く残る緑豊かな代官山の高台に、一九六七年に計画がスタートして、六九年に最初の二棟の白いモダンな幾何学的建物（第一期A・B棟）が誕生した。以後、第二期C棟（一九七三）、第三期D・E棟（一九七七）、第四期アネックスA・B棟（元倉眞琴、一九八五）、第五期ヒルサイドプラザ（一九八七）、第

の会合を重ねながら、だんだんと醸成されていった。これは、ある意味において非常に歴史的な写真だと思います（笑）。

アルド・ファン・アイクは、アムステルダム近郊に当時最も注目された孤児院の建築をつくっていましたが、その案もこの会で討論されました。明らかに典型的な「グループフォーム」ですが、彼自身はこのアイデアはアフリカの集落から来ていると言っていました。

これが、一九六〇年前後に私が体験した雰囲気でした。日本のメタボリズムが、どちらかと言えばメガストラクチャー志向だったのとは、かなり違う。私の立場は、アメリカにいたこともあって、CIAMの非常に単純で教条的でもある都市理論みたいなものに反発するチームXの人たちに近い。もっとリージョナル（地域的）で、ヒューマンで、人間の行動を中心にした新しい都市・建築空間のあり方があるのではないか、と考える

チームXのミーティング風景

六期F・G・N棟（一九九二）と、六期にわたって、旧山手通り沿いに建設された、槇の「グループフォーム」理論を具現化する建築＝都市プロジェクト。

*12 歴史的集落
グループフォームの実例となる、長い歴史のなかで形成された集落。槇は、エーゲ海の島々や北アフリカ、また日本に見られる歴史的集落を例に挙げている。彼がとくに着目するのは、材料や構法を一貫させ、かつ細部表現に高い自由度を残している点、地形をたくみに、時には劇的に利用している点、集落の隅々にまでヒューマンスケールが浸透している点、そして、集落景観のシークエンスが住居および住居間のオープンスペースそのものやその構成要素によって構成されている点などである。前掲「集合体に関するノート」参照。

*13 ヴァナキュラー
vernacular　槇は、まずアモス・ラポポートが著書『住まいと文化』（原書一九六九、山本正三他訳、大明堂、一九八七）で示した、住居というよりも建築一般をプリミティヴ、ヴァナキュラー、ハイスタイルに三分類する考え方を紹介する。プリミティヴ建築は、常に同じ材料・形式をくりかえし、しかもその全部が住民たちの手でつくられる。ヴァナキュラー建築は職人の登場とともに現れて、プリミティヴ建築と同様にまだ地域固有の「かた」を保持しているが、職人はそこからいくつものヴァリエーションを生み出す。変化と統一のバランスがとれた歴史的集落は、大体このヴァナキュラー建築を中心に構成されたものだ。それに対して、ハイスタ

方向に進んでいったのです。

川向　私なども、これまで風土とか地域性の問題を考えてきて、いま、その視点から建築と都市をつなぐ思想とか手法を考えようとしているわけですけれども、同じ問題提起が、すでに一九六〇年前後から槇さんやチームＸの人々によってなされていたことを、ある時期に知って驚いた記憶があります。私は最近、二〇世紀の大きな転換点は一九二〇年前後と一九六〇年前後にあるのではないかと考えるようにもなりました。よく言われる「一九七〇年前後」というのは少し遅すぎて、このズレによって重要な動きの評価を誤ってしまうようにも感じています。これまでのお話をうかがっていても、一九二〇年前後に確立されるＣＩＡＭ流のモダニズム思想が、次世代のチームＸの人たちによって徹底的に批判されるのは、一九六〇年前後からだという印象を強くしました。アメリカ、とくにハーヴァードの内部では、これに呼応する新しい変化があったのでしょうか。

一九六〇年前後とモダニズム批判

槇　いま川向さんがおっしゃったようなグローバルな動きに対応する変化がハーヴァードの内部でもあったように思います。おおまかに、大学の内部で発言力をもつ人々が、ＣＩＡＭ世代からチームＸ世代に代わったと言えるでしょうね。

当時のハーヴァードのディーン（学部長）だったセルト[*18]は、コルビュジエの弟子でありＣＩＡＭ世代の人物でしたが、彼が非常に偉いのは、批判的な立場にあったファン・アイク、バケマたちをどんどん客員教授にして学生の指導に当たらせたことです。ということは、六〇年代のハーヴァードに関する限り、当時のヨーロッパの若手建築家たちの声が大きくなっていったことになりますが、コーリン・ロウ[*19]、ピーター・アイゼンマ

イルは建築家とともに登場し、その地域に存在しない未知のものの創造を目指す。このようにラポポートの説を紹介したところで、槇が問いかけるのは、もはや近代建築のように熱狂的にハイスタイルを追い求めることはしないにせよ、だからといって、常に過去の歴史に依拠するヴァナキュラー建築に、ましてやプリミティヴ建築に回帰するのでよいのかということである。そこから槇は、「現代における新しいヴァナキュラー」「インダストリアル・ヴァナキュラー」という視座を提案する。槇文彦「ポピュラー・アーキテクチュア」（都市住宅一九七三年一一月号）、「近代建築の光と影」（新建築一九八六年一月号）参照。

*14　地域性
槇は一九六〇年にすでに、「ダイナミックなリージョナリズムが都市デザインの分野において、今後数十年大きな役割を果たすのではないかと直感的に感じている」と書いていた。槇が語る地域性は、個々の建築形態・材料・細部意匠などではなく集合的なスケール、つまり「コミュニティでの生活のあり方、行為、意志というものを、より長い時間のディメンジョンをもった空間のかたちの中に」見出していくようなものである。従って彼によれば、マス・テクノロジーやマス・コミュニケーションも、地域に普遍性を強要するだけではなく、それ自体がある変容をともなって地域に堆積し、また他方で機械文明の刺激を与え、地域にとって新たな活力となるものを選別し統合して「ダイナミックなプロセスによる開かれた地域性」を生み出していく、と考えられる。前掲「一九六〇年チームＸ

ン[20]のようなアメリカの論客たちが登場してくるのも、この時期です。

川向　ロバート・ヴェンチューリ[21]は、いかがですか。

槇　彼の『建築の多様性と対立性』（一九六六）ですか。確かにある意味で、この当時、唯一アメリカで生まれた極めてユニークな建築思想だと思います。それまでのモダニズムに対する批判、アンチテーゼとして生まれてきますね。

川向　さきほどから名前が出てくるケヴィン・リンチはどうでしょうか。

槇　彼は、まさに都市というものを、それまでの「都市はこうあるべきだ」という立場から、「都市とは何だろう」という、もう少し分析的な立場に変えて、そこから「都市の本質」へとアプローチしていった。著書の『都市のイメージ』（一九六〇）から言えると思いますが、彼は、都市の構造を明確にし、また分析の道具も提供してくれたという意味で、大変な貢献をしましたね。

日本でも、「グループフォーム」の根幹にあるヴァナキュラーなものを、きちんと分析して、建築とか集落の本質を捉えようという考え方が、一九六〇年代に現れてきます。亡くなった宮脇檀《まゆみ》[22]さんの集落の研究とか神代《こうじろ》雄一郎[23]先生の「間」の研究などにあの時代を感じますし、いずれも、現代の問題としてもなお輝きを失っていない。私が『見えがくれする都市』[24]（一九八〇）をまとめ、そこで「空間の襞」や「奥性」の思想を展開させるときに参照したのも、先行するこれらの研究でした。

「空間の襞」と「奥性」

川向　「奥性」については、都市も建築も奥深さを失って表層のみが自己主張するものに変わっていく時代の流れに抵抗する重要概念として受け入れられ、ずいぶんと話題に

の会議に参加して」あるいは「集合体に関するノート」参照。

*15　チームXの会議
この時のチームXの会議は、一九六〇年七月二四日から三〇日まで、南仏の人口一万程度の小さな町バニョール・スセーズで開催された。参加者は一七名、それに彼らの家族を加えて約三〇名が、町中の小さなホテルに宿泊して寝食を共にし、朝から晩まで、時には夜中まで議論をたたかわした。会場は、古い三階建てのタウンホールの二階にある、中庭に面した薄暗い一室であった。前掲「一九六〇年チームXの会議に参加して」参照。

*16　アルド・ファン・アイク
Aldo van Eyck　一九一八～九九年。オランダの建築家。デルフト工科大学の他、欧米の多くの大学で教鞭をとった。一九四六～五〇年アムステルダム公共事業局に勤務の後、五二年に独立して事務所創設。フランスの人類学者レヴィ＝ストロースが唱えていた、社会や集団の文化を全体的にとらえる方法としての「構造」概念に似た、「祖形（アーキフォーム）」という概念を提唱して、建築界における所謂「オランダ構造主義」の創始者となった。「祖形」は客観的構造として存在し、そこから諸形態が派生すると、彼は考える。すでに形骸化していたモダニズム理論とその感覚的で主観的な形態操作に反発して、より客観的で社会的な視野を備えた理論と実践を追究し、スミッソン夫妻とともにチームXの中核をなした。代表作にアムステルダム市立孤児院「子供の家」（一九六〇）などがある。

なりました。いまもって、その生命力は失われていません。そして、ジル・ドゥルーズの著書『襞――ライプニッツとバロック』[*25]などの影響もあってか、最近また、「襞」という概念が注目されていますが、「空間の襞」という概念もまた、実は、槇さんの思考の中では、「奥性」と対をなす重要概念だったように思うのですが。

槇　そうですね。いまでも、大通りから街区の内側に入ると、外からは想像できないほどに秘めやかな景観に遭遇する。道は屈曲して、突然石段になることもある。細い路地があって、その両脇に小家屋が立ち並んでいる。そこは、すさまじい都市の変化から取り残され、生き残った、不思議な生命感と解放感が息づくところですが、地形・道・塀・樹木・家屋などによって何重にも包みこまれて、多重な境界領域、いわば「空間の襞」によって守られている。このような「空間の襞」の存在は、私は、日本においてのみ発見し得る、きわめて日本的なものだと考えています。そして、これもまた注目すべきことですが、この何重もの襞で囲まれた、玉ねぎの芯に当たるところに、日本人は常に「奥」を想定してきた。このような意味での「奥」もまた、まさしく日本独特の空間概念だということができます。ご指摘のように、「襞」と「奥」は対をなす。今後の都市論の構築のためには、こうした日本人特有の空間観の存在を理解する必要があると、主張してきたのです。

川向　その後の展開までお話いただきましたが、このように考えていきますと、槇さんの一九六四年の赤本も、都市・建築空間の成り立ちを分析して解明するという新しい精神の現れだったことが分かります。悲しいことに、都市はこの後、ますます分散・離散の方向に変貌します。集落としての粘着力を失って、建物が相互の関係もなくバラバラの状態で建てられていく。巨大な都市複合体はその全体イメージを捉えることが困難に

*17　ジャンカルロ・デ・カルロ　Giancarlo de Carlo　一九一九年ジェノヴァ生まれ。五〇年にミラノに事務所を設立、五五年からヴェネチア建築大学教授（都市計画）となり、教育でも設計実務でも、近代建築の遺産を倫理的・社会的に捉え直して、建築と都市、新しいものと古いものを丁寧につないで建設することに重きをおいた活動を続けている。五一年にウルビノ大学の古い校舎の改装のために学長カルロ・ボーに招かれて以来、大学と市当局の依頼を受けてウルビノの建築・街づくりに継続して取り組んでいる。

*18　ホセ・ルイ・セルト　Josep Lluís Sert　一九〇二〜八三年。バルセロナに生まれ、同地の建築専門学校に学ぶ。二九〜三一年の間、パリのル・コルビュジエとピエール・ジャンヌレのオフィスで働いた後、バルセロナに帰り、パリ万博のスペイン館（一九三七）などを設計した。三九年に合衆国に移住して、主に南アメリカを対象としてル・コルビュジエ的な言語を用いた都市計画を数多く行い、四七〜五六年はCIAMの議長を、五三〜六九年にはハーヴァード大学デザイン学部の学部長、と同時に建築学科の科長を務めた。代表作にバグダッドのアメリカ大使館（一九五八）、ハーヴァード大学大学院既婚者用集合住宅であるピーボディ・テラス・ハウジング（一九六五）、バルセロナのミロ美術館（一九七五）などがある。

*19　コーリン・ロウ　Colin Rowe　一九二〇〜九九年。四五年にリヴァプール大学建築学科卒業。五四年からテキサス大学で教え始め、六二〜九〇年はコーネル

なり、モノとモノ、人の行為と行為をつなぐ結節のあり方が問われるようになって、赤本の第二章で扱われた「リンケージ（結節）」の問題がクローズアップされるようになります。個別のマス（建物）も重要ですが、それらをつなぐパブリックな性格を帯びたスペースのあり方、つまり「リンケージ」そのものを意識的につくっていかなければならないという時代に入っていきます。この課題が、ヒルサイドテラス計画では、どのように現れるのでしょうか。

ヒルサイドテラスとリンケージ

槇　一九六九年に、最初のヒルサイドテラスが誕生します。一棟ではなくて、この二棟から成っているということが重要です。さきほど川向さんが指摘してくださったように、当初私たちは、一つのジェネティックなフォーム、つまり一階がショップでメゾネット・タイプのアパートをつないでいくマスタープランを思い描いていた。ジェネティックな

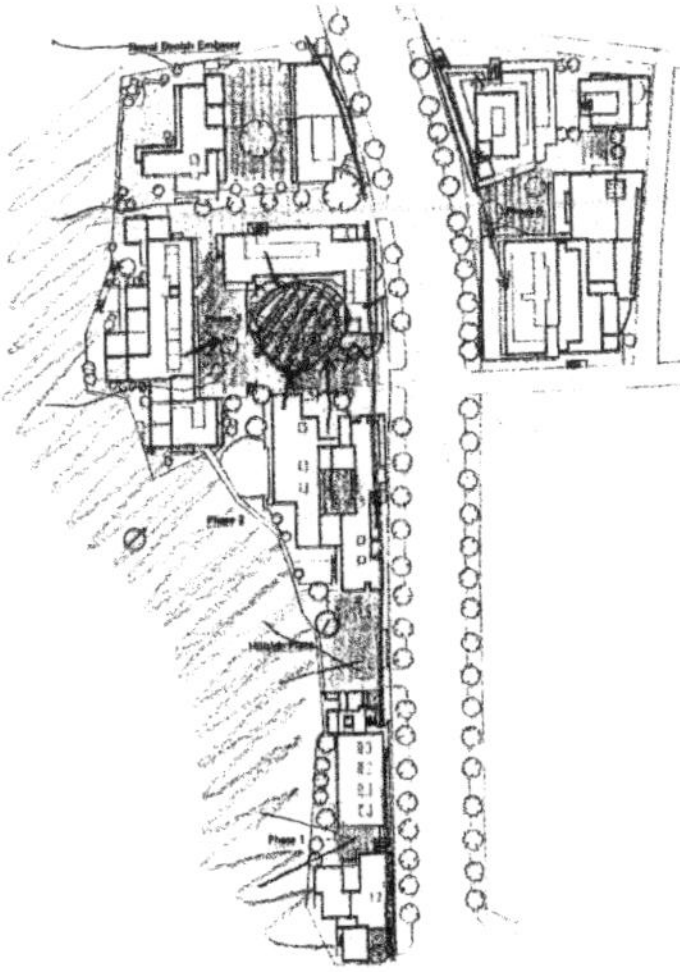

色鉛筆で各種のリンケージが描きこまれた
ヒルサイドテラス・スケッチ

大学教授を務める。主要著作には、七六年刊行の『理想的ヴィラの数学とその他のエッセイ』（邦訳は、伊東豊雄・松永安光共訳『マニエリスムと近代建築』、彰国社、一九八一）、七六年刊行のフレッド・カッターとの共著『コラージュ・シティ』（渡辺真理訳、鹿島出版会、一九九二）などがある。

*20　ピーター・アイゼンマン　Peter Eisenman　一九三二年生まれ。六七年にニューヨークに建築都市研究所を創設し、七三〜八二年には建築論的な定期刊行物『オポジション』の共同編集者となり、七〇年前後から「ニューヨーク・ファイヴ」の一員と見なされるようになる。彼らはプリンストンやコーネルといったアメリカ東海岸の名門大学の建築出身者であって、特徴づけるのは、作品の白い外観と、意識的にその内部で展開される、「存在」と「言語」との関係をめぐる形而上学的思考である。両者の裂け目を露わにすることによって、近代建築が形骸化して単なるモノと化すことにより失われた言語と思考の蘇生を図るのである。代表作に住宅一号（一九六八）、住宅一〇号（一九八〇）など。

*21　ロバート・ヴェンチューリ　Robert Venturi　一九二五年生まれ。六四年にジョン・ローチと共同で事務所を設立し、六七年には彼の妻デニス・スコット・ブラウンも加わる。「母の家」（一九六三）は処女作に当たり、古典主義的であると同時に土着的でもあって、巧みな形態操作によって全体がまとめられており、その全体と細部に見られる多様で、かつ矛盾と対立に満ちた構成は、同時期の六六年に刊

フォームで街並みを形成しようと考えたわけです。少し坂になっているので、ここにペデストリアンデッキがあって、このレベルにショップを配し、その上に住居を置く。ところが現実に完成して、そこでの人々の動きを見ていると、ほんの僅かに道よりも高くなっているだけで、なかなかショップへ行こうとしない。今でもそうです。対策を練って状況は改善されていますが、このとき私たちは一つの反省をしました。それで、同じフォームとかタイプを変形しながら連結するのではなく、時代とその場所に適合することをもっと大切にする。「グループフォーム」を、もう少しゆるやかに解釈して、多少変形するにせよ一つの形態を繰り返すのではなくて、多様な「リンケージ」でつなぐことを重視すれば、形態に厳密な一貫性がなくても、あるまとまった集合をつくることができる。こう考えるようになったのです。この後、六期まで続きますが、形態も表現も変わり、表層も違っています。「グループフォーム」は一貫して生きていますが、その定義は時代とともに変わっていく。変わり得ることが重要で、それゆえに「グループフォーム」が生き続けてきたとも言えるのです。

川向　その「リンケージ」の考え方が分かる具体例を拝見できますでしょうか。

槇　もともと集落あるいは古い街にあった「リンケージ」は、さきほど川向さんがおっしゃったように、崩壊していく。ところが、少し広く捉えると、やはり存在し続け、また新しい「リンケージ」が生まれてくるかもしれない。私は、そうも考えるのです。

ヒルサイドテラスでの「リンケージ」は、人の動きを誘うような仕掛けあるいは構成要素で、たとえば樹木のグリーンも、大小の違った形であちこちに現れるとか、広場も大小のものが連鎖すると、歩いているだけで、なんとなく、まとまりを感じます。また、建物の多くを隅入りにして、街との境界をガラスにしておくと、人が建物に入っていく

行した著書『建築の複合と対立（Complexity and Contradiction in Architecture）』（伊藤公文訳『建築の多様性と対立性』、鹿島出版会、一九八二）に示された彼の反英雄的で、包括的、反語的、歴史主義的でもある思考をよく表している。ミースの「レス・イズ・モア（少ないほど豊かである）」に対抗して、彼は「レス・イズ・ボア（少ないのは退屈だ）」と言い切る。隠喩と象徴の視点から形態を生み出す彼の手法は、機能にのみ形態の根拠を求める機能主義的ドグマを破壊するものであった。

*22　宮脇檀
一九三六〜九八年。五九年東京芸術大学美術学部建築科卒業、六一年東京大学大学院修士課程修了後、六四年宮脇檀建築研究所設立。法政大学、東京大学、共立女子大学などの非常勤講師を歴任し、九一年日本大学生産工学部建築工学科教授となる。建築家としては、住宅を中心に斬新で独特な作風を展開し、七九年「松川ボックス」で日本建築学会作品賞を受賞。また日本各地でまちづくりに取り組み、息の長い地道な仕事を数多く残し、高い評価を受ける。デザイン・サーヴェイも重要な仕事の一つであった。著書多数。

*23　神代雄一郎
一九二二〜二〇〇〇年。四四年東京大学第二工学部建築学科卒業。四九年明治大学助教授、六二年同教授。教育・研究の傍ら活発に批評活動を行う。『間（ま）・日本建築の意匠』（鹿島出版会、一九九九）など著書多数。

*24　見えがくれする都市
「江戸から東京へ」という副題が付く。槇と大

ときに、外の風景と内の風景を一緒に体験することができ、絶えず街の一部だという感覚を失わないで済む。いずれも、形こそ違え原則をリピートすることによって、「リンケージ」を何気なく連鎖させ、それによって、一つの集合体としての全体特性が表れてくることを狙っているのです。

建築と都市の「関係」を豊かにする

槇　私の事務所は今、ヒルサイドウエスト[*26]というところに入っています。ここの「リンケージ」は分かりやすい。オーナーの朝倉さんと相談しながらやったことですが、もともと私有地で全くのプライベートな場所に、パブリックな通り抜けの空間をつくったの

ヒルサイドテラスC棟のプラザへ

ヒルサイドテラスF棟
ガラスの境界を超えて内部と外部が浸透し合う

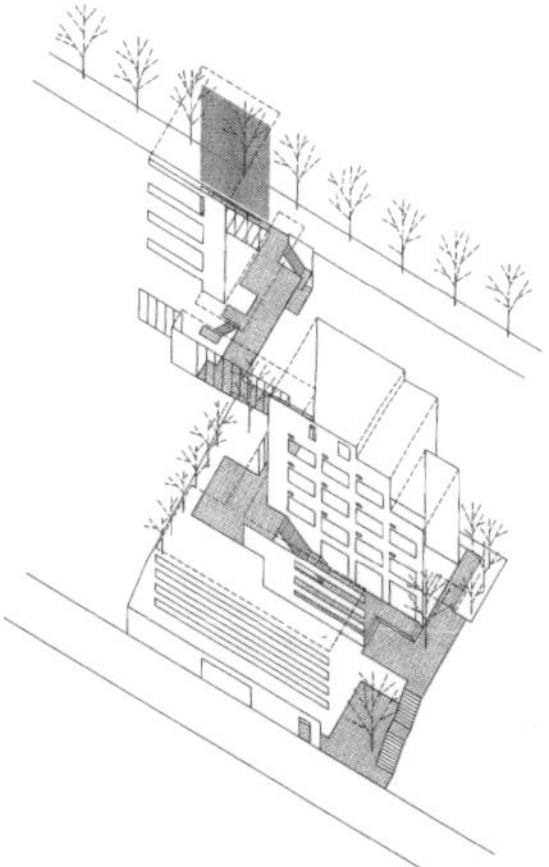
ヒルサイドウエストのパッサージュ
（図中、メッシュの部分）

野秀敏・若月幸敏・高谷時彦との共著。鹿島出版会、一九八〇年刊行。タイトルは、槇によれば、「都市の形態の背後にある構造は必ずしも見えていないし、しかし全く見えなくもない。それは絶えず見えがくれしている」という意味を有する。

*25　ジル・ドゥルーズ著『襞〜ライプニッツとバロック』原書は一九八八年に、宇野邦一による和訳は河出書房新社から九八年に刊行。

*26　ヒルサイドウエスト（一九九八）旧山手通りと、一本裏手になる鉢山町の閑静な住宅地の道路、この両者の間に広がる複合建築

です。私たちはパッサージュと呼んでいますが、このビル内部を通り抜ける部分も、朝の八時から夜の一〇時まで開いています。小さなデリカテッセンがありまして、サンドイッチとかコーヒーを売っている。それからシガーショップがある。こうして、新しいパブリックな空間が発生して、天気のいいときはお母さんたちが子供を連れて来て、食事したりお茶を飲んだりすることもできる。高低差があって、子供たちの遊び場にもなる。ささやかな例ではありますが、「リンケージ」の部分というのは、都市の中でのパブリック性の拡張と深く関係していて、それは、建築のスタイルとか表現の話とは違う、都市と建築との関係性をどう豊かにしていくかというテーマに結びつくものだということを、ひと言付け加えておきたいと思います。

川向　ヒューマンなスケールをもった新しいパブリックな空間が、次々に発生し、連鎖していくというイメージが、私の中でも広がっていきます。そして、最後におっしゃった、建築のスタイルや表現よりもむしろ建築と都市との「関係」を豊かにすることが、「グループフォーム」探究の目指すところであって、槇さんは今日に至るまで一貫して、それを探究し続けてきた。お話をうかがって、そのことが、とても良く分かりました。

で、カフェ、レストラン、貸ギャラリー、店舗、事務所、共同住宅などが入る。敷地は変形の、くの字の形をしており、二つの通りの間には、五・五メートルの高低差がある。そこにA棟（五階）、B棟（六階）、C棟（三階）の三棟を、ヒルサイドテラスでもそうであったように「集合体の理論」によって配置する。ヒルサイドテラスと異なるのは、ここでは、屈曲しながら三つの棟をつないでいく路地（パッサージュ）が、上と下、あるいは表と奥とをつなぐ半公共的な通り抜け空間として設けられたことである。

第3章

菊竹清訓
KIKUTAKE Kiyonori

か・かた・かたち

——現象と実体に架橋する

川向　メタボリズムの中心思想であり、同世代にも後の世代にも影響力の大きかった「か・かた・かたち」については、菊竹さんに直接お訊ねしたい点がたくさんあります。このテーマについては、著書『代謝建築論〜か・かた・かたち』[*1]のような、大学でゼミをやるにも非常に都合のいいテキストもあります。

本質・実体・現象という三段階の枠組み

菊竹　方法論について最初に書いたものでして、読みづらい本です。設計だけではなくて著作や審査の際などでも、私は常に「か・かた・かたち」の方法論に立ち返って考え続けています。

　私たちの時代には、湯川秀樹先生[*2]がノーベル賞を受賞されたことが、大変に大きな出来事でした。京都大学の湯川先生を取り巻く、坂田昌一[*3]、武谷三男[*4]という先生方が議論をして原子物理学で中間子の存在を指摘され、私は武谷先生から直にお話をうかがい感動いたしました。武谷先生の三段階の方法論を書いた、『弁証法の諸問題』[*5]は、実に感動的なすばらしい名著です。それによれば、自然の存在、自然の構造を見ていくと、現象論的な段階がまずあって、次のステップに実体論的な段階、そしてその奥に、さらに本質論的な段階がある。この三つの段階があって、その三つの問題をそれぞれ議論することによって初めて、中間子の存在を指摘することが出来たとおっしゃっています。

　当時は評論家の川添登先生[*6]のもとによく集まって議論をしておりましたが、川添先生も似たような三段階の考え方をもっておられました。それで私は建築を考えるときに、こういう方法論を基にして考え、デザインしていくことが出来るのではないかと思い始めたわけです。

菊竹清訓［きくたけ・きよのり］

一九二八年　福岡県生まれ
一九五〇年　早稲田大学理工学部建築学科卒業
株式会社竹中工務店入社
一九五二年　村野・森建築設計事務所入所
一九五三年　菊竹清訓建築設計事務所設立
一九七五年　沖縄海洋博で政府出展海上都市「アクアポリス」の空間プロデューサー
一九八八年　なら・シルクロード博のハードプロデューサー
二〇〇一年　二〇〇五年日本国際博覧会総合プロデューサー

［主な受賞歴］
一九六四年　日本建築学会賞（出雲大社庁の舎）
芸術選奨文部大臣賞（出雲大社庁の舎）
汎太平洋賞（ＡＩＡ）（出雲大社庁の舎）
一九七〇年　日本建築学会賞（特別）（日本万国博覧会ランドマークタワー）
一九七八年　オーギュスト・ペレ賞（ＵＩＡ）
一九七九年　毎日芸術賞（京都信用金庫）

［主な著書］
一九六九年　『代謝建築論——か・かた・かたち』（彰国社）
一九九四年　『エコポリス・海岸都市』（勁草書房）

川向　「か・かた・かたち」を具体的に建築論・建築設計論に適用するとどういう意味になるか、それを菊竹さんは繰り返し説明しておられますが、時代の変化とともに、その意味するところが変わっているように思われます。そこが、私のような建築史家には面白い点でもあります。

しかし、どの次元の話をしているのかが恐らく論じているご本人も分かっていないのだろうと思われる建築論や建築設計論が横行する昨今、この世界の現象を実体・本質との関係で問うスタンスは非常に明快であって注目すべきもの、と私は思っています。伊東豊雄さんや内藤廣さんが、流動的で曖昧な現象を扱っても読者に理解できるところまで論を深めて説き明かせるのも、同様のしっかりした現象・実体・本質という「思考の枠」が、根底にあるからではないでしょうか。二人とも、菊竹さんのお弟子さんですね。それにしても、先ほど菊竹さんご自身が分かりにくいとおっしゃいましたが、「か」「かた」「かたち」という言葉は、本質・実体・現象という概念よりも、和語つまり日本古来の言葉に近く、それだけに術語としては厳密性に欠けている。だから、分かりにくいところがあるが（笑）、日本人の建築思想として特筆すべきものです。

日本文化の「かた」への関心

菊竹　私も、いまだに分からない部分があります（笑）。日本の伝統文化に「かた」という考え方があります。たとえば、生け花ですと、「天」「地」「人」という三つの要素をうまく組み立て、骨格として考えていく。こういう型で考えると、非常に手を動かしやすい。柔道とか剣道などの武術でも、必ず「かた」をやります。「かた」を練習して、その「かた」に従って鍛錬をして、それにもう一つ何かを加えなければいけない。それが何

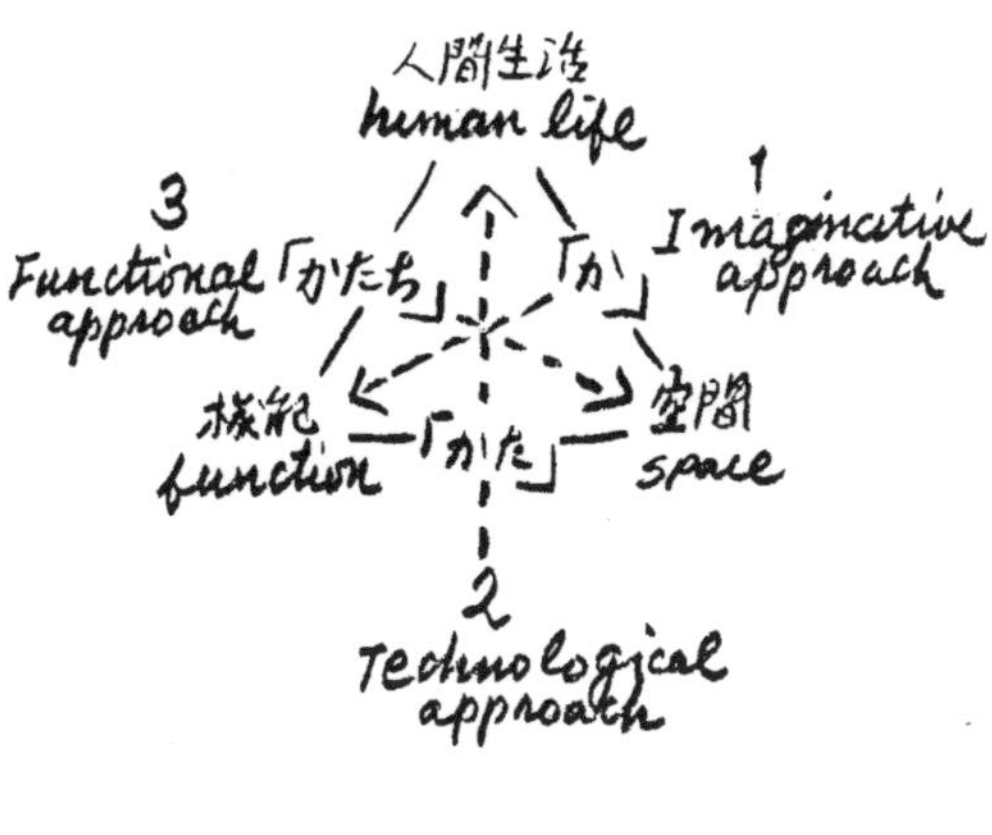

三段階方法論の概念図

*1　『代謝建築論～か・かた・かたち』
同書は一九六九年に彰国社から、五八年から六七年までの約一〇年間の、菊竹の建築デザインに関する論文・講演をまとめて刊行された。独自の方法論である「か・かた・かたち」の三段階論を中心に、「空間は機能を捨てる」「ムーブネット」「柱は空間に場を与え床は空間を限定する」など、菊竹の初期の興味深い思想が収録されている。

*2　湯川秀樹
一九〇七～八一年。理論物理学者。二九年に京大理学部卒業、同大学副手・講師、阪大講師・

かというのは、あとで出てきますが、実は「ち」という問題です。つまり、これが「かた」にくっついて、「かたち」になるわけです。柔道でも「かた」どおりにやるだけでは、うまくいかないわけで、その個人の持っている腕力とか体の敏捷性とか筋肉の力とか「ち」に当たるものと組み合わされて、そういうもので、その人なりの「かたち」を完成していく必要があります。それは柔道でも剣道でも同じことです。ですから、「かた」と「かたち」というのは、非常に密接な関係があって、考えやすいわけです。

それで建築について、最初に取り組みを始めたのは、「かた」です。それに、人の個性あるいは地域の個性につながる「ち」を付け加えることで、建築の「かたち」が出来上がってくると考えました。これは、どなたにも理解しやすいはずです。

川向　そうですね。菊竹さんの書かれたものを拝読しても、日本文化を構成する芸とか技の真髄である「かた」に関連する記述が多くて、「か」とか「かたち」と比べると格段にその部分の記述が多いと思います。最近また、一般的に身体への関心が高まってきて、私たちが学校の体育の時間に習った、いわゆる近代体操という意味での身体運動というよりも、もっと意識とか精神と結びついた、まさに日本の伝統文化の芸や技のなかにある身体の動きやその鍛錬法が注目されています。演劇系のワークショップでも、ますます「かた」への関心が高まっているようです。私の周囲でも学生が、菊竹さんの「かた」論を読んでいるのです。「かたち」にしても、日本の伝統芸能とか武術を例に、「かた」を修練することで「かたち」が形成されることを説明して下さっていますので分かりやすくて、しかも、日本文化での役割がそうであるように、「かた」論も「かたち」論も、単なる解釈ではなく実践論になっている点が重要です。

菊竹　ＡＩＡの大会で私が賞をもらって、講演をサンディエゴでしましたが、そのとき

助教授を務めた後、三九年に京大教授となる。湯川の学生時代は、量子力学の形成期であり物理学の転換期であった。その新しい理論体系に魅せられた彼は、旧制高校・大学と同期だった朝永振一郎とともに、ほとんど独学でこの理論に熱中したという。研究目標は、相対論的量子力学の構築と、当時はまだ要素さえ分からなかった原子核構造の解明であった。三二年に中性子が発見され、原子核は陽子と中性子から成ると考えられたが、これらの粒子間の力（核力）の起源が未解決であった。三四年にE・フェルミによりβ崩壊の理論が提唱され、核子と電子・ニュートリノ対との相互作用が定式化された。湯川は更に、そこに新しいボース粒子の場を仮定して、この媒介によって核力が生れるという説を立てた。電子質量の約二〇〇倍の質量をもつこの粒子が中間子である（一九三四年）。三七年に、C・D・アンダーソンが新粒子の発見を発表し、湯川の中間子理論が日の目を見ることになり、J・R・オッペンハイマーらも同様の見解を発表した。湯川は、坂田昌一・武谷三男・小林稔らとともに精力的に研究して一連の中間子理論の論文を出し、四九年に中間子理論によってノーベル賞を受けるのである。

*3　坂田昌一
一九一一〜七〇年。理論物理学者。三三年に京大理学部物理学科を卒業して、三五年には早くも湯川秀樹との連名で、K軌道電子の捕獲の理論を発表する。以降も湯川の第一の共同研究者として、中間子理論に関する第二、第三、第四の論文の完成に大きく貢献した。三九年に湯川の京大教授就任とともに同大講師となり、四二

も、「かた」と「かたち」の問題について話をしました。
　ところが、それだけでいいのかということです。これから説明致しますが、「かた」というのは、最初のころは「プロトタイプ」だとも考えていました。そして、普遍性をもったプロトタイプを考えていくことが非常に重要ではないか。この『代謝建築論』の本にも書いておりますが、田圃の一定の面積から一定の収穫量が上がる。それが米作りの一つの「かた」でもあり、それには普遍性がある。そういう普遍的な「技術」を土台にして、それに個性を付け加えれば、「かたち」が出来上がってくる。これでデザインがやれると思った時期がありました。

「かた」は量産の「プロトタイプ」か

川向　「かた」が、近代的な量産の基本型としての「プロトタイプ」と同じだと言えば、分かり易くはなりますが、単純化され過ぎた印象を受けます。場所性・地域性とはまったく無関係に、建物を標準仕様で量産していくという、近代建築末期の状況を思い出させます。たとえば、伊東さんや山本理顕さんと同世代とかもっと若い世代の建築家たちは皆、建築は場所固有のものであって、むしろ一回的なものだと考えたほうがいいと言います。設計が終わって、振り返って整理してみると、効率のいい「システム」のようなものが見えてくることもある。状況が許せば、それを次の仕事に多少は使ってみるかもしれない。しかし、だからといって、それが「普遍的」だとは絶対に考えない。彼らは、そう言うのです。
　一方、先ほどの日本文化の骨子をなすものとしての「かた」は、精神的でかつ身体的、認識論的でかつ実践論的でもある。今日なお、極めて有効な概念です。ただ、すごく両

年には名大教授となった。わが国の素粒子物理学の研究討議の場として重要な役割を担った中間子討論会（一九三七〜四四）の指導的研究者としても活躍した。湯川によって端緒が開かれた現代の素粒子論は、朝永振一郎の「くりこみ理論」と坂田の「素粒子模型論」とを二つの柱として発展したと評される。

*4　武谷三男
一九一一〜二〇〇〇年。物理学者・物理学史家。京大で物理学を学び、戦後は立教大学で教鞭をとった。日本の素粒子論研究のパイオニアの一人で、とくに科学史的な視点から自然科学の発展が現象論的・実体論的・本質論的という三段階を経るという「三段階論」を立てたことで知られる。中井正一や久野収らが編集し、ファシズムに抵抗した雑誌『世界文化』に協力して、治安維持法違反の嫌疑で弾圧を受ける。四六年の『弁証法の諸問題』は、科学的理性の確立を謳うもので、そこに示された三段階論が菊竹清訓の「か・かた・かたち」理論の形成に大きな影響を与えた。

*5　『弁証法の諸問題』
武谷三男が一九四六年に世に問うた、戦後の科学啓蒙主義の代表的著作である。初版以降も版を重ねて、敗戦を契機により科学的であろうと努めていた周辺領域にも強い影響を及ぼした。論考のほとんどは戦時中に書かれ、戦争への抵抗の書として読むことも可能で、思想的なメッセージは今日も衰えていない。そこにあるのは、空疎な思弁に堕してしまった日本の科学思想を含む哲学全般に対する批判である。エンゲルスの「自然弁証法」に範を求めたと考えられるが、

義的で、日本人のわれわれには分かりますが、それを欧米人に理解させようとすると、むずかしい。欧米でも、日本文化の「かた」に対する関心は高まっていると思いますが。

菊竹　そうなのです。ヨーロッパの建築家と議論をすると、この「かた」の問題で、いつも論争になります。例えば、二〇世紀初頭の工作連盟[*7]とかバウハウス[*8]なんかで議論されて以来、機能とかタイプによって建築を構成することができると思い込んでいる建築家が、欧米には今も多い。国際コンペの要項などを見ても分かるように、機能にせよタイプにせよ、欧米ではリジッドに決めます。文化として語るならば、彼らも日本的な「かた」に理解を示そうとするかもしれませんが、コンペの場、実際の建設の場になると、それが急にむずかしくなる。しかし、これだけ国際化・多国籍化が進みますと、建築を含めて幅広く議論しなければいけない問題になっています。

国際化のなかでの再定義

川向　そういう意味で、日本建築界での思考そのものが、菊竹さんの世代によって、西洋一辺倒でも日本一辺倒でもなく、グローバルなコミュニケーションの場に引き出されていったという印象があります。グローバル／ローカルな課題の間で展開する現代建築の幕開けは、一九六〇年頃だったとも言えます。六〇年の日本での世界デザイン会議開催は、それを象徴する動きだったわけですね。菊竹さんは、構造家や設備家、あるいは芸術家などとの議論も、当時から積極的に展開されています。そして、機能などという、建築思考の基本中の基本となる概念なども、この頃に定義し直されるようですが。

菊竹　機能とか機能主義の捉え直しも、私の場合、「か・かた・かたち」の理論形成の中で行われました。きっかけは、「出雲大社庁の舎」[*9]（一九六三）の設計でした。

特に注目すべきは、物理学的な理論形成に必要な「三段階論」を提案したことである。三段階は、自然現象の詳細で批判的な観測を基本とする「現象論的段階」、実体モデルを現実に構成してみせる「実体論的段階」、本質的な自然法則を捉える「本質論的段階」から成る。菊竹清訓は自らの論考の多くを「かた」に割いたが、武谷もまた実体論的段階をとくに重視していた。

*6　川添登
一九二五年生まれ。早稲田大学文学部哲学科に入学して心理学を専攻。五一年に理工学部建築学科に編入学して、五三年に卒業した。卒業と同時にアルバイト先であった新建築社に入社して、ジャーナリストとして伝統論争・民衆論争をリードして建築創造の方法論の確立に努めた。五七年に新建築編集長を辞して、建築評論家として独立。折しも六〇年に日本で世界デザイン会議が開催されることになり、菊竹清訓・黒川紀章らとメタボリズム・グループを結成して建築界に新風を吹き込み、未来学ブームの先駆けともなった。同年、『民と神の住まい』（光文社、一九六〇）で毎日出版文化賞を受賞。七〇年の大阪万国博覧会では展示サブプロデューサーとして空中テーマ館を担当。同年に、加藤秀俊らとシンクタンクCDIを設立して、現在その代表取締役所長。七三年には今和次郎と日本生活学会を設立し、現在はその理事長を務める。著書多数。

*7　ドイツ工作連盟
Deutscher Werkbund　一九〇七年に、P・ベーレンス、T・フィッシャー、H・ムテジウス、F・シュウマッヒャーらが中心となって、ミュ

今でもヨーロッパの建築家はみんな、設計の初めに、これはどういう機能かと必ず聞きます。しかし、そんなものが本当にあるのかと、私はかなり懐疑的に考えています。機能は、あるとき必要だと思うけれども、次の瞬間には消えてなくなってしまうということが、ざらにあるわけです。機能がいかに流動的で、動いていくか。「出雲」の場合も、それにぶつかった。

私は機能さえちゃんと押さえれば「かたち」は出来ると思って、そう信じて機能主義の勉強をしてきましたから、一生懸命「ここは何に使いますか」「どう利用されるのでしょうか」と宮司様に訊きます。ところが、「宝物館だ」とか、「ある一つの儀礼をやる建物だ」とか、あるいは「宮司さんの居間に相当するものだ」とか、「来訪される方、VIP

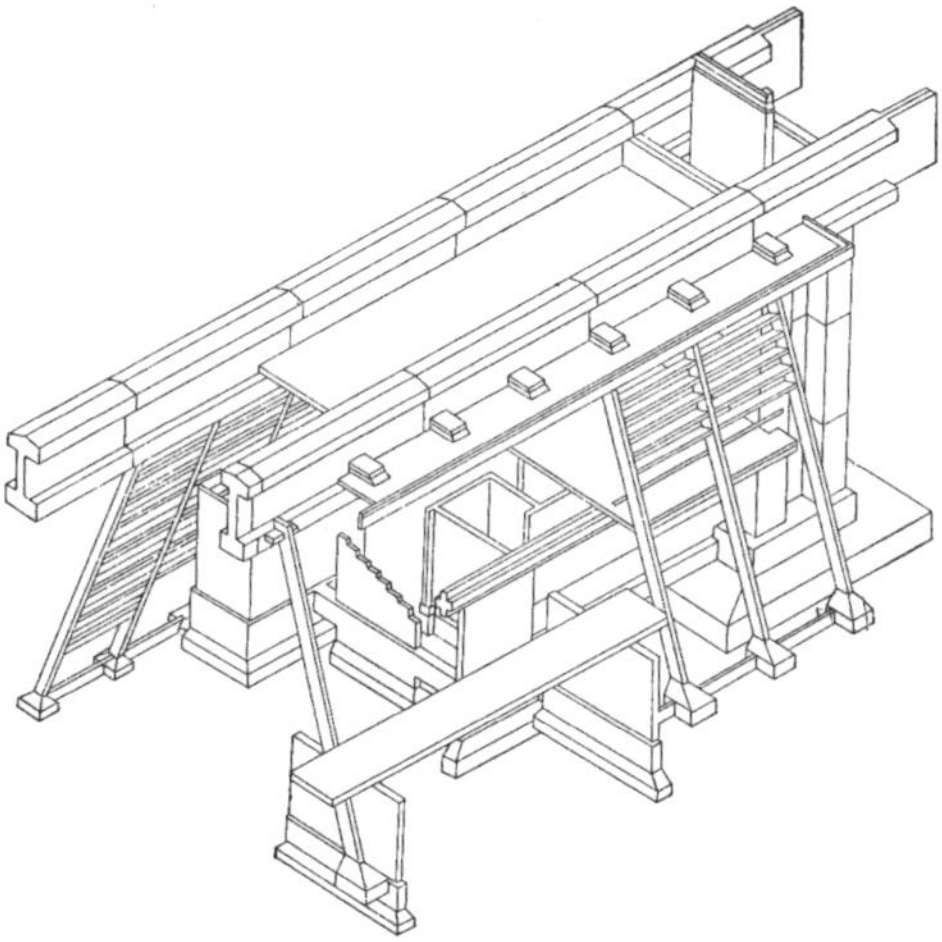

出雲大社庁の舎
外観写真(上)、構成の図解(下)

ンヘンで結成された、建築家を含む芸術家の他に工芸家・実業家も参加する団体。一四年のケルンでのドイツ工作連盟展では、B・タウトの「ガラスの家」、W・グロピウスとA・マイヤーの「モデル工場」、ヴァン・ド・ヴェルドの「劇場」などが建てられ、二〇世紀初頭の建築・工業デザイン運動に強い刺激を与えた。団体創設の目標はあらゆる生産品の質の向上にあって、一九世紀以来の手工芸運動の流れに位置しながら工場生産を肯定する姿勢をとった。この折衷的性格が、ケルンの展覧会に合わせて開催された工作連盟総会で、「かた（タイプ）」の洗練と発展によって工業デザインの向上を目指そうとするムテジウスと、あくまでも芸術家・工芸家の個性の尊重こそがデザインの質を高めると主張するヴァン・ド・ヴェルドとの間で、綱領を巡る大論争に発展した。第一次世界大戦後は、モダン・デザイン探究の近代運動へとシフトしていった。

*8　バウハウス Bauhaus　第一次世界大戦直後、ザクセン造形美術大学とザクセン美術工芸学校の運営を任されたW・グロピウスは、一九一九年、両校を統合してワイマール国立バウハウスを創設し、美術と工芸との統合、芸術家と職人との協働を目指した。「総合芸術としての大いなる建築の創出」という設立目標、工房での手作業を重視する研究教育方法、そして地域とともに創造的な共同体を形成するという学校のあり方そのものが、当時の表現主義的思潮に強く影響されていた。二二年にテオ・ファン・ドゥースブルフが着任した頃からロシア構成主義、デ・ステイル

用の応接スペースだ」とか、行く度、訊く度にどんどん変わるのです。これは、機能とは非常に変化するものだということを教えられているのかもしれない。だとすれば、設計の方法を根幹から変えなければならない。何を頼りにして設計すればいいのか。そう考えると、武谷先生などがいろいろ議論された「実体論的な段階をどう取り上げたらいいのか」という問題に発展していって、私の「かた」論になっていきます。「かた」の段階をどう捉えるかということは、それから後も、ずっと考え続けていて、今でも考えています。

川向　そのように普遍的な「かた」を求め、考え続けて、その意味を何度か入れ替えてこられたのではないでしょうか。普遍性を目指しながら、現実にやっておられることは逆で、むしろ自らによる否定であり変革の連続だと申し上げてもいいように思います。そこが、菊竹さんの近代的ではなくて、きわめて現代的な側面だと思うのです。普遍的な「かた」などは存在しないし、それを目指しもしないと、宣言しないだけのことですから。

そして、菊竹さんに、と申しますか、すでに「出雲大社庁の舎」や「ホテル東光園」[*10]（一九六四）などの一九六〇年代の菊竹作品に、機械主義や管理主義を本質とする近代性とは異なる、自由や解放を本質とする現代性を感じることができる。それも、この機会に申し上げておきたい点です。実践するためのルールや概念を設定したとしても、それは現実の「しがらみ」から自らを解放するためのものであって、自らを拘束するためのものではない、ということですね。

菊竹　うれしいご指摘です。それは、私が「か・かた・かたち」の方法論の中でも目指していることに関係がありますので、もう少し説明を続けます。

の影響が現れ、工業化社会と現実的に取り組み始め、「かた（タイプ）」が重要なテーマとなった。しかし、工業デザインの刷新へと突き進むことで手工芸的伝統の強い地域との間に様々な軋轢が生じて、二五年にバウハウスは小さな工業都市デッサウへ移転する。

*9　出雲大社庁の舎
一九五三年に火災で焼失した庁の舎の再建であって、社務所あるいは宝物殿として六三年に竣工した。六四年に日本建築学会賞などを受賞。両端の二本の棟柱にスパン四〇メートルのプレストレスト・コンクリート大梁を二本掛け渡し、これに「稲掛け」のように、プレキャスト・コンクリートの方立を寄せ掛け、さらに横桟を渡すことで構成されている。現代建築の技術・材料と、出雲地方独特の田園風景を生み出している「稲掛け」の形態・仕組みとを見事に融合し、伝統と創造の調和を達成している。躯体の部位（棟柱と大梁）と代謝の部位（方立、横桟など）とを明確に分けて考え、メタボリズム理論の具体化にもなっている。

そもそも、機能を巡る議論も、先ほどの説明とは別の側面をもっています。今でも、日本の学校教育ではヨーロッパやアメリカの教育をそのまま踏襲して、住宅を設計する場合、子供部屋が何室、居間がどういう使い方だというように、機能を押さえようとします。機能を押さえ、結果として、壁をリジッドに固めていく。そういうものが建築の設計だと思っている人が多い。これは間違いです。間違いだというのは、部屋の選択と利用の仕方で拘束性がきわめて大きいということです。そして、突き詰めれば、生活を拘束することが設計だと考えている建築家が、少なくないということです。いま川向さんがおっしゃった「自由」とか「解放性」というのは、確かに私が一貫して目指してきたものです。

ホテル東光園 庭園側

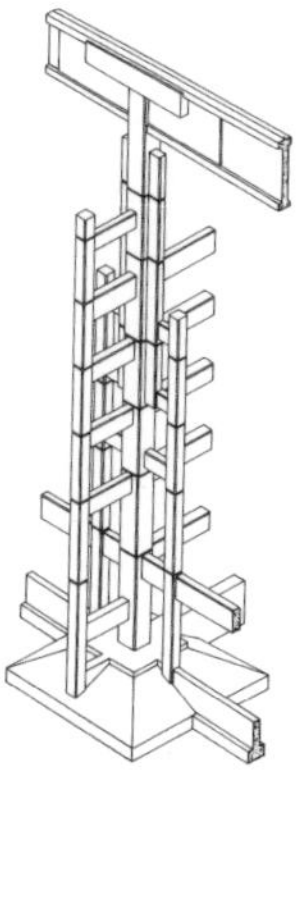

*10 ホテル東光園

一九六四年竣工。鳥取県米子市皆生温泉の旅館。構造的には、柱を力の流れに分解してさらに視覚的に統一するというテーマのもとに、横力に対応するための添え柱・貫・付け柱という大小の柱を組み合わせた特徴的な六組の主柱（右図）と、それによって支えられる七枚の床スラブによって構成されている。和風客室の入る上層部、ラウンジなどのパブリックスペースの入る下層部、その中間層は、吹き放ち空間になっている。この建築は、スカイハウスにも見られる「壁柱」を用いる構造方式の発展形である。「柱は空間に場を与え、床は空間を規定する」と言うように、菊竹は空間の構成要素を「柱と床の組み合わせ」という極限まで追求することによって、ル・コルビュジエの「ドミノ・システム」に行き着くが、力の流れを視覚化することで柱はより細分化されて、より多様でダイナミックな空間表現が生まれたのである。庭は彫刻家・流政之の作。

そもそも、日本の伝統的な建築は自由で解放的でした。日本の建築では、縁側が気持ちいいなと思ったら、縁側にテーブルを出して、そこで食事をする。寝るのも、夏は北側の涼しい部屋、冬は暖かい南側の部屋で寝る。別に、どこで寝なければいけないと決め込む必要は、全くないというわけです。つまり、選択の幅が大きいとか、あるいは自由とか解放性のあることが、建築の重要な価値・質に関係してくるということが分かってきました。

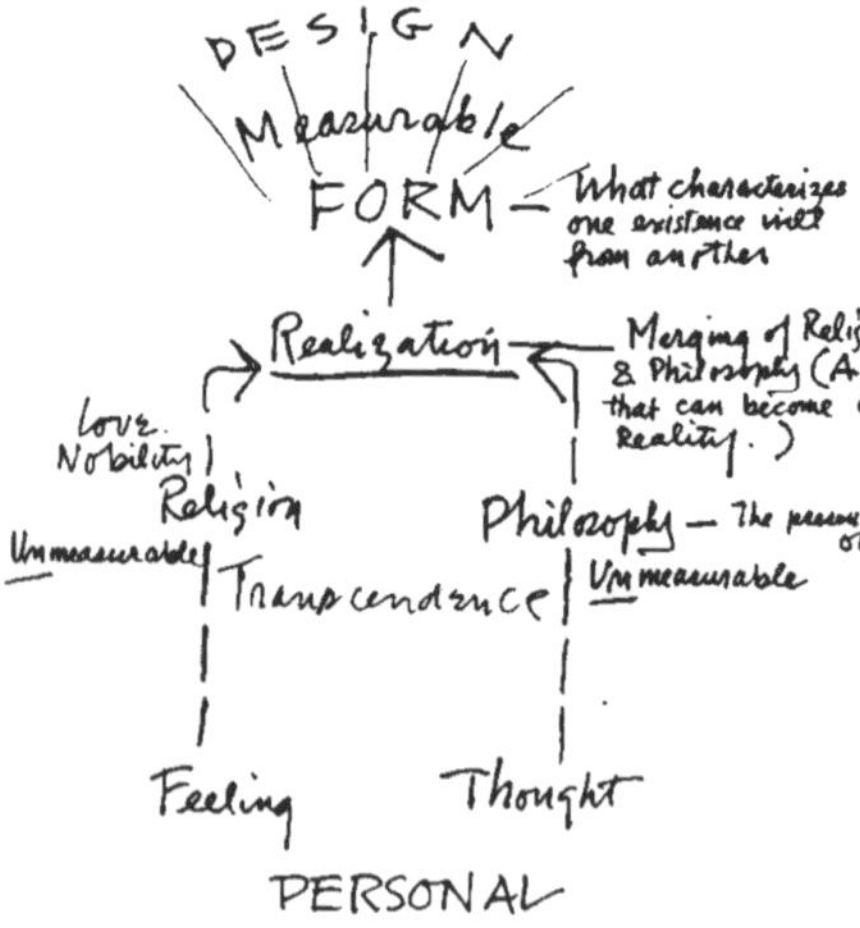

ルイス・カーンの「三段階方法論」の概念図

スカイハウス

「か」という永遠のテーマへ

川向　では、「か」とは何でしょうか。

*11　ルイス・カーンの三段階方法論
一九六〇年に東京で開催された世界デザイン会議に、カーンも参加して、五月一四日午後のパネルディスカッションの場で哲学をテーマに講演を行った。そして、この会期中に、川添登を初めとするメタボリズムのメンバーは、カーンを菊竹の自邸スカイハウスに招いて、さらに詳しく話をきく機会をもった。カーンの説明によれば、感情や思索から得られる「フォーム」というものがあるが、このフォームにはディメンジョン・形・大きさがない。それは「オーダー（秩序）」の感覚、あるいは感受されたオーダーであり、感受されたオーダーの状態に達した様々なシステムの調和だとも言える。そして、これがディメンジョン・形・大きさをもつと、「デザイン」になる。感情や思索からフォームが生れるのが「リアライゼーション」であって、これを「アーキテクチャー」と表現してもよい。だからリアライゼーションこそが大切だ、とカーンは強調した。

*12　スカイハウス
一九五八年に竣工した菊竹邸。一辺約一〇メートルの正方形平面のワンルームが四本の鉄筋コンクリートの壁柱（二四〇〇ミリ×三〇〇ミリ）によって空中に持ち上げられ、HPシェルの屋根がかけられた、実にシンプルな構成を有する。家族の中心は夫婦であると設定して、夫婦の生活空間を基本とする。それを補う、耐用年数も短く取り替え可能なキッチン・バス・収納などが、「ムーブネット」として提案されている。子供室もムーブネットとしてピロティ下に吊り下げられた。代謝する部分というメタボリズムの

菊竹　私にとって一番むずかしいのが「か」です。たとえば、世界デザイン会議のときに来日されたルイス・カーンさんが、講演で三段階の方法論[*11]だとおっしゃるから、出来たばかりの東京の音羽の自宅（スカイハウス）[*12]にお誘いして、そこに川添さん、槇さん、黒川さんも集まって、カーンさんを取り囲んで徹夜の議論をしました。それで分かったことは、「かたち」は最終段階の現象ですから、視覚的に捉えうるもので、そう大きな違いはない。しかし、その奥にある「かた」、さらに奥にある「か」が違う。このときに私は感心しましたが、カーンさんは、「かた」に対応するものに「システム」を挙げられました。私は「プロトタイプ」と言っておりました。これは、相当に違います。そして、私が漠然と考えていた「か」という段階を、カーンさんは「オーダー」という言葉で表現されました。ですが、この「オーダー」とおっしゃったことが、後のカーンさんの仕事を拘束することになっていくわけです。恐ろしいことです。

川向　「か」については、『代謝建築論』でも説明されていますが、私は伊東豊雄さんのいう「建築化される以前の状態」[*13]のことで、「曖昧で、流動的なもの」ではないかと考えています。「気」みたいなものです。私自身のいう「地域」とか「風土」も、「か」に非常に近いものです。「地域」にせよ「風土」にせよ、客観的に説明すべきだと言われますが、私は、これらは本来主観的であって、むしろ意識して主観的で内在的なものに留めるべきだと主張しています。正確には、現象学的に捉えるべきだと言っているのですが、これらを自然科学的に客観的に捉えたと思った瞬間に、菊竹さんが指摘なさったカーンの「オーダー」と同じで、その後の実践を外から拘束し束縛するものとなります。客観的に存在するだけで、望まなくても、それが意識を拘束する状態がやがて発生してしまう。

思想がこの時点で具体化されていることは、実に興味深い。その一方で、基本空間は、日本の伝統的空間である座敷を基に構想され、巧みに可動間仕切りを使った転換可能な空間構成には、当時の伝統論争、地域・風土に対する菊竹の関心が色濃く表れている。

*13　建築化される以前の状態
菊竹が「かた」と呼び、カーンが「フォーム」と呼ぶもの以前の、不安定に絶えず変化し続ける流動体としての存在、すなわち菊竹が「か」と呼ぶものを、自らの建築思考の中核に据えるのが伊東豊雄である。伊東は一九九一年に、「われわれに求められているのは形態そのものではなく、形態の発生過程にある〈流動的な状態としての建築〉である。孵化過程の昆虫のように、それはみずみずしく透明感に溢れ、はっきりとした形態をもつであろうことを予感させ、期待させる未だ溶解している建築である」と書いている。そのエッセイ「蜃気楼のような建築は存在するか」は、伊東豊雄『透層する建築』（青土社、二〇〇〇）一五五～七頁に収録されているので参照されたい。

かつての構造主義の構造《ストラクチャー》も、それが「客観的に」把握された次の瞬間に、人々を支配するものに変わってしまう。この点への批判が、構造主義批判の中心をなすものでした。ですから、「か」が曖昧なままになっているところが、この三段階の方法論の一番すごい（笑）、そして最も現代的なところだと、私は思っているのです。たとえ主観的でも、それが「共感」「共有」されて「協働」作業に発展していくのではないでしょうか。

菊竹　そうかもしれません。「か・かた・かたち」を考えるときに、究極のところで私が望んできたことと、ご指摘の内容には符合する点が少なくありません。「地域」や「風土」に、そのような側面があることも、同意できます。私も、その方向に主張してきましたから。さらに考えてみるつもりです。まだ、不十分で、またの機会があればと思いますが、今日は方法論の話ができたことを感謝いたします。デザインが、壁にぶつかったり、停滞する時には、方法論が導いてくれます。方法論が建築へのコンパスとなるはずです。

川向　「か・かた・かたち」は、実に奥の深い、独創的な思想です。この対談で、多くのことが確かめられました。本当にありがとうございました。

第4章

山本理顕
YAMAMOTO Riken

職住混在
――都市居住の全体性を回復する

生活の場としての都市から

川向　ゲストに山本理顕さんをお迎えして、東雲《しののめ》キャナルコートＣＯＤＡＮ[*1]（二〇〇三）で試みられた「職住混在」の思想と手法についてお話をうかがいながら、どう都市居住の全体性を回復するかという大きな問題について考えてみたいと思います。
　都市を繁華街、つまり享楽と消費の場としてではなくて、日常的な生活の場として捉える。これは当たり前のようで、実は近代的都市観の根本的な変更を迫るものです。とくに集合住宅に「職」つまり「働く」要素を混在させようというのは、画期的な試みではないでしょうか。むろん、この場合の「混在」とは、住宅団地の隣に工業団地を誘致するような話とはまったく異なるものです。そこでまず、旧来の発想との違いを理解するためにも、「職住混在」に至る思考のプロセスから、うかがいたいのです。

山本　「東雲」は都市整備公団の事業です。いま川向さんがおっしゃったように、都市の観点から集合住宅はどうあるべきかを問うことが重要で、それを公団とかなり話し合いました。公団[*2]は一九五五年にできた、専ら住宅を供給するための組織です。四五年に戦争が終わってちょうど十年後にできて、日本に大量の公共住宅を供給すると同時に、戦後の新しい住まい方のモデルを提示する役割も果たしてきました。人々は、そこに住むことによって、住宅からライフスタイルのようなものを学んできたわけです。

ヒルベルザイマーのヴィジョン

山本　もともと、そういう住み方の原点がどこにあるかというと、一九二〇年代のヨーロッパです。ロシア革命や第一次世界大戦を経て、ヨーロッパでは、新しい国の形が再

山本理顕［やまもと・りけん］
一九四五年　中国北京生まれ
一九六八年　日本大学理工学部建築学科卒業
一九七一年　東京芸術大学大学院修士課程修了
　東京大学生産技術研究所　原広司研究室研究生
一九七三年　株式会社山本理顕設計工場設立
二〇〇二年　工学院大学工学部建築学科教授
［主な受賞歴］
一九八八年　日本建築学会賞（GAZEBO／ROTUNDA）
一九九八年　毎日芸術賞（岩出山町立岩出山中学校）
一九九九年　グッドデザイン賞金賞（埼玉県立大学）
二〇〇一年　日本芸術院賞（埼玉県立大学）
二〇〇二年　日本建築学会賞（公立はこだて未来大学）
二〇〇四年　グッドデザイン賞金賞（ecoms Y-series）
［主な著書］
一九九三年　『細胞都市』（ＩＮＡＸ出版）
一九九七年　『住宅論』（住まいの図書館出版局）
二〇〇一年　『現代の建築家　山本理顕』（鹿島出版会）
二〇〇一年　『システムズ・ストラクチュアのディテール』（彰国社）
二〇〇三年　『つくりながら考える／使いながらつくる』（ＴＯＴＯ出版）

構築されていこうとするときでした。当時は住宅が大量に不足していて、集合住宅という考え方が発明されたわけで、コルビュジエなどの提案もあるなかで私が注目するのは、ルートヴィッヒ・ヒルベルザイマー[*3]が一九二四年に描いた都市ヴィジョン[*4]です。ベルリンの郊外でコンペがあったときの応募作品ですが、二〇階建てのフラットが平行に立ち

東雲キャナルコートCODAN
全体模型（奥に1街区があって、手前に6街区）

東雲キャナルコートCODAN
S字街路から1街区を見る。

ヒルベルザイマーの高層都市ヴィジョン（1924）

*1　東雲キャナルコートCODAN（一街区）
東京都江東区東雲の元工業地域の再開発事業で、都市基盤整備公団が基本計画、また発注者でもある。全体は六街区あって、総戸数約二〇〇〇を予定し、六街区を貫くS字街路が軸として設定されている。各街区の建築設計をたとえば、一街区は山本理顕、二街区は伊東豊雄というように、異なる建築家あるいは建築家チームが担当する。都心から近いこともあって、居住に限定されない、「都心居住」のさまざまなテーマが試みられている。

*2　公団
高度経済成長期に突入すると日本社会は急激に流動化する。人口の大都市集中が発生して、都市インフラから住宅の整備まで、国のリーダーシップによる対応策が求められ、一九五五年に設立されるのが日本住宅公団である。公団によって大都市圏には大住宅団地が次々に建設されていくが、公団住宅は憧れの的で、何十倍もの入居希望者があった。

*3　ルートヴィッヒ・ヒルベルザイマー
Ludwig Hilberseimer　一八八五〜一九六七年。カールスルーエ生まれのドイツ人建築家・都市計画家。第一次世界大戦後の前衛運動に積極的に参加し、とくに機能主義的視点から建築と都市の理論構築を行って、一九二四年に、ル・コルビュジエの「現代都市」（一九二二）に鼓舞されて注目すべき都市ヴィジョン、「高層都市」を発表した。一九二七年には、ヴァイセンホーフ・ジードルンクに住宅を設計し、一九二九〜三三年にはバウハウスで教鞭をとる。ミースと親交が深く、一九三八年からはシカゴのアーマ

並び、それぞれに下には商業施設、上には集合住宅が入る構成になっている。ヒルベルザイマーは、こういう理想都市のようなものを提案したわけです。下のほうには地下鉄が走っていて、自動車専用の道路があって、歩車分離のペデストリアンデッキもある。

川向 その「理想都市」は世界中で実現され、第二次世界大戦後の日本もまた、この理想像にとくに忠実だった国の一つだったわけですね。

山本 そうです。そして、ヒルベルザイマーの案をもう一つ特徴付けるのは住宅のつくり方で、立面に窓がずらっと並んでいるのは、同じような住宅が縦横にびっしりと積み重ねられていることを意味しています。その中の一つの住宅に一つの家族が入るという住み方が、この時代に発明された。それまでは、都市の中にある労働者の住宅は、一つの住宅に一つの家族が入るような生活ではなかった。一つのアパートがあるとしたら、下には職場があり職人がいて、上のフロアーでも、子供も、夫婦も、使用人たちもいて、大勢の家族によっていろいろな住み方がされていた。一九二〇年代になって、一つの住宅に一つの家族が住むという社会のあり方、都市のあり方が発明されたのです。関連して重要なのは、一つの家族が一つの住宅に住んで、その住宅相互に関係がないということです。隣に住んでいる人と全く関係なく住むことができるようなライフスタイルが、このときに発明されたのです。

孤立した住宅と家族

川向 二〇世紀モダニズムの徹底した合理的思考のもとに、一つの住宅に一つの家族が完全に独立して、家族同士が互いに全く無関係に住むというライフスタイルが形成されたわけですね。夫婦と子供二人ぐらいのいわゆる「標準家族」のタイプが想定され、そ

ー工科大学(一九四〇年からイリノイ工科大学)の都市地域計画学科教授となった。

*4 都市ヴィジョン「高層都市」ル・コルビュジエの「現代都市」では十字形平面を有する塔状の超高層ビルが豊かな緑の中にたっていたが、ヒルベルザイマーのヴィジョンではきわめて人工性が強く、板状の建物が画一的に平行配置されている。しかも、前者の場合、「職」と「住」が水平方向のゾーニングで、後者の場合は、下層にオフィス・店舗のような業務と自動車交通、上層に歩行者通路で結ばれた住居が入って、垂直方向のゾーニングで分けられている。つまり後者では「職」と「住」を上下に重ねて「交通」に費やされる空間・時間を最小限に抑えようとしている。僅かな屋上庭園のほかには、樹木も芝生もない、極めて人工性の高い都市環境が提案されている。

れに合わせた平面構成をもつ住宅タイプが考えられて、そのタイプが許容する「家族生活」が展開される、という状況がつくられたとも言えます。確かに、住むことによって、そこにプログラムされた「家族生活」を学び、演じることになります。

山本 そうして、とりあえず大量に人が住むことができる状況をつくった。と同時に、やらねばならなかったのは、それぞれの住宅内部を快適にすることでした。日本の場合ですと、一九五一年にできた公営住宅法[*5]では「四時間日照」で、各住戸には絶対四時間の日が当たらなければならないと定められ、収納とか部屋などについても事細かに決められていきます。こういう住宅、あるいは都市、社会のつくり方の起源は、一九二〇年代のヨーロッパにあって、太陽、豊かな緑、広々とした外部空間といったCIAM的なイメージ[*6]もその表れの一つです。

川向 その二〇世紀モダニズムによる近代化の過程で重要なことは、人々の意識が常に住宅内部に向けられたということですね。意識が住宅の境界を越えて広がっていかない状況が、こうして長い時間をかけて固められていく。外への配慮がなく、また外との交流がないままに、内部へ内部へと向かう意識が強化されてきた。

完璧なプライバシーと「鉄の扉」

山本 象徴的なのは、プライバシーという概念です。各住宅に一つの家族が入って、その家族のプライバシーを徹底的に守っていく。このときに鉄の扉を閉めると外とは全く関係のない内側だけの空間が出現するスタイルが出来上がり、そのスタイルは現在まで変わっていません。しかし、よく考えてみると、これは非常におかしなことですよね。もともと住宅というのは、ある地域社会の中にあって、その地域社会の関係の中で成立

*5 公営住宅法(一九五一)
地方自治体が国の補助を受けて公営住宅を建設し、住宅に困窮する低額所得層に低廉な家賃で貸すことにより、国民生活の安定と社会福祉の増進に寄与することを目的として制定された法律。地方自治体の公営住宅供給義務、国や都道府県の援助義務、家賃及び敷金、管理義務、入居者の資格・選考・募集方法、収入超過者に対する措置などが事細かに規定されている。

*6 CIAM的なイメージ
一九三三年のCIAM第四回会議で「機能的都市」のテーマの下に討議された内容は『アテネ憲章』(一九四三)にまとめられたが、その内容と都市のイメージは、実際の編集作業を行ったル・コルビュジエが、「三〇〇万人のための現代都市」(一九二二)や「輝く都市」(一九三〇)などを通して到達していた都市計画理論の影響を色濃く示すものであった。

してきた。にもかかわらず、都市の中につくられた途端に、周りと全く関係のない住まい方をして、私たちはそれを不思議だと思っていない。たとえ住宅の内部で何が起きても、それは内部の問題であって外部とは無関係だという住まい方です。家族という単位のプライバシーがここまで完璧に出来上がった時代は、なかったのではないでしょうか。

川向　昔ながらの共同体意識が残っている村ですと、どこかで村人が見ていてくれるという意識がありますから、出かけるときにも、そんなに戸締りをしないですね。田や畑に出かけるのに、戸締りなんかしていられない。そして、そういう近隣関係に支えられて生活しているのだという意識は、都市の下町にもあった。このような意識は、現在も完全には消えていません。「鉄の扉」で外と完全に隔絶する住宅というのは、これとは対極にある姿です。かつて、つながっていたものが、「鉄の扉」に象徴される思想と手法によって、分断されていったんですねえ。

山本　分断の過程の最後の一押しをするのは、マンションという形で住宅が一つの商品になることです。それは一つのパッケージ商品ですから、周辺の環境と関係なく、広さとか何ＬＤＫといった数字だけで商品価格が決められるわけです。ほかに駅から何分かとか、最近の超高層では高いほど値がつくので何階かという数字が意味をもつ。いずれにせよ、パッケージ商品の値段の付け方としては、基本的に同じです。このパッケージ商品としての住宅も、ルーツはやはりヒルベルザイマーの時代にある。

住に職を混在させる——発想の大転換へ

川向　とはいえ、ただ「鉄の扉」を取るだけでは、何の問題解決にもなりません。「鉄の扉」を必要としない個人レベル、社会レベルのライフスタイルが確立できる状況になっていることが、何よりも重要です。そして、この点にこそ、「職」を混在させる意味があって、「職」という、外に開かざるを得ない要素を混在させることによって、全体として見れば居住空間が自然に開いていくという状況も生まれてくる。と同時に、これまでの集合住宅地に最も欠けていた「職」を混在させることによって、ベッドタウンではない、真の意味で多様なアクティビティのある都市づくりを目指すことも可能になってくる。近代の「職住分離」[*7]からの大転換です。

では、「東雲」ではどう構想を展開させたのかを、少し具体的にご説明ください。

山本 もともと三菱の工場があったところで、埋立地です。周りは全部工場地帯だったので、今は何もありません。銀座に一〇分くらいで行けるし、お台場のフジテレビも近くにあります。立地としては非常にいいところですが、住むために本当に適しているかは、これからどう開発していくかによって、相当に変わっていくと思います。ここに容積率四〇〇パーセントでつくりたいというのが、公団側の要求でした。ヘクタール当たり一〇〇〇人程度の人口密度になります。例えば、高島平の団地がヘクタール当たり八〇〇人程度ですから、一〇〇〇人はすごい数値です。この人口密度を一四階建ての建物群で充足することを公団が決めたのですが、建物が高密度に並ぶことになります。こういう高密度な住み方を実現するとしたら、ヒルベルザイマーのモデルは絶対に不可能だと考えました。少なくとも四時間日照も、何LDKという部屋の大きさも確保できません。これまでの公団がやってきた、標準的な家族が住むことに特化した団地づくりが、ここでは想定できない。こういう状況が、住む場所であると同時に働く場所であるような環境をつくるという発想の転換を促したとも言えます。二四時間住み、また働く場所にもなる、そういうユニットを開発しようという発想に結びついていったのです。働く

＊7　職住分離
「アテネ憲章」で示された、居住、労働（仕事）、余暇、交通を明確にゾーンに分けて配置するという考え方。生活は本来、複合的で、周囲の環境とも分かちがたく結びつくものだが、四つの機能に分けて別々に配置されることで、町とも村とも言いがたい無性格で抽象的な場所が、無数に生み出された。

場でもあるので、「住戸」ではなくて「ユニット」と呼んでいます。

川向　その結果、通路との境界をなす「鉄の扉」が消え、通路は「コモンコリドー」[*8]と呼ばれ、パブリックな街路となり、それがさらに各ユニット内部にまで浸透していきます。

「ガラスの扉」とSOHO

山本　そうですね。住宅内部を通って差し込む自然光で、中廊下はすごく明るいです。コルビュジエのユニテ・ダビタシオン[*9]（マルセイユ、一九五二）は中廊下が真っ暗で、すごく違和感がありました。ここでは、そうならないように、部屋を経由して光が入ってくるようになっています。たとえば、「ベーシックユニット」と呼んでいる標準的なユニットで説明しますと、廊下側ではなく外気に接する方に、ほとんどガラス張りのサンルームのようなバスルームとキッチンが置かれています。そうすることによって、廊下に面したスペースがSOHO[*10]スペースにもなりますし、廊下との境界も、より開放的で透過性の高いものにできる。パーティションは移動可能で、全部外して収納に入れてしまえるので、全体を一つの大きなワンルームにして使うことも可能です。そういう意味で、職と住の割合まで調整可能で、フレキシビリティは非常に高い。テラスも「コモンテラス」と呼んで、それに面するスペースをSOHOとして使えるように考えています。しかし、公団のルールでは、住宅しか供給できませんので、今のところオフィスと言えませんし、SOHOとも呼べません。ただ、建築のほうは、オフィスにもなるようにつくってあります。

川向　実際の使われ方は、期待通りになっていますか。

*8　コモン（コモンコリドー、コモンテラス）common　共同の、共有の、の意味。山本理顕は、住民が共同して利用する場に、この「コモン」を冠した「コモンコリドー」「コモンテラス」「コモンスペース」「コモンリビング」といった呼称を当てる。

*9　ユニテ・ダビタシオン　ル・コルビュジエが、都市を構成する基本単位の一つとして構想していた「住居単位（ユニテ・ダビタシオン）」は、マルセイユ（一九五二）、ナント＝レーズ（一九五七）、ベルリン（一九五八）などの各地に建設された。ピロティ、屋上庭園、ブリーズ・ソレイユ、モデュロールといった、ル・コルビュジエ特有の建築言語の集大成と言える。見逃せないのは、彼がこれを都市の構成単位であると同時に、一つの自立した「垂直田園都市」として構想していたことである。廊下は屋内の街路であって、それに面して住宅が高密に並ぶ。住戸タイプとして頻繁に用いられるのが、上下階の二層にわたって展開するメゾネット形式で、一部吹抜け空間となった開放的なリビングには上階の床がギャラリー状に張り出す。各住戸は、いずれか一方の階で屋内街路に接して、ここにエントランスがくるが、山本が指摘するように、この屋内街路の実態は中廊下にすぎず、トンネル状の暗く陰鬱な空間になっている。住宅が、街路、都市に対しては壁と鉄の扉で固く閉じる一方、開放的なリビングやテラスを通して外気、自然に向かっては開いており、コルビュジエの考える住宅と都市あるいは自然との関係が象徴的に示されている。

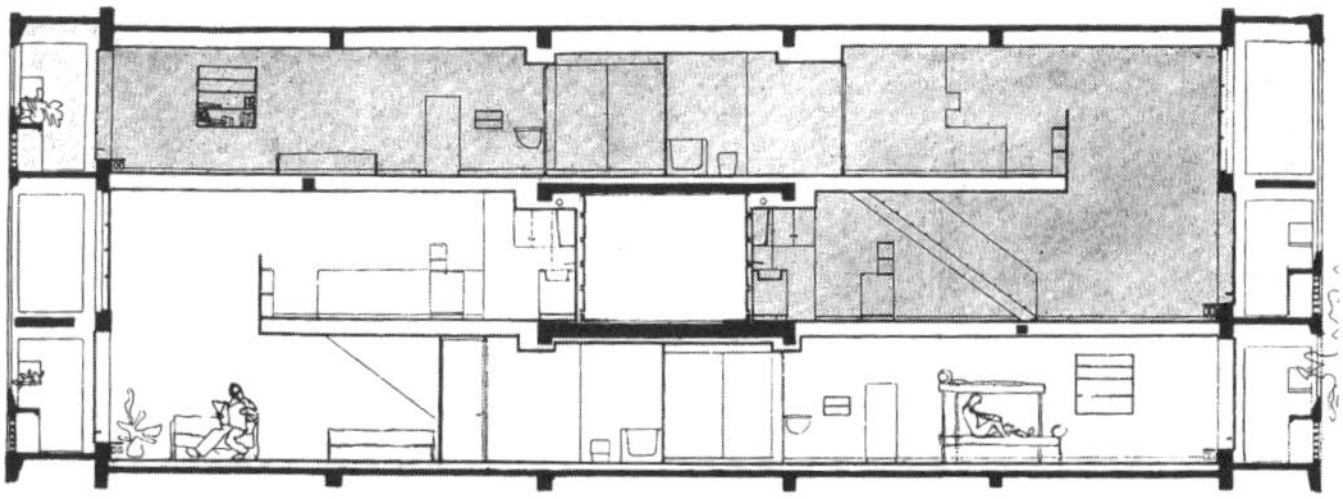

ユニテ・ダビタシオンの、廊下を挟む2戸のメゾネット形式住戸の断面

東雲キャナルコートCODAN（1街区）
窓側にガラス張りの水まわりを配しているので
明るく開放的な内部

東雲キャナルコートCODAN（1街区）
通路（コモンコリドー）に面するガラス張りのエントランス

*10　SOHO
Small Office Home Officeの略称。インターネットや情報機器の普及とライフスタイルの多様化にともなって増加しつつある、自宅や近くの小規模ビルに設けられる仕事場。情報機器の低廉化と高性能化に伴い、大規模オフィスも長時間の通勤も必要ない就労形態として、社会に定着しつつある。

山本　今のところは、ほとんど住宅として使われています。働く場所をつくったので、そういう人が借りてオープンに使ってくれるだろうと思っていましたが、現実は必ずしもそうではなくて、カーテンで閉める人もいます。ガラス張りの玄関部分も、有効に使われているわけではありませんが、賃貸住宅なので、こういう住宅がほしいと思う人が借りてくれると、状況は変わっていくはずです。中廊下とかコモンテラスの風景も、従来の住宅とは相当違ったかたちで生き生きとしてくるでしょう。これをつくって思ったのは、やはり鉄の扉で閉じられていることのほうが変だということです。出来上がってみたら、あまりに違和感がないのが、むしろ意外でした(笑)。現在、北京[*11]やアムステルダムでも、同じようにＳＯＨＯの付属する集合住宅をつくっています。それぞれに、ど

北京建外SOHO

邑楽町役場庁舎、ワークショップにも使用可能なシステム模型

*11　北京建外ＳＯＨＯ
北京市の中心の天安門広場から東へ二キロほど離れたＣＢＤと呼ばれる業務開発地区に計画された集合住宅群。山本が設計に関与するのは第一期から第三期までで、工期は二〇〇四年四月まで。小規模なベンチャー企業が急増しており、その需要に対応してエントランスにＳＯＨＯを備えた住戸が用意されている。

*12　邑楽町役場庁舎
群馬県邑楽町に建設予定の庁舎・多目的施設。「住民参加型」と冠された設計コンペによって、住民とともに「つくりながら考える／使いながら考える」システムを提案した山本理顕が設計者に選ばれた。彼の提案する「ＯＲＡユニット」では、スチールの角パイプを使った立体格子を組み立てて構造体をつくり、それに内外の壁・天井などのパネルを取り付ける。その際に、ユニット同士は梱包用スチールベルトを用いた「ベルト圧着工法」で接合される。施工が簡単で、解体し易く、リサイクルも可能で、組み立て直しや竣工後の変更にも対応できる。

う使われていくかが楽しみです。

むしろ徹底して都市施設でありたい

川向　それでも、集合住宅をつくった後で住み手が決まっていくという構図は変わりませんね。山本さんは、邑楽町役場庁舎[*12]の設計などでは、住民と一緒に建築をつくっていくワークショップを設計手法の中核に据えておられますが、この集合住宅特有の構図は変えることができませんか。

山本　設計時に住み手がそこに存在しないというのは、集合住宅が成立したときから宿命として持っていたのではないかと思うのです。一つの解決策としては、スケルトン・インフィル[*13]があります。スケルトンだけ用意して、インフィルは住み手がつくるというものです。ところが、実際は構造壁などに制約されて、ユニットの大きさが変えられず、平面構成の自由度も限定的です。ですから、構造壁をなくして、複数のユニットを一つの大きなユニットにしたり、ユニットの大きさを自由に変えたり、住宅としてだけではなく多用途に対応できるようにもしておきたい。

川向　コーポラティブハウス[*14]というのもありますが。

山本　でも、コーポラティブが都市の中での標準的な解答だとは考えにくいですね。ある時点での家族の欲求を忠実に満たすほど、その後の変化に対応しにくくなる。世代とか所有者が変わったときは、どうするのか。「東雲」でその方向性を示したつもりですが、家族が持ち続ける資産としての住宅ではなくて、住み込み、使い込むことのできる都市施設だと割り切ったほうがいいのではないでしょうか。住みかえ、部分的だが本質的にも造りかえ得る。働く場にもなり得る、どんな使い方にも対応して、フレキシビリティ

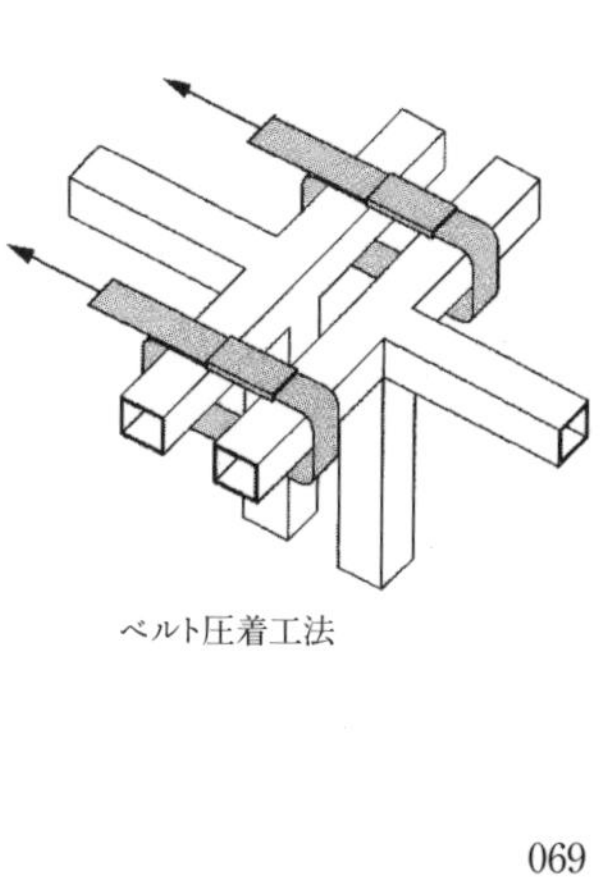

ベルト圧着工法

*13　スケルトン・インフィル　skeleton-infill　建物の骨格に当たる躯体（スケルトン）と内装部分（インフィル）を建設の段階から分離しておいて、後者を住み手のライフスタイル・好みなどに合わせて仕上げていく方式。

*14　コーポラティブハウス　cooperative house　組合方式で共同して建てる家の意味。知り合い同士などが集まって敷地から探す方式と、敷地は決まっているところから建物・住戸の設計について話し合いが進められる方式がある。集合住宅でありながら自分の家づくりができ、同時に近隣関係を形成できる利点があるが、合意形成が難しく、参加する戸数が増えれば方法上の工夫が求められる。

が非常に高い、それ自体が都市の、真の意味でスケルトン的なものとして存在し続けるような施設であるべきではないか。

「コモンテラス」にしても、周辺からいろいろなアクティビティが溢れ出してもいいが、そこは、都市の中に散在する小広場みたいなもので、完全に私的に占有される場所ではない。朝何かを出しても、夜にはそれを取り込む。中廊下を「コモンコリドー」と呼ぶのも、かつての小路とか路地のようなものになってほしいという期待からです。

川向　「都市そのものとしてつくる」と言っても、旧来の都市計画から入るつくり方とは全く違う。山本さんのやり方では、最初に住宅のプランがあって、そこでどういう生活をするか、住に職を混在させたらどうか、といったことが徹底的に議論される。住宅のプランを変えることで、街につなぎ、街を変えようというわけですね。

それにしても、これまでのお話ではヒルベルザイマーから遠ざかろうとしてこられたようですが、その進め方自体、具体化に向けての徹底した合理的思考、そして出来上がったものにも、本質的にヒルベルザイマーのヴィジョンに非常に近いものが感じられるところが、すごく不思議です（笑）。

山本　それは、よく言われます（笑）。

第5章

古市徹雄
FURUICHI Tetsuo

スパイン（背骨）
――多様性を柔らかく受け入れる

川向　古市さんの経歴を特徴づけているのは、丹下健三[*1]さんの事務所に一一年間在籍して、しかもナイジェリア新首都建設[*2]などの海外プロジェクトに直接かかわったことです。本日のテーマは、背骨という意味の「スパイン」[*3]ですが、古市さんが、都市の骨格として軸を通す手法を学んだのも、丹下事務所時代でした。若い時に巨匠の下で身につけたスパインを、独立してご自身の「多様性を受け入れる柔らかい軸」に変えていくには、大変な努力を必要としたのでしょうね。

空間と価値のレベルで

古市　偉大な先生の下で若い時代を送ると、結局その影響の範囲を越えることができない。そういう例が多いから、私は、丹下先生だったらこうするだろうと考えながら、それとは違う方法を意識的に模索してきました。

　私は、一九八〇年から八五年までナイジェリアで新首都建設の仕事をしましたが、丹下先生のスーパーモダニズムに対して、現地のアフリカ人たちはアンチ・モダニズムでしたから、当時すでに欧米的なモダニズムを批判する動きが強まりつつありました。世界中でモダニズムを批判するポストモダニズムの動きが表面化する時期で、私は、まったく対極にある価値観が激しくぶつかりあう現場にいたのです。その点において、日本の国内で、ただ観念的にモダニズム批判をする者とも、見かけの形の操作でポストモダニズムあるいはリージョナリズム（地域主義）を唱える者とも違って、空間と価値のレベルでモダニズムを批判するようになりました。

　結果として、私の場合このような視点での議論が、日本国内よりも国外、とくに日本以外のアジアの人々とのほうがやりやすく、互いに意気投合しやすかったので、海外交

古市徹雄［ふるいち・てつお］

一九四八年　福島県生まれ
一九七三年　早稲田大学理工学部建築学科卒業
一九七五年　早稲田大学大学院修士課程修了
　丹下健三都市建築設計研究所入所
一九八六年　アーキテクト・ファイブ一級建築士事務所を四人のパートナーにより共同設立
一九八八年　古市徹雄都市建築研究所設立
二〇〇一年　千葉工業大学工学部建築学科教授

［主な受賞歴］
一九九五年　日本建築家協会新人賞（西海パールシー・センター）
一九九七年　　公共建築賞優秀賞（屋久杉自然館）
福島県建築文化賞正賞（棚倉町文化センター）
二〇〇〇年　公共建築賞優秀賞（棚倉町文化センター）
　福島県建築文化賞優秀賞（北会津村役場庁舎）
二〇〇一年　AIA「Business Week/Architectural Record Award」（浄土宗麟鳳山九品寺山門・納骨堂）
二〇〇五年　日本建築学会作品選奨（なかがわ水遊園）

［主な著書］
二〇〇四年　『風・光・水・地・神のデザイン』（彰国社）

流も積極的にやってきました。

スーパーモダニズムとヒエラルキーの枢軸

川向　丹下さんのスーパーモダニズムは、都市のグリッドとゾーニングの設定から個々の建築へ、さらに細部へと、すべてが一貫したロジックで決められ、それに合わないと排除されるものだったようですが、だとすれば、『輝く都市』などに描かれたル・コルビュジエの手法と基本的に同じだということですか。

古市　コルビュジエとの共通点は、たくさんありますが、根本的に違うのは、今日のテーマでもあるスパインの有無です。コルビュジエの場合も幾何学的秩序が非常に強いけれども、スパインがそう強く出てこないですね。全体に等方向性をもったグリッドで考えています。丹下先生の場合、スパインを通す。一つのロジックを非常に重視してそれを推し進めると同時に、一方で、美しい都市の形態といったものを重視されています。そこでは、原則として、例外を認めない。

ナイジェリア新首都建設

*1　丹下健三
一九一三～二〇〇五年。戦後復興から国際社会の、その経済大国への仲間入りを果たしていく日本の国が世界に対してなすべき自己表現を建築によって実践していったのが丹下であった。五〇年代には広島平和会館原爆記念陳列館・本館（一九五五）、香川県庁舎（一九五八）などで、日本の伝統を想起させる美的表現をコンクリートで達成し、六〇、七〇年代には東京オリンピックの国立屋内総合競技場（一九六四）、大阪万博のお祭り広場（一九七〇）などを通して、全く新しい技術と表現の領域を開拓していった。スコピエ都心部再建計画（一九六六）、サウジアラビア国家宮殿（一九八二）などで海外に活動の場を広げた後、東京都新都庁舎（一九九一）、フジテレビ本社ビル（一九九六）などで再び日本国内にその健在振りを示した。建築と都市を同時につくっていくという建築家の役割を彼は早くから認識しており、東京湾上に海上都市を建設する「東京計画一九六〇」は、鮮烈なイメージを伴ってそのメッセージを世界に発信した。丹下健三『建築と都市』『人間と建築』（ともに彰国社、一九七〇）参照。

*2　ナイジェリア新首都建設
一九七九～八五年。ナイジェリア政府の指名コンペによって丹下案が採用された。基本構想は、「東京計画一九六〇」で示されたような都市軸を中心とする成長可能な都市である。国会議事堂を北端の小高い丘の麓に配置して、大統領官邸、最高裁判所、さらに官庁街が続く。その延長上には市庁舎と広場があり、広場の左右には文化・宗教諸施設が並ぶ。市庁舎より南はショ

東京都庁舎

川向　なるほど。コルビュジエの均等に、ある意味で無限に広がりうるグリッド都市とは違って、スパインの通った一つの姿をもった都市が考えられている。ある全体像を有し、それは美しい形態でなければならない。だから、そこに働いているのは、論理であるようで、実は丹下さんの美意識だったかもしれない。いずれにしても、幾何学形態とモジュールを使って大きいものから小さなものへ、まさにツリー構造[*4]で都市が設計されて、矛盾を排除する、徹底したスーパーモダニズムだったというわけですね。

ただ、コルビュジエの場合は近代運動として、あくまでも市民生活の場としての都市未来像を描いていたのに対して、ここで問題になっているのは首都であって、それは近代国家の表現につながるものだったという側面がある。近代国家のパトスの表出です。その結果として、どうしてもモニュメンタルにならざるをえなかったし、どこかバロック的で、スパインとしての中心軸を強調し、その線上に近代国家の施設が並ぶという構成にもなっていった。

ッピング街となり、その両側はビジネスセンターの高層ビル群である。これらの建築には、アフリカ、あるいはナイジェリア特有の伝統的文様・パターンが導入されている。

*3　スパイン

spine　背骨・脊柱の意味。統合して新しいものを派生させる生命力を有し、それ自体も湾曲するなど柔軟性を備えている。単なるアクシス（軸線、中心軸）とは区別して用いられる。

*4　ツリー構造

C・アレグザンダーは、論文「都市はツリーではない」（一九六五）で、「ツリー」と「セミラチス」とを対置しつつ近代都市計画を批判した。自然発生的に形成された都市はセミラチス構造を有して多様で複雑な関係を内包しているのに、人間によって計画された人工都市では、単純なツリー構造に分解整理されてしまって、それが、現実の空間に硬直と閉塞をもたらしたと批判したのである。また、ポスト構造主義のドゥルーズとガタリも、著書『リゾーム』（一九七六）の中で、進化論の系統樹から近代的軍隊の組織まで、思考や制度が、幹から枝分かれして、さらに細い枝に分岐していくという、強い中心（幹）を備えたヒエラルキーのある、二項対立的な図式の繰り返しによるツリー（樹木）構造になっていることを批判して、「リゾーム（根茎）」という概念を提案した。それは混乱・無秩序ではなく、ツリーとは別の、もう一つの秩序だというのである。垂直的な木のイメージや聳え立つゴシック大聖堂は、ツリー的な体系化を繰り返すヨーロッパ的思考そのものであった。それに対して、リゾームは中心も階層もなく、徹底し

古市　そうですね。私は、丹下事務所時代の最後に、新宿の新都庁舎[*5]（一九九一）をやりましたが、シンボルとしての表現といったことが盛んに議論されたことを思い出します。ナイジェリア新首都の場合には、国家のシンボルが問題になりました。ですから、国家とは何かという問いが常に意識にあったし、丹下先生が、ナショナルスケール、国家のスケールという言葉をよく使っておられたことを記憶しています。そこから、ワシントンやブラジリア[*6]の巨大なモールに結びついていく。一般の人々の生活と全く違うスケール、つまりメガ・スケールの導入です。国家のスケールから入っていくというところで、コルビュジエが太陽と新鮮な空気と緑を基本モチーフにしていたのとは、そもそも出発点が違っていた。ですから、丹下先生のスーパーモダニズムは、実は非常に古典的な、正確には新古典主義的な方法だったように、私は思っているのです。

川向　それは、きわめて重要な指摘ですね。戦後の建築・都市デザインは、長い時間をかけて、権威の表現とか象徴への志向、あるいはそれと結びつくヒエラルキー構成そのものをなんとか打破しようと努めてきたように思うのですが、古市さんは、身をもってその危うさを体験され、丹下さんに敬意を表しつつ、意識して乗り越えようと努力されている。

都市であることの手掛かり

川向　にもかかわらず、古市さんは、都市の、あるいは都市的なスケールと複合性を有する建築の設計には、スパインが必要だと考えているわけでしょう。

古市　そうです。いろいろと提案はできますが、現実的にスパインを否定することは不可能だと考えています。スケールの大きいものになると、何か結びつける要素がなければ

て反伝統的であり、民衆的でポップアート的でもあって、上下や始まりと終わりの区別もない、常に途中の、イン・ビトゥイーンの状態を表す、としたのである。

*5　新都庁舎
同じく丹下の設計であった旧東京都庁舎（一九五八）が老朽化し、執務面積の狭隘化、局部課の変化に伴う不都合が生じて、それを解消するために新都庁舎が建設されることになった。一九八五年に指名コンペが行われ、丹下案が選出された。新しい敷地は、新宿新都心の三ブロックを占める。それぞれのブロックに、高さ二四三メートルの双塔をもつ第一本庁舎、同じ形状の三本の塔を段々に低くしていった第二本庁舎、そして半円形の都民広場を囲む議会棟が配され、各々が空中歩廊で結ばれた。二つの本庁舎は、四隅にボックス柱を入れたスーパーストラクチャーで、これによって柱のないフレキシブルなオフィス空間となっている。各立面には、東京の歴史・文化・先進性を視覚化する格子パターン、濃淡二種類の御影石、ガラス、アルミ、ステンレスを用いた、当時のポストモダン的状況を映し出すかのような装飾的文様が全面に現れている。

*6　ブラジリア
Brasília　旧首都リオデジャネイロから九四〇キロ、サンパウロから八九〇キロ離れた中央高原に建設された新首都。一九五六年、大統領クビチェックの陣頭指揮により、四年ほどの短期間に建設された。建築家ルシオ・コスタが飛行機（あるいは弓と矢）の形の全体計画案を、そして、オスカー・ニーマイヤーが主要建築群の

ば、ばらばらになってしまう。前にケーススタディーをやったことがありますが、例えば、汐留計画[*7]にはスパインがありません。自由にやっているのはいいが、都市をつくるという意志が感じられない。あそこに一本のスパインを通すと、一つの都市としての骨格が出てきます。骨格が現れるというよりも、都市が現れると言ってもいい。

例えば、ヨーロッパの街は確実に遺産をつくってきた。ところが、私たちは本当に後世に誇れる何かを残せるかというと、悲観的にならざるを得ない。つまり、必ずしもそれが明快な構造をとらなくてもいいが、個々の建築がこれからも生きていくためには、都市であることの手掛かりのようなものが必要ではないか、という気がするのです。

川向　遺産にならないとは、建物として頑丈につくられていないことを言っているのではなくて、支える都市がない、あるいは都市の骨格がないので、所詮は断片の寄せ集めにすぎず、なにか全体的な都市文化を形成するものとして残っていかない、ということですね。

古市　と思います。都市空間がない、ということです。東京ですと、迎賓館前とか絵画館通り[*8]などの都市空間は貴重です。絵画館前の通りは、休日には大勢の人でにぎわいます。それだけ市民が楽しめる空間になっている。市民が楽しめる空間をつくるためにも、都市におけるスパインの必要性を強く感じています。

多元的なものを結ぶ

川向　確かに、古市さんの作品を拝見すると、何らかの形でスパインというか、背骨になる空間が用意されていますが、それが外部空間ではなくて内部化していく。これは、独立してからの大きな転換点ですね。

設計を担当した。機首の位置に国会議事堂・最高裁判所・大統領府、胴体部の大モールの両側に官庁群が並び、翼部にアパート群、そして交差部にはオフィス・ホテル・文化娯楽施設・商業施設などが配された。

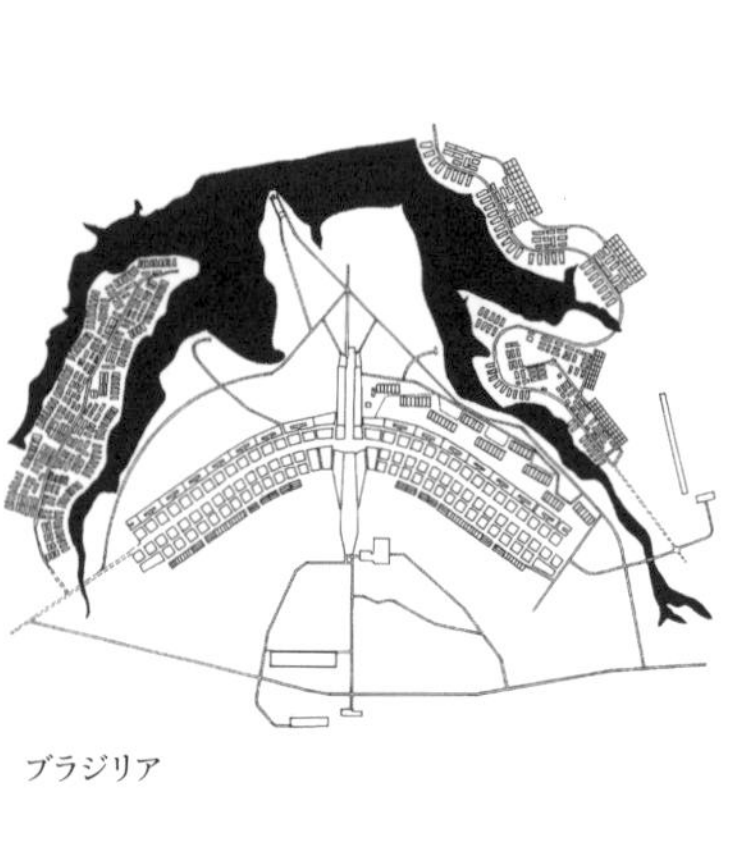

ブラジリア

*7　汐留計画
汐留シオサイトと命名される。旧汐留貨物駅跡地から浜松町駅に至る三一ヘクタールという広大な敷地を一一の街区の集合体として開発する計画。土地区画整理事業により都市基盤を整備してオフィス・商業・文化・居住などが複合する都市づくりを目指す。二〇〇二年のカレッタ汐留などに始まり、汐留シティセンター、松下電工東京本社ビル、旧新橋停車場、日本テレビタワー、汐留メディアタワーなどが竣工して、二〇〇七年に完成の予定。

古市　そうですね。丹下事務所の場合、あくまで都市の外部空間の問題でした。広場や大通りとして軸空間をつくったが、外部であって、内部として意識したことは、あまりないですね。

川向　古代ギリシャやローマの時代には、都市が広場や大通りによって計画された。丹下事務所の仕事は、その西洋の古代以来の伝統を受け継いでいるような感じがします。トライアンファルな、つまり凱旋的で、晴れやかな外部空間が、必ず都市の骨格として存在した。独立後の古市さんは、幸運にも、大きな規模の仕事に恵まれ、多元的で複合的な建築を、スパインを用いた設計手法で、あたかも都市をつくるように設計してきた。その例は、多いですね。

古市　幸運にも（笑）。例えば、北会津村役場[*9]（一九九八）の玄関ホール、栃木県立淡水水族館[*10]（二〇〇一年）の長大な自由通路、そして少し遡って、佐世保の西海パールシー・センター[*11]（一九九四）の都市街路的な自由通路などが、スパインに当たります。その施設全体を閉じたものではなく開いて、周辺の都市組織と接続するように設計するにも、有効な手法だと思っています。と同時に、それ自体が多様な人間の活動を誘発する空間となることが、ますます重要になってきています。

深みと精神性を

川向　スパインが、ただ背骨のように個々の空間をつないでいるだけではなくて、それ自体が空間として人々に親しまれる、パブリックな性格を帯びたものになっていることが重要なのでしょうね。北会津村役場の場合は、決して大きい建物ではないにもかかわらず、ここという場所には必ずスパイン空間が現れ、それが村の中心施設としての精神

*8　絵画館通り
いくつか現存する日本の近代的都市空間のなかでも特に重要な場所。苑地造成にあたり、青山通りからの直線道路の左右に歩道をとり、その歩道の両側に銀杏樹を植えて四列の並木を構成。高さを調整された銀杏並木の中心軸上に絵画館を眺める、見事な透視図法的空間がつくられている。

*9　北会津村役場庁舎
冬季の豪雪で知られる会津盆地にある北会津村の複合庁舎。風の来ない南面に大きく開口をとり、明るい執務空間をつくっている。玄関も南に置くなど、地域の気候風土への細かな配慮を感じさせる建築である。屋根はほとんどフラットに近く、雪は屋根に載せたまま強風で吹き飛ばす方式を採用している。約七・五メートルも天井高のある明るい執務空間は吹き抜けになっており、二階の会議室・事務室を利用する者も、移動しながら階下に広がる執務空間を見下ろせる、村民の生活の中心にふさわしい空間となっている。

*10　栃木県立淡水水族館
正式名称は、栃木県立なかがわ水遊園おもしろ魚館。県中央を流れる那珂川沿いにつくられた、水をテーマとする公園の中心施設になる淡水水族館。公園は水に親しむ公園であるにもかかわらず、高い堤防によって那珂川と切り離されている。そこで古市は、公園の広場の大きな階段で二階レベルに上がり、そのまま水族館へのアプローチとなり、さらに水族館を突き抜けて那珂川まで行くことができるデッキ（「自由通路」）を提案した。水族館は一二面体の大ガラス屋根

性を生み出してもいる。スパインが、ときには深い精神性すら感じさせる。そういう精神性をもった軸空間の例は、建築史上、数多く登場してきますが。

古市　異なる機能をつなぐ手法はいろいろありますが、例えば真ん中に、大きなプラザ的な空間をつくる方法もあります。しかし、私は、やはり求心型よりも軸型というか、スパイン的な空間のほうが好きです。いま、スパイン特有の精神性があるとのご指摘がありましたが、私は、そういう精神性を帯びたスパインの効果を、さまざまに試しているのかもしれません。

川向　北会津村役場の場合、玄関ホールを入ったすぐ正面ではなくて、わざわざ軸を曲げて、しかも一番遠い本棟の端に、議場を置いています。実際に行ってみると、そこに至るまでに長い廊下があり、その廊下はかなり閉鎖的で採光が調整されていて、ある種

北会津村役場庁舎
開放的な執務空間(上)、全体構成(下)

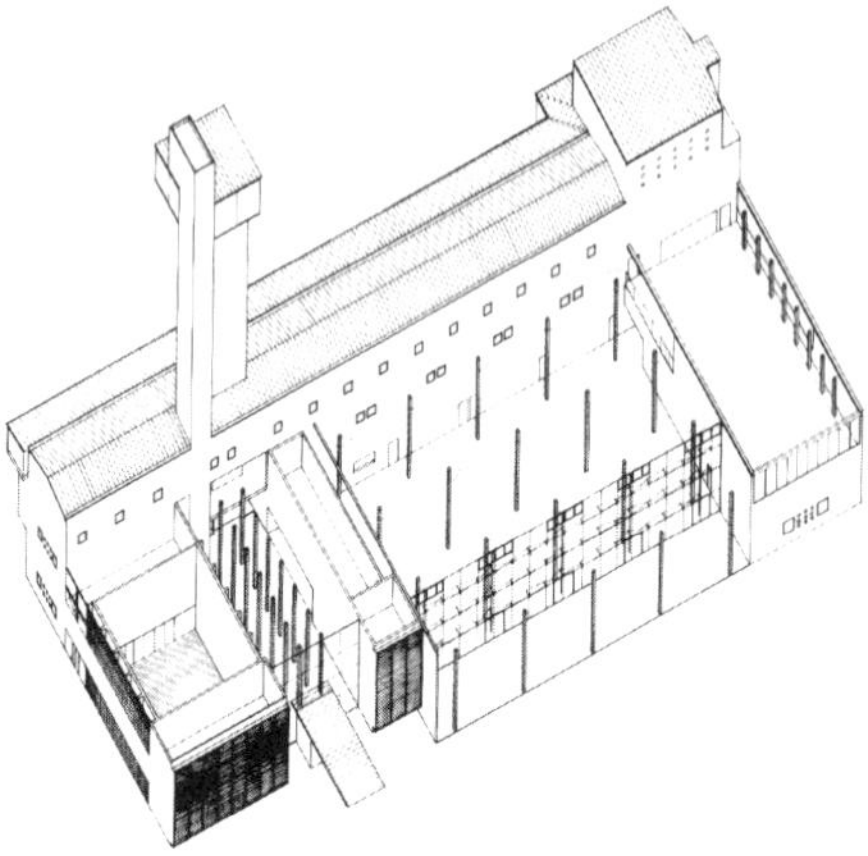

で覆われ、池・滝・植物などで自然を再現した生態展示室がその中央にあり、その周囲にテーマ毎の水槽が並んでいる。ゆるやかな勾配の斜路が建物の周囲を巡り、その斜路を上ると、すばらしい眺めの屋上庭園に至る。

*11　西海パールシー・センター
長崎県佐世保市にある、帆船を中心とした船の博物館、周辺の水棲生物を紹介する水族館、カヌーやヨットの工房の他に、ホール、ドームシアターなどを有する複合施設。地形にあわせてヴォリュームを配置し、それを動線でつないで、集落をつくるように全体を構成する。

の精神性を感じさせる。第二のスパインであるこの長い廊下をとるために、わざわざ議場を遠くに置いて、軸も曲げたのではないか。そう思わせるところがあります。

古市　確かに、それは意識していました。あの議場は、当初は反対側にあって、エレベーターを出るとすぐに議場、という配置でした。しかし、最終的には、玄関ホールを入って奥行きの浅い一本の軸で終わるのではなくて、それに、直交する長い軸を加えて二軸としました。途中で一回方向転換があり、さらに奥へ進んで議場に至る、という構成を選んだのです。

強すぎず、境界を空間の襞に

古市　その際にもう一つ重要なことは、どの軸空間つまりスパインも、いずれかが主であり従であるということのない、等価なものとした点です。すでに西海パールシー・センターでも、複数の軸を等価に扱っています。北会津村役場でも、単一の軸にしたくないという意識が強く、玄関ホールでエレベーターに乗り、二階に着くと、直交して別の軸がある。そういう複数の軸の連続性を考えています。

川向　しかも、三次元的に考えるようになり、次第に建築断面上での構成に関心が移行しています。栃木県立淡水水族館「おもしろ魚館」の建築断面も、かなりダイナミックな構成になっています。スパイン同士を等価に扱って、その一本のみが強く浮かび上がるのを抑えると同時に、スパインとその周辺の空間を等価にしようという意識も強くなってきますね。スパインを強く浮き立たせないために、境界の壁が、空間の襞に変わっていきます。

古市　棚倉町文化センター[*13]（一九九五）は、私の好きな作品ではありますが、スパイン

＊12　棚倉町文化センター
福島県棚倉町に建てられた、クラシックに限定された音楽専用ホールを中心とする複合文化施設。大きくは、コンサートホール（六〇六人収容）と生涯学習センターの二本立ての構成で、それぞれがスパインをもつので、二本のスパインによって施設全体が形づくられる。玄関ホール、ロビー、ホワイエ、ラウンジと比較的に共用空間が広くとられ、しかも各々がゆったりと広い。共用空間とそれに面する施設が対をなして、その対ごとに独立して利用できるように配慮されている。

の両側が壁で、かなり閉鎖的な、方向性の強い空間になっていました。強過ぎる空間とも言えます。というのも、スパインは、このような公共建築では、できるだけ開放的にして、入りやすくて親しみやすくしたほうがいい。境界をむしろ曖昧にしたほうが、スパイン自体がいきいきしてきます。

川向　そして、境界を曖昧にして人の行き来をうながすには、スパインの両側の空間プログラムを再検討する必要もありますね。

古市　スパイン周辺の機能配置は、完全に変わってきていると思います。できるだけ開放できる空間、例えば玄関ホールをもってきて、そこにコーヒーショップとかちょっとしたラウンジも入れて、自由で多様な使い方ができる空間にする。スパインの自由通路から入ってきても、雰囲気はまだ、そう大きくは変わっていない。逆に、人の流れや空間の流れが、スパインににじみでる、あふれ出る感じになるといいなあ、と思っていました。

西海パールシー・センター

栃木県立なかがわ水遊園おもしろ魚館
二階デッキとなって那珂川まで続くアプローチ(上)、
那珂川まで続くデッキ(自由通路)と
「おもしろ魚館」内部との境界はガラス張りで、
曖昧に構成されている(下)

透明で、虚な空間へ

川向　最後になりますが、ブルノのプロジェクト[*13]についてご説明くださいませんか。

古市　チェコの古都ブルノのど真ん中にある広場に面する敷地で、特に市民が注目する重要な場所です。川向さんがかつて住んでおられたウィーンからも近い。私の個展を当地で開催したことがきっかけになって、チェコの建築家を対象とするコンペだったのですが、クライアントから招待されました。とはいえ、とてもしっかりした景観委員会というのがあって、一〇回ほど公聴会を繰り返し、やっと提案が承認されました。

　広場に面する建物は一五世紀とか一八世紀とか、時代も様式も違います。それぞれの時代の表現があるのだから、私たちも、自分たちの時代を表現すべきではないかと考え

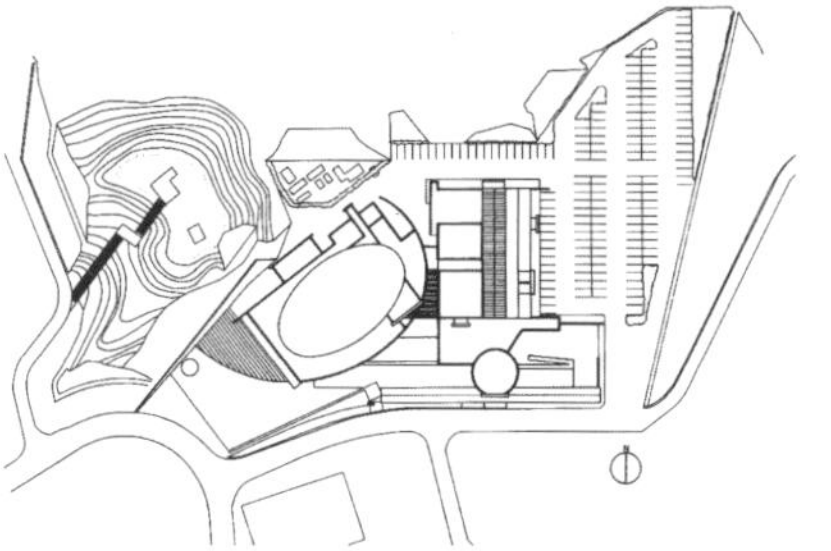

棚倉町文化センター
エントランス・アプローチを見る(上)、全体配置図(下)

ブルノ・プロジェクト

*13　ブルノのプロジェクト
チェコの都市ブルノの中心広場スヴォボディプラザに面する敷地にたつ複合施設。周囲には一五世紀から一九世紀の建築が立ち並び、景観規制が非常に厳しい。しかし古市は、周囲の建築が各々、時代を表現する様式をもっていることから、このプロジェクトでも、現代という時代の表現とするために、ガラスという素材とそれを活用した表現を考えることにした。ガラスは、自己主張しない材料なので、周囲との関係をつくり易いとも考えたのである。

ました。そこで、私たちが提案したのは、完全なガラス張りの建築です。この広場は死にかかっていると言ってもいい。ショップもない。夜になると、この周辺は真っ暗です。ですから、ガラス張りで、夜も明るい複合施設にしようとも考えました。一、二、三階は商業で、四、五、六階がオフィス、その上がアパートという構成です。

川向 スパインの提案をなさったのですか。

古市 はい、どう都市空間と関係をつくっていくかを重視して、やはりスパインを提案しています。この敷地は、通り抜けできない形状でしたが、たまたま隣の敷地がパティオをもっていましたので、交渉して、そこを抜かしてもらうことによって、広場と後ろの道路をつなぐ新たなスパインの提案をしました。しかし、なるべく軸線を意識させたくなかったので、パティオと融合して、ぱっと空間が膨らむようなものです。それだけではなく、スカイラインの連続的な変化を提案するために、左の建物と連続するボリュームを左半分に、右の建物と連続するボリュームを右半分に置いて、中央に透明な虚の空間が生まれているという構成です。

川向 スパインの意義とその空間的変容についてお話をうかがってきましたが、ブルノでのスパインは、多様な市民生活を受け入れる、透明で、虚な空間になった、ということですね。

第II部

都市を捉えなおす内省的思考

この第Ⅱ部に登場する建築家たちとの対談には、ル・コルビュジエもCIAMもアテネ憲章も出てこない。彼らが自らの思想と手法に影響を与えた師として挙げる建築家は、宮本忠長は佐藤武夫、新居千秋はルイス・カーン、そして安田幸一はバーナード・チュミ、篠原一男である。

佐藤武夫については、音響・劇場技術との関連のみならず、風土・地域性を重んじた思想と手法に着目すべきなのだろう。宮本は佐藤の薫陶を受けて、故郷の長野に帰る。宮本の設計活動は、ただ建物を建てることよりも、地域の、そして日本の、建築文化を掘り起こして豊かにすることに向けられる。大地を耕すかのように、だ。建築やまちの歴史を調査し、職人技術の保護と育成に力を注いで、彼の設計事務所が教育の場にもなっていった。

この数十年間は、公共施設、オフィス・店舗、そして集合住宅などが巨大化した時代であった。建築家の設計行為が一つの街・地域・都市の規模にもなった。敷地境界が与えられたとしてもその境界を超えて、どこまで広く想像力を広げ、必要な情報・技術を結集して「街・地域・都市としての建築」を具体化できるか。新居が言うように、この作業をやり通すための想像力を鍛えるには、事務所のスタッフとおこなう自主トレーニングも欠かせない。華々しく表に出てこない、黙々と続けられる作業である。宮本がそうだが、新居も安田も、どんなに小さなことを決めるにも、それが周囲の環境と良い関係を取り結ぶように、という思いを込める。一つの決定に自主トレの成果が出る。安田の「ミニマル」「リプログラミング」についての話は、彼が日常の建築思考をどう展開させているかを、よく伝えている。

CIAMのように大雑把でラフなヴィジョンを描くだけでは駄目で、既存の条件を十分に取り入れ、日常生活のレベルでの効果を確かめながら構想を膨らます必要がある。建築の誕生によって、近隣の風景、空気の流れ、人の動きなどがどう変わるかを思い描き、さらに利用者の心象、つまり内面世界をも想像する。カーンがそのように思考する建築家だった。カーンは、年齢的にはル・コルビュジエとチームXメンバーとの中間に位置するが、建築家として活躍し始めるのは一九五〇年代のことで、思想や手法はチームXに近い。彼は、深く問い、世界を語るにしても詩的で哲学的でもあり、真実を探究し続けた。そして、探究の果てに得られる「フォーム」がすべてであり、ある意味で彼の意識にはビルディングもアーキテクチュアすらも存在しなかった。

バーナード・チュミは、一九八三年の国際設計コンペ「ラ・ヴィレット公園」に入賞し、そこでの全く新しい脱構築的な思想と手法ゆえに、一躍有名になった。彼もまた、徹底した調査分析に基づいて新しい理念を提示することに力を注ぎ、大学教育に情熱を傾けてきた建築家である。篠原一男も、カーンやチュミに通じるところが多い。

北川原温も古谷誠章も、母校で教鞭をとるプロフェッサー・アーキテクトであり、建築家たる者がいかに大きく豊かな内面世界をもつべきかを、自らの生き方で示してきた。北川原は「都市は存在しない」とすら言い切る。しかし他方で、現代において建築設計に携わる者として、都市を捉える想像力の鍛錬を怠っていない。北川原の場合は、都市を求めてベンヤミン、マラルメ、デュシャンなどの文学・哲学・造形芸術の世界を旅していく。同じく都市や集住のあり方を探究する古谷の旅は、アジア諸都市をフィールドサーヴェイする旅である。その旅の積み重ねを通して見出された古谷の「ハイパーコンプレックス（超複合）」という概念が、驚くほどに黒川紀章や菊竹清訓の思想と重なる意味をもっていることは、指摘しておいて良いであろう。

宮本の小布施、北川原のアリアは、都市をつくる息の長い仕事だが、新居、安田、古谷の仕事も、たとえ単体の建築であっても、都市をつくるかのように長い時間をかけている。

第1章

宮本忠長
MIYAMOTO Tadanaga

修景

——生活空間の襞を丁寧に辿る

川向　これまで続けてこられた長野県小布施のまちづくり[*1]についてお話をうかがいながら、戦後の日本が、いかに個々の建築はつくっても周囲の街や景観のことを考えてこなかったかという問題について考えてみたいと思っております。

「地方」という視点

宮本　私も大学卒業後は、東京の佐藤武夫[*2]先生のところに十数年お世話になりまして、三二歳の時に長野市民会館を担当させていただき、出来上がったあとも、建物がどんなふうに使われているかが気がかりで、しょっちゅう長野に行きました。そんな関係で、長野市民会館が一つのはずみで、長野に帰る決心をするに至りました。昭和三八年、東京オリンピックの前年のことです。

　帰ってみると、東京という大都市と長野という地方とでは、いろんな意味で格差がある。東京ですと、仲間がたくさん近くにいて簡単な情報交換がすぐにできますが、長野だと相談したくても誰もいない。建築の設計には、これは非常につらい状況です。それから今日までずっと、もう四〇年近く東京と長野を週一回くらいの割合で往復しています。それが、私の建築を見るいろんな目を少しずつ育ててくれたような気がします。私はいつもどこかで都市と地方を比較し、方法を探り、自分なりに納得しながらやってきたように思うのです。

川向　われわれも旅行すると無意識のうちにマチやムラの風景を全体として眺め、風土や地域性の差異とその重要さに気付きます。外から全体を眺めることで、美しい個性豊かな風景の大切さを知り、目先の利便性を追い求めて思い思いの建物を建てることの弊害を反省させられることが、よくあります。一方で、風景をつくっていくには場所を定

宮本忠長［みやもと・ただなが］

一九二七年　長野県生まれ
一九五一年　早稲田大学理工学部建築学科卒業
　　　　　　佐藤武夫設計事務所入所
一九六三年　長野に帰り、家業を継ぐ
一九六六年　株式会社宮本忠長建築設計事務所設立
二〇〇二年　信州名匠会　会長
　　　　　　（社）日本建築家協会　名誉会員
　　　　　　（社）日本建築士会連合会　会長

［主な受賞歴］
一九八二年　日本建築学会賞（長野市立博物館）
一九八七年　吉田五十八賞（小布施町並修景計画）
一九九一年　毎日芸術賞（小布施町並修景計画のプロデュース）
二〇〇四年　日本芸術院賞（松本市美術館）

［主な著書］
一九九二年　『住まいの十二か月』（彰国社）
二〇〇三年　『森の美術館』（村井修共著　中央公論）

めて忍耐強く作業を続ける必要がありますが、四〇年近く長野で、内からつくる視点と外から全体を見る視点の両方を、身につけられたのですね。小布施との出合いは、早かったようですが。

消費ではなく継承を大切にする風土

宮本　はい。小布施は、長野市から少し離れた人口一万ほどの非常に小さな街です。当時は、過疎の波が押し寄せ、人口も九千ほどになっておりまして、二つの小学校を統合

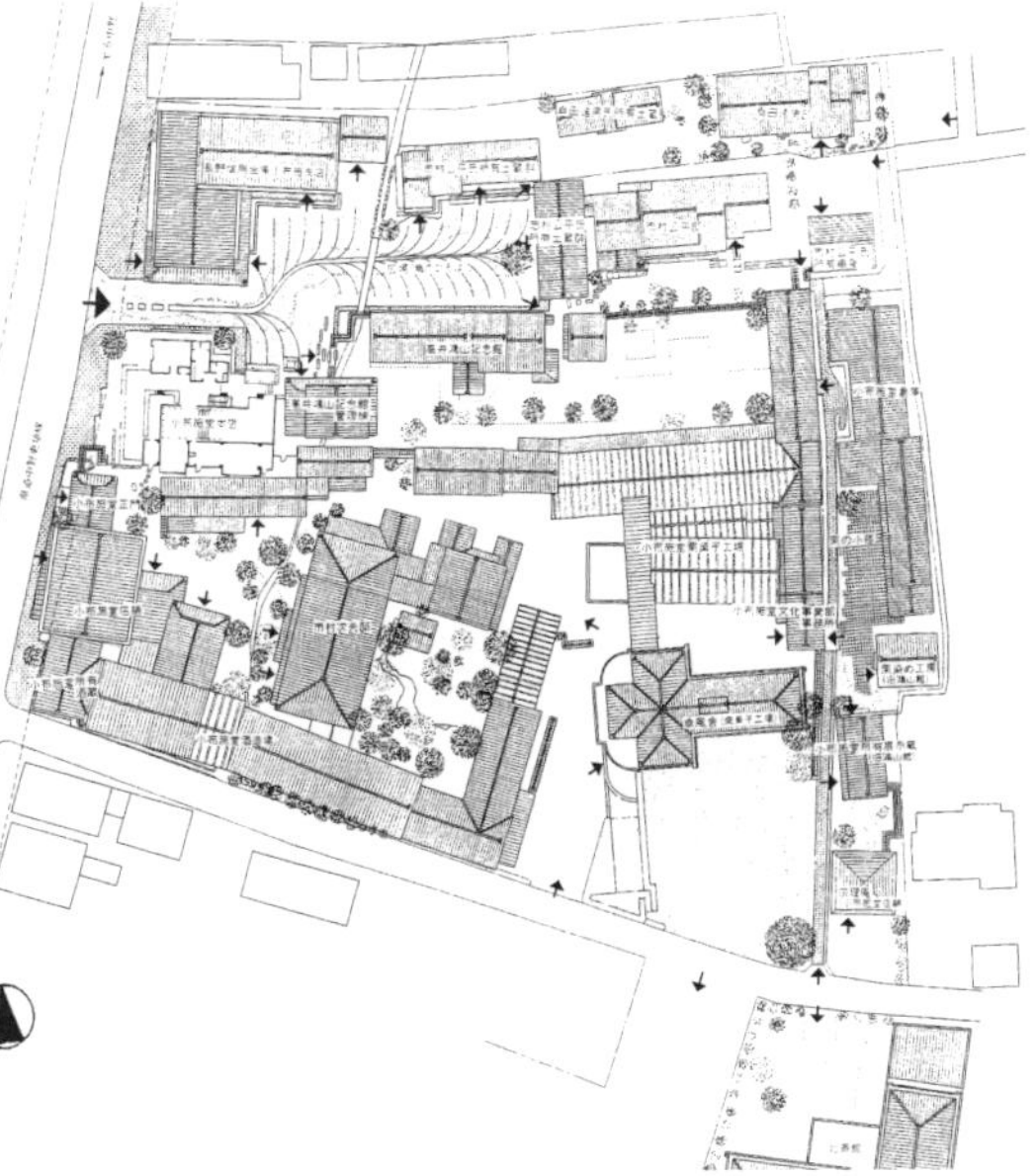

小布施修景計画 配置図

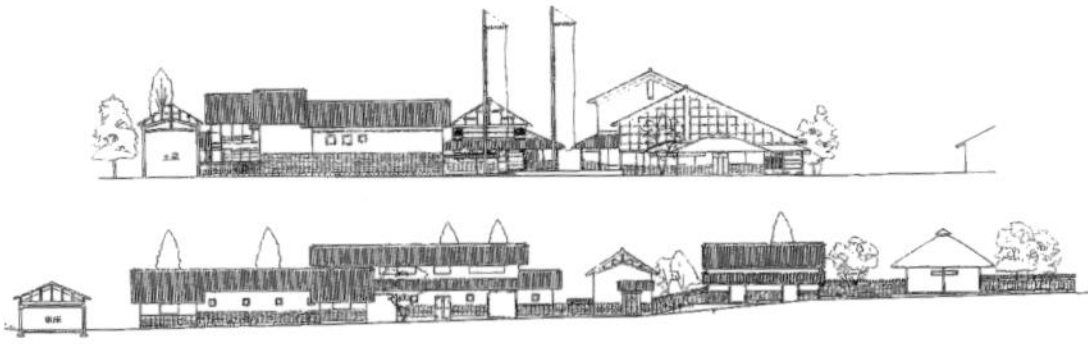

轍の広場北側立面図（上）、栗の小径西側立面図（下）

＊1　小布施のまちづくり（小布施修景計画）
最初の一九六八〜七四年は、まだ「まちづくり」というよりも、小布施町の公共建築を個別に設計管理した時代である。七五〜八一年は、北斎館が完成することによって町外から多くの人々が訪れるようになり、北斎館周辺の建物とランドスケープ（「笹の広場」）などが、ごく限定的に整備された。そして、八二年以降になって、幾つかの住宅・土蔵・庭、小布施堂・長野信用金庫小布施支店・高井鴻山記念館管理棟などのほかに、「轍の広場」や「栗の小径」のようなアーバン・スペースの整備も進んで、「まちづくり」が軌道にのっていく。

＊2　佐藤武夫
一八九九〜一九七二年。二四年に早稲田大学理工学部建築学科卒業、その後同大学助教授となる。建築家として初めて音響工学を研究し、日光東照宮鳴滝の現象解明のほか、多くの音響設計を手がけた。主な作品は、早稲田大学大隈記念講堂（一九二七）、旭川市庁舎（一九五八）、北海道開拓記念館（一九七〇）など。佐藤武夫の実質的デビュー作である大隈講堂は、恩師佐藤功一の監修の下に、実際のスケッチはほとんど彼が行い、「まぎれもなく二人の作品」だと評されている。宮本忠長と、在学中は早稲田大学教授としての、また卒業後は事務所の所長としての佐藤武夫との関係については、田中孝・米山勇『ロマンティストたちの家〜佐藤武夫と佐藤総合計画の半世紀』（日刊建設通信新聞社、一九九七）参照。

して一つの小学校にするというコンペ[*3]がありました。私の案が選ばれましたが、誠に偶然のことで、昭和四二年頃です。新築するのは鉄筋コンクリート造の校舎ですが、明治末か大正時代の旧木造校舎については、その一部を曳き家してグラウンドの隅へ移動させて児童館にするとか、木造校舎は土台の柱は一メートルくらいまでは雪などで腐りますが二階から上はしっかりしていますから、二階から上はきれいに解体して「山の上の少年の家」に組み直すとか、あるところは同窓会館にするとか、再利用しました。体育館の小屋組みはトラスごと外して、それをお寺の本堂に使って、結局、古材を一つも捨てなかったのです。

この学校づくりは、在校生はもちろんですが卒業生も同窓会で関係し、しかも解体した旧校舎をあちこちに再利用して記憶を残し、また新しい記憶をつくっていくわけですから、今日言うところの「まちづくり」に近い。建築と人は切り離せない密接な関係に

栗ヶ丘小学校
音楽堂（上）、文化体育館（下）

*3 小布施町立栗ヶ丘小学校
一九六八年に、小布施小学校と都住（つすみ）小学校が統合されて栗ヶ丘小学校が誕生した。この校舎の計画設計を、小布施町長市村郁夫が宮本忠長に依頼する。これが、宮本と小布施との最初の出合いになった。七〇年に普通教室、七一年には管理棟・特別教室がつくられ、小学校の古材を利用した「山の上の少年の家」が高山村に完成した。七四年には宮本の父、茂次の設計による音楽堂が校庭の隅に移築された。そして、特別教室棟は移築されて、栗ヶ丘小学校付属幼稚園となった。七二年に体育館が完成していたが、七六年には、既存の、天井の低い木造雨天体操場を、一階分コンクリートを打ってそれを土台として天井高を三・五メートル上げて、文化体育館として再生した。これらの再生工事は、七六年の北斎館を経て、小布施の「まちづくり」へと発展していく。

あるということも分かって、地方で仕事をすることの楽しさを知りました。

川向　「まちづくり」も「再生」もまだ話題にならない、まさに右肩上がりの、これからスクラップ・アンド・ビルドの時代に突入していく時ですが、この後とくに都市で人々が追い求める消費文化とか利便性とは違った人と建築との精神的な結びつきを、当時の宮本さんのように見つめていれば、われわれが本来進むべき道は、もっと早く見つかっていたのかもしれません。宮本さんが「地方」とおっしゃる場合には、「都市」が、もっと正確には「大都会」が実現していった生活や建築のあり方とは根本的に違う、もう一つの可能性を見据えているようですね。

個性の輝きを奪う近代化からの離脱

宮本　ところが当時の私は、大学でそして東京で身につけた考え方や言葉の使い方を、まだ完全に自覚していなかったのです。ですから、私も「建築家というのはずいぶん横暴だな」と言われたことがありました。思えば、おっしゃる通りで、小布施もあの当時、日本の社会全体をおおう大きな変化の重要な分岐点に立っていました。コマーシャリズム、消費、投機といった都市的な考え方が、大波のように押し寄せてくる時代です。

北斎館[*4]（一九七六）という葛飾北斎の小さい美術館を、当時はまだ周囲に桑畑が広がる場所につくることになりました。昭和四〇年頃から世界的な北斎ブームが起きて、小布施にたくさんあった北斎の肉筆画を、画商が来て二束三文で買いあさり始めたのです。北斎は年齢に応じて画風を変えていますから、画商は、「あなたのは偽物だ」とかなんとか言って、数千万円もするような肉筆画を千円とか二千円で買いあさる。これは大変だということで、町長が美術館を建てて絵の流出を防ごうと考えたのです。

＊4　北斎館
一九七〇年頃からの北斎ブームで、関東や関西から美術商が訪れ、北斎作品を二束三文で買いあさる。当時の小布施町長市村郁夫が北斎作品の流出を防ぐために北斎館の建設に動いた。北斎の作品としては珍しい肉筆絵画、そして北斎が天井画を描いた屋台を収蔵・展示する。九一年に増築。

北斎館

栗の小径

北斎が来るほどですから、近世ではそうではなかったのですが、近代の小布施は個性を失い、外から訪れる者のない、ただの田舎町になっていました。

川向　近代化というのは均質化・画一化とまったく同義で、マチもムラも近代化によって個性的な輝きをうばわれていきます。どこもかしこも同じになる。日本中のマチやムラが、近代化によって同じ運命をたどります。

目標を生活文化の向上に

宮本　小布施も例外ではなかったのです。ただ、北斎の絵にしても、建築や街の状態、何よりも人の心ですか、まだ良いものが残っていました。北斎館がオープンして一年目に約三万人が訪れ、それが街中で大変な話題になりました。新しい時代の幕開けだったのだと思いますが、その後の歩み方によっては、他の多くの地方都市がそうだったように、もっと悪くなる可能性だってあったわけです。あの時に小布施の人たちが偉かったのは、身だしなみといいますか、せめて自分たちの玄関先や道路はきれいにしなければ失礼ではないかという気持ちになったことで、しかも、それが徐々に増幅していくことです。

川向　観光とか商売に特化された場所をつくるよりも、訪問者を生活の場に受け入れるために生活環境を自分たちで整えるということですね。モノや車があふれる状態ではなくて、住民一人ひとりの心の張りとか他者に対して開かれた意識を大切にする。それは行政に、助成金に頼ってなんとかなるものではない。かつて北斎を迎えたような街にするには、どうすればいいかと、「押し寄せる大衆」を目標にしないで、はるかに高いところに目標が設定されている。そういう思いとか目標といったものが、小布施のまちづくりを一本の筋として貫いています。

宮本　そうなのです。私が「横暴だ」と批判される出来事も、この時に起きました。北斎館周辺を再開発的な考え方でマスタープランを作ってみましょうかと、たたき台のたたき台みたいな本当にラフなスケッチを描いて提案したら、それまで仲良く付き合っていた人が血相を変えて、「建築家というのは何故こんなに横暴なんだ」「再開発とは何事だ」と言うわけです。「二百年も三百年も続いてきた自分たちの場所を再開発するなどというのは、もってのほかだ、失礼極まりない」と言うのです。

住み続けるための環境の整備

川向　土地に根を下ろして何代、何十代と営まれる人間の生活があり成熟した文化がある。建築や都市計画だけではなくて近代という時代全体が、その価値が理解できないだけではなく、その根を切って流動化させ、熟成しないものを大量に生み出すという、逆の方向を志向するものだったのではないでしょうか。東京オリンピックと大阪万博の間という、あの近代化一辺倒の時代でした。批判を受けて、その後どう進まれたのですか。近代化の論理で、根を抜き、大樹を切り倒し、ブルドーザーで更地にならしてしまうのが、一般的なやり方でしたが。

宮本 それが「再開発」の実態でしたから、批判は正しかったのです。そこで私は、個々の住宅の問題を解決するところから入りました。住宅は町家で、親子二世帯が住む間取りではないし、密集しているので日も当たらない。お嫁さんが来て二世帯で住めて日当たりのよいプランを作り、寒冷地向きのディテールや技術も導入する。住み続けて、人も迎えられる住宅をつくる。そのうちに仕事が進んできますと見学者が多くなってきて、「これは、修景というような考えでつくっているのです」と説明するようになりました。要するに、古いものは一つも捨てない配置換えであって模様替えなのだ、と。再開発でも建替えでもない。住み続ける連続性を大切にして、環境のいい住宅にしていく。誇りをもって住み続けられる住宅にすると同時に、住民の気持ちが街に開いていくように心がけたのです。

川向 たとえて言えば、森を伐採してしまう開発・再開発とは逆。森の樹の一本一本を専門家の目でよく見て、ときには枝打ちし、それでも樹間の関係がよくないときには移植して、光と風の通る健康な森にしていく。切り倒すのではない。むろん、森を更地にするのではない。その一連の行為を「修景」と命名されたのですね。

外はみんなのもの

宮本 ええ、「修景」は私の造語です。地方では、向こう三軒両隣とか隣組の意識が非常に強い。誰かの建物が独り歩きしたら、隣近所のみんなの感情が変に曲がってくる。お互いに街の景観を共有し合うことが大事で、修景という思想は、きざっぽく申しますとそんな意味ですと説明します。建物の外側は壁から屋根まで、色から仕上げの材料まですべて、自分のお金でつくるのだけれども、みんなのために建てるのだという意識を互いにもちましょう、外はみんなのものだ、と。だから、塀を建てない、塀はやめましょう、杭だけ入れておけばいい。どうしてもつくるのなら、低い生け垣でやりましょうと。ただし、家の内部は自分たちのものだから、好き勝手にやりましょう。例えば、ブルーが好きだったらブルーにしなさい。そのかわりに外は自由にやってはだめですよ、というような話をして、「外はみんなのもの、内は自分たちのもの」というのを合言葉にしまして、いまだにずっと、それをやっているわけです。

川向　「外はみんなのもの」というのも、住み手の意識を街に向けるには、とても分か

笹の広場

りやすい。「内」と「外」という二元論を否定するところから近代のモダニズムが始まりましたが、やがて「内」がむきだしになって、「外」を共有するものとして育てる視点が消えてしまいます。

宮本　そうなのです。ただ「外」をというのではなくて、みんなで育てるという考え方が重要だと、最近強く感じています。古いものを踏襲してそのまま再現してもテーマパークか映画のセットみたいです。それでは、人の心を打ちません。古いものを使いながらも、そこに今様の感性を受け入れるディテールとか材料とかを取り込んでいかないと、市民がついて来ない。「外」も変わりつつ共有できるものということですが、むずかしい。いまだに私は発展途上人なのです(笑)。小布施に、今は年間に約一三〇万の人が見えます。そして、まちづくりの小布施モデルなどと言われますと、恐縮するばかりです。

塀を取り除き、住宅を街に開く

川向　さきほど、街に開くためには、塀を取り除くということをおっしゃった。他方で、宮本さんの『住まいの十二か月』[*5]という本を拝読しますと、住宅を設計する際に、どれほど空間や視線などについて近隣との関係を考えるかが、実に詳しく書かれています。住民の気持ちを街に向けるためには、ただ塀を取り除くだけではなくて、通りや隣家との関係を丁寧に調整しなければなりません。しかし、それが出来ていない住宅地が広がるばかりです。

宮本　小布施の場合は、街道に沿って東西に長い敷地で、間口が狭い。そうすると、家をつくりますと、北側にある家の南を遮ることになります。逆に、南の窓を開けると、前の家のトイレとかお風呂場とかお勝手などが見えます。自分のところもそうだから、

*5『住まいの十二か月』
「建築家の現場から」の副題がついて、一九九二年に彰国社から刊行された著書。宮本の日常の設計作業を通して集められた知識が、住宅読本風に分かりやすくまとめられている。タイトルが示すように、「わが家」の歳時記のように書かれている。いえづくりというと「部屋数」「間取り」などが優先されるが、本来は生活、しかも一二か月の暮らしぶりが基本になるべきだ、という宮本の思いの表れである。

近隣との関係を解説するスケッチ

お互いに仕方がないと我慢している。その我慢は親の代は続いても、子供の代になると続かず、郊外の住宅団地に出てしまう。これは、日本中の古い街で起きている現象です。住み続けられない。もともと建物と建物の間合いと緊張感があるから街なのですが、塀を取るとその緊張関係がむき出しになります。短冊状の敷地のなかで、家を前後・左右にずらせ、樹木などをうまく配置する。そうすると、塀がなくても、意外と緊張感が緩和される。この調整、つまり私のいう修景が、仕事の中心です。

川向　小布施の場合には宮本さんが間に入って調整するから、塀を取って住宅を街に開くことが可能になっています。しかし、ほかの多くの街では、塀の中の広い邸宅が持ちこたえられなくなった場合に、家屋も庭もつぶしてワンルームマンションを建てるとか、突然何かに変わります。それは、戦後日本に起きた一つの悲劇です。住宅が徐々に街に向かって開くことができずに、一挙に再開発されてしまう。しかも、そのマンションは、塀の代わりに厚い壁と鉄の玄関扉で、内と外との境界をつくっている。いつまでたっても、街に開いた住まい方が定着しません。

オープンガーデンの例(市村邸)

街の固有性を守り育てる独自の基準

宮本　小布施にも土塀で囲った家がありまして、その塀を取ってもらったところ、三百年ほど続いた素晴らしい庭が街から見えるようになりました。歴史のある古い庭ですから、そこを通ると、つい深呼吸するような場になりました。現在では、小布施の庭は全部開放しています。オープンガーデン[*6]といって、自由にお庭に入ってください、外はみんなのものですから、というふうに。住んでいる人も草むしりをきちんとやるようになって、住民の街に対する意識は、歳月をへて本当に変わりました。

　小布施のまちづくりも、「外はみんなのもの」という考え方が定着し、拍車がかかってきました。町長直轄のデザイン委員会[*7]が組織されて、私が委員長ですが、街のデザイン基準とか、さまざまなことをこの委員会で決めています。たとえ建築基準法に違反していなくても、このデザイン基準でチェックできるようになっています。

川向　全国一律の制度だけではマチやムラの固有性を守り育てることはできないこと、そして、試行錯誤を繰り返しながら、その共有すべき基準を自分たちでつくってきたことなど、小布施の歩みは、実に多くのことを教えてくれます。

*6　オープンガーデン
一九二七年にイギリスで、所有の庭園を公開して、その収益を看護・医療などの公益団体に寄付する活動が始まった。一般公開される庭の情報は、通称「イエローブック」にまとめられ、人々はこの本を手に庭園めぐりを楽しむ。小布施でも二〇〇〇年五月からスタートして、住民と行政の共同で行う、全国で初めての例となった。現在、六〇ほどの庭が公開されている。

*5　まちづくりデザイン委員会
「小布施町うるおいのある美しいまちづくり条例」に基づいて、調査・審査・助言を行うために設置された委員会（現在は宮本忠長が委員長を務める）。その実現に向けて、町長は、まちづくり指定地区の指定、景観形成に係わる行為に対する指導・助言、美しいまちづくりに貢献する建築物などの所有者・設計者・施工者等の表彰、必要経費の一部補助などができる。

第2章

北川原 温
KITAGAWARA Atsushi

コンステレーション

――都市の宇宙を捉える

『アリア』とコンステレーション

川向　北川原さんが手掛けられた山梨県石和の「アリア」[*1]は美しい街に成長しようとしていますが、そのアリアを中心にして、構想の過程で使われた概念「コンステレーション」[*2]について考えてみたい。そもそもアリアとは何なのか、まず、その説明からお願いします。

北川原　アリアは、異業種交流型工業団地と言いまして、いろいろな業種が集まってできている七ヘクタールの工業団地ですが、私の中では工業団地ではなく都市でして、「マイクロシティ」と呼んでいます。コンステレーションですが、辞書を引くと星座という意味だとあります。例えば、日本なら日本の政治の世界で、だれが、どういう権力をもっていて、どういうネットワークがあるかといったことなどを、パワー・コンスタレーションと言ったりします。哲学の分野でこの言葉を使ったのがワルター・ベンヤミン[*3]という人です。一九世紀から二〇世紀にかけて活躍した、そして非常に苦労したユダヤ系の哲学者です。

アリアは周囲がブドウ畑で、そのブドウ畑をつぶして七ヘクタールの工業団地をつくりました。何もないところに、いきなり都市をつくるということで、純粋培養による都市がつくれるかもしれないという幻想を抱きました。

複雑な関係性を捉える

北川原　当時、今から一〇年以上前のことですが、私は、もう地球上に都市はないと思っていました。東京もニューヨークも、どこに行っても、これは都市ではないというの

北川原温［きたがわら・あつし］

一九五一年　長野県生まれ
一九七四年　東京芸術大学美術学部建築科卒業
一九七七年　東京芸術大学大学院修士課程修了
一九八二年　株式会社北川原温建築都市研究所設立
二〇〇五年　東京芸術大学教授

［主な受賞歴］
一九九一年　日本建築家協会新人賞（メトロサ）
一九九五年　グッドデザイン賞金賞（アリア）
二〇〇〇年　日本建築学会賞（作品）（ビッグパレットふくしま）
二〇〇〇年　ニューヨーク・ベッシー賞（ネザーランド・ダンス・シアター）
二〇〇一年　日本図書館協会建築賞（宇城市不知火図書館美術館）
二〇〇二年　日本建築学会賞（技術）（岐阜県立森林文化アカデミー）
二〇〇二年　BCS賞（岐阜県立森林文化アカデミー）
二〇〇三年　アルカシア建築賞ゴールドメダル（岐阜県立森林文化アカデミー）

［主な著書］
一九八六年　『現代建築／空間と方法　七』（同朋社）
一九九二年　『THE JAPAN ARCHITECT vol.8／北川原温特集』（新建築社）
一九九三年　『ARCHIGRAPH―2／北川原温×稲越功一』（TOTO出版）

が、私の正直な感想でした。では、あなたにとって都市はどこにあるのと聞かれると、例えば一冊の本の中とか映画の中、あるいは一枚の写真、一枚の絵の中にこそ都市があると答えていました。

ベンヤミンに、『都市の肖像』*4という薄い本がありますが、この本の中で彼は、実に具体的に、都市の印象を書き綴っています。彼がそこで書こうとしたのは、空間体験する人の想像力をどこまで喚起し得るかに、都市空間のもつ豊かさと貧しさの違いがあって、想像力をものすごく喚起するような空間体験ができる都市は、非常に豊かな都市なのだ、というようなことだったと思います。ですが、一〇年前にアリアを設計するとき、そういった現実の都市の例を一つも思い浮かべることができませんでした。だから、ベンヤミンの『都市の肖像』を選び、そこに都市を求め、さらに彼の多くの著作に共通して出てくる言葉である「コンステレーション」をキーワードに選んで考えていこうと思ったわけです。

アリアのマスタープランを考えようというときに痛感したのは、アリアに入る多くの企業の社長さんたちとか政治家や行政の人たちの関係性が、極めてポリティカルだということでした。そういう関係性がだんだんと見えてきて、

アリアの歩道、微妙に道幅が変化し起伏を伴う

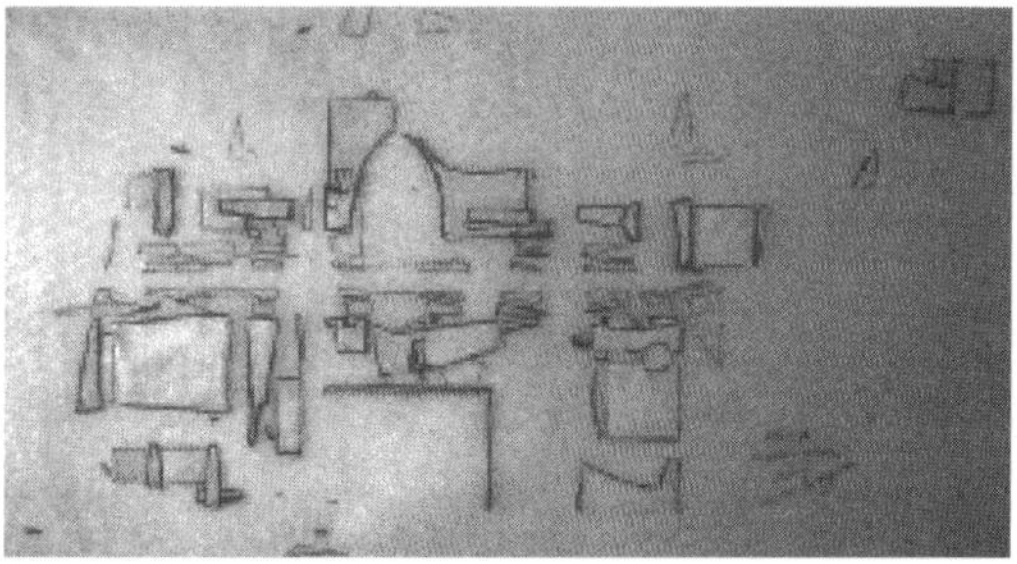
アリア、マスタープラン・スケッチ

*1　アリア
ARIA　山梨県甲府市川田町。甲府の地場産業九社の工場（店舗を含む）群からなり、異業種交流型工業団地の公的認定を受けている。一九九一年にマスタープランの作成に取り掛かり、第一期完成が九五年四月、その後、サンタマリア聖教会（一九九七）、ヴィラ・エステリオ（二〇〇四）と続いた。企業家たちは最初から、工業団地ではなく都市を、しかもデザインという高度に戦略的な手段を用いて精神性と文化性を備えた都市をつくることを望んだ。

*2　コンステレーション
constellation　星座、あるいは星座のように群れをなして存在するもの。その型や配置を指すこともある。

*3　ワルター・ベンヤミン
Walter Benjamin　一八九二〜一九四〇年。ドイツの文学者・哲学者・社会学者。ベルリンのユダヤ系家庭に生まれた。ドイツ観念論哲学から批判的精神を学び取り、早い時期からその優れた文体によって批評性とアクチュアリティを実現しようと努め、『ドイツロマン主義における芸術批判の概念』（一九二〇）、『暴力批判論』（一九二一）、『ゲーテの親和力』（一九二四）、『ドイツ悲劇の根源』（一九二八）などを書いた。亡命先のパリでは、ジョルジュ・バタイユなどの社会学者とも接触していた。四〇年に、ドイツ軍侵攻を避けてさらにアメリカに逃げる途上、国境を越えてスペインに入ったところにある町ポル・ボウで死んだ。自殺と推定されている。五五年に著作選集が刊行され、世界が危機の様相を深め、旧来の思想・理論への信頼が揺らぐ

アリア
楕円広場(上)、全体配置図(下)

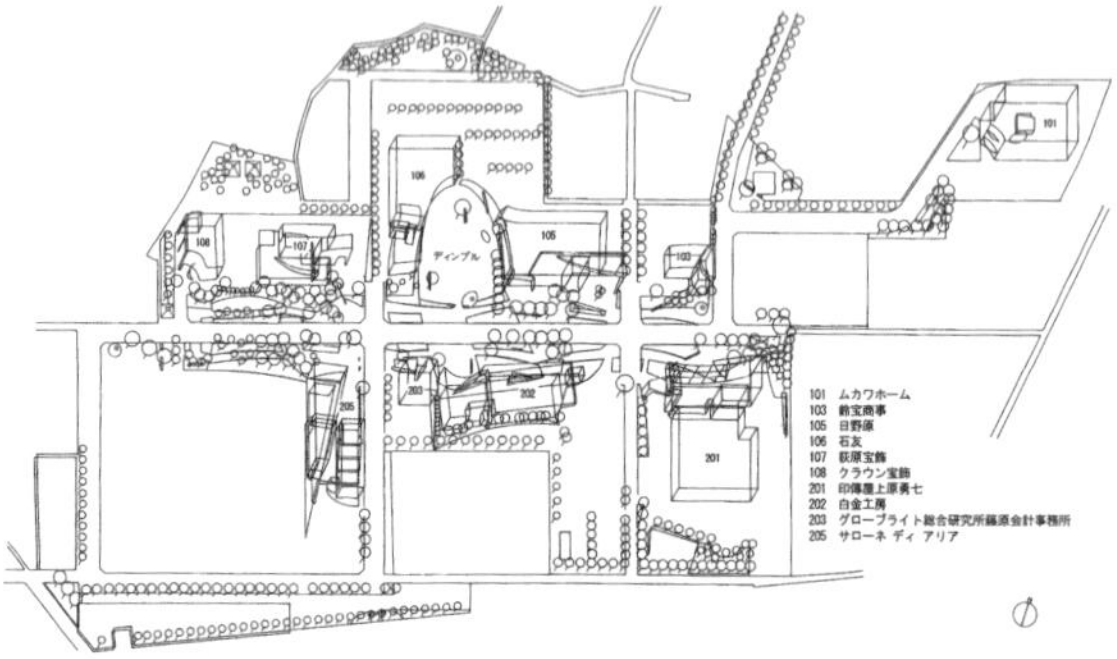

これは相当に入り組み、訳のわからない状況だということを感じ始めた。その根底にあるのは、非常にポリティカルな複雑性です。そう考えたときに、ベンヤミンも戦争が起きようとしている世界の状態をポリティカルに分析していたわけですが、政治性を帯びた「コンステレーション」という概念を受け入れることで、私の頭の中でこんがらがっているアリアの複雑な関係性が一つあるいは複数の星座としてうまく整理できるのではないかと思いました。

川向　コンステレーションを建築・都市プロジェクトに当てはめますと、そこに働く

につれて、六〇年代末から評価が高まっていった。

＊4　都市の肖像
この中にはナポリ・モスクワ・ヴァイマル・パリ・マルセイユ・サンジミニャーノという六つの都市に関する文章が収められているが、実は各々、異なる時期に書かれた別のものである。「都市の肖像」というタイトルは、ベンヤミンが付けたものではない。作品のほとんどは、旅の途上か、旅から帰って間もない時期に書かれているが、それは単なる旅日記ではなくて、出遇った物象を強度に圧縮したものになっている。浅井健二郎編訳・久保哲司訳『ベンヤミン・コレクションⅢ』（筑摩書房、一九九七）参照。

「反発する力」あるいは「引き合う力」が具体的にどういうものであって、それをどう内部調整することによってプロジェクトが動いていくかを、議論することができますね。人間関係も含む、複雑きわまりない「見えない関係」が、コンステレーションとして意識化され、対象化されていきます。

閉じられない現実の都市

川向　あわせて、「都市がどこにあるか」という問いも、とくにコンピュータの発達とともに仮想空間が増殖する現代においては、すごく現実味のある刺激的な問い掛けですね。都市も建築も仮想空間にしかないとも言えますから。たった今、北川原さんも、現実には都市は存在せず、本とか映画とか一枚の写真の中にのみ都市が存在する、とおっしゃった。

北川原　失われてしまったと思ったわけです。

川向　だからこそなのか、都市というコスモスをつくるプロジェクトは今こそ取り組む意義がある、とも書いていますね。福島県のいわき市に同じく工業団地をつくるプロジェクトに関して、その趣旨の発言をされています。

北川原　都市が、私の中ではコスモスにはならないのです。都市というのは常に開かれてしまう。絶対閉じられない。コスモスというのは絶対できないと思っています。むしろ、どうやって、ほかへつないでいくかということに興味があります。ですから、アリアについても純粋培養という話をしましたが、そこになんらかのユートピアができていくとは、全然考えていない。それはむしろよくないと思っています。

具体的には、アリアの場合、ブドウ畑の農道があります。ブドウ畑を維持管理していくための軽トラックが走ったり人が歩いたりする。その農道をアリアの工業団地の中にそのまま連続させて引き入れています。ですから、アリアの中をブドウ畑で仕事をしたおじさんやおばさんがトラクターに乗ってのんびりと横断します。それは非常に不思議な光景ですが、むしろ私はそれを狙っていました。つまり隣接する周辺空間に、どうやって具体的につないで、開いていくか。

身体空間の新たな可能性へ

北川原　情報化都市というのは、隣接した空間に開かれ、つながれているのではなくて、それを飛び越えてしまいます。情報というのは空間を必要としませんから、いきなり飛び越えて、例えばアパートに住んでいても、お隣さんにつながるのではなくて、横浜の友だちにつながったりする。これが空間を超越してしまう情報の特異性で、空間的につながってはいかないのです。それを私は空間的につないでいこうと考えましたので、最終的には、純粋培養という、モノでない方向へと進んだのです。

川向　情報のネットワークがつくるバーチャルな空間と人間の身体が存在する日常の空間とに分けた場合、私としては、この身体の存在する日常の世界のほうで、今おっしゃった「空間をつなぐ」ことを考えてみたい。しかし、例えば、北川原さんは「コスモスとしての都市への志向は高度情報化によって都市が解体・再編成されつつあるこの時代においては、無謀なほど野心的な試みである」と書いています。やはりこの文章でも、「無謀な」という表現に、深い意味が込められている？

北川原　ええ、アイロニーです。それは、私は全くコスモスというものを信じていないということを、裏返した表現です。

川向　とはいえ、無秩序で、分散して、自己解体し続けている存在をなお都市と呼ぶか否かはさておき、それをどう捉えて制御していくのかという問題を放置できないし、まさに今、そのための新しい方法論が求められているわけでしょう。そのときに、パソコンやインターネットなどの急激な発達と普及は、社会問題も生んでいますが、新しい可能性を生み出してもいることに、私は着目したい。これを、分散とは逆方向の「つなぐ」契機として捉えたい。これまで議論してきた都市の「観察」や「分析」についても、まったく違う次元が開かれつつあるし、それを視覚化・空間化する新たな可能性も意識化されつつあります。

北川原　近代社会が求めたコスモスに対して、現代社会が否応なく向かったスキゾフレニックな世界観、精神不安定的な世界観は、情報化で余儀なくそうなった。私は、それが悪いと言っているのではなくて、今おっしゃったことに同感です。

私の場合も、空間を考える職業についている者としては、やっぱり空間を考えていきたい。情報が空間を超越し、そして空間を超越している情報に頼って都市がつくられているという事実もあります。しかし、同時に私たちは身体をもっている。その身体性というものに対応し得る空間をもった都市をつくることが、アリアのデザインの過程においても、非常に重要になっていきました。

川向　単なる「ネットワーク」ではない、現実の力関係をも投影する「コンステレーション」が求められたわけですね。

都市はつくってはいけない

川向　この後まだ、フランス象徴派詩人ステファヌ・マラルメ*5の『骰子一擲《とうしいってき》』*6、そしてマ

*5　ステファヌ・マラルメ
Stéphane Mallarmé　一八四二～九八年。フランスの詩人。フランス象徴派の先駆者であると同時に巨匠である。ポーの詩論にあった意識的操作によって効果を生み出す側面をさらに推し進め、詩人の役割を、純粋な意識的存在として、自らが生きている宇宙を映し出し、唯一の「作品」に表現するところに見出した。この方法の実践は高い意識の緊張を必要としたために六七年頃から神経障害に陥るが、彼の思考と表現のスタイルはこの六〇年代に定められる。たとえば、初期に懐胎された叙情詩『半獣神の午後』も、この時期を経て、七六年に、より高度な思想と精密な技巧をもって完成された。美学的模索、人生の注意深い観察、楽劇や自由詩運動の刺激の受容を経て、九〇年代に彼特有の理論も完成の域に達し、その実践の試みとして『骰子一擲』が創作されたのである。

*6　骰子一擲
UN COUP DE DÉS　この作品はマラルメの死の前年、一八九七年五月に『コスモポリス』という雑誌に掲載され、後に豪華単行本として刊行されることになり、死の直前まで校正刷りに手を入れていたようであるが、九八年九月九日の突然の死のために、そのままになった。一九一四年に娘婿などの尽力で大型普及版が刊行されたが、この版の基になったと思われるマラルメの校正刷りは、一九六〇年にパリの希覯本商の目録に掲載されるまで不明であった。それが、あるアメリカ人の手に渡り、スタンフォード大学のマラルメ研究者ロバート・コーン氏の著作に写真掲載されたのを機会に、思潮社で決定版

ルセル・デュシャン[*7]の『大ガラス』[*8]などを参照する設計作業が続くわけですが、ベンヤミンを含めて、これらの一九世紀後半から二〇世紀前半にかけての人たちがすでに政治的、文学的、あるいは精神分析的な種々の意味を「コンステレーション」という一つの概念に込めて、意味を重ねるという知的作業をおこなっていた。

北川原　ええ、そうです。

川向　そういう人たちの思考回路や制作工程を辿りながら、そこに結晶している都市、人の住む世界のイコンのようなものを探り出していくことを、北川原さんご自身も作業として続けていく。

北川原　そうかもしれません。何かつくるというよりはむしろ何かを追求していく。だから、マスタープランにしても出来上がったものではなく、いろいろ調べて考えていったプロセスそのものがマスタープランになっているだけであって、ゴールではないということにもなる。そもそも、私は、都市はつくってはいけないと思うのです。

では、たとえばクライアントを前にした場合、何を目的にして、何を訴えるのかということになります。アリアの場合、いま考えても不思議ですが、施主たちの集まる建設委員会で、マラルメの詩をパネルに掲げて所員と一緒に説明したときのことです。しーんとして、気まずい雰囲気になりました。そのうちに、三〇人ほど集まっていたメンバーの一人が、「よくわからないが、非常に可能性がある。私は賛成する」とおっしゃった。そしたら皆さんが次々に「私も賛成」「私も賛成」と言って、最後に拍手して下さって、それでマスタープランが承認されたのです。これは、何か精神的なものが共有されたことを、意味しているのではないか。

冒頭の川向さんからのご紹介にもあったように、アリアは、非常にうまく環境が維持

テキストの校訂が企画されて刊行に至った。その詩は、秩序なくメモ書きのように描かれているが、その語群の配置や余白などが重要な意味を有する。一つのイメージが他のイメージの継起を招き、紙面の広がりの上に現れては消える。ステファヌ・マラルメ『骰子一擲』（秋山澄夫訳、思潮社、一九八四）参照。

*7　マルセル・デュシャン
Marcel Duchamp　一八八七〜一九六八年。フランスの芸術家で、ルーアン近郊グランディエ生まれ。一五歳から絵画を描き始めていたが、一九一〇年頃からキュビスム的な対象分割、さらには連続写真に触発された運動表現を導入するようになり、この時代の代表作「階段を降りる裸体№2」が誕生した。しかし、絵画に運動表現を認めないキュビストたちの反発からパリのアンデパンダン展（一九一二）で出展拒否にあい、彼は、どのグループとも距離をとることを決意する。一五年に渡米するが、この頃には彼は絵画への関心を失っていた。既存の絵画でも彫刻でもなく、思索の成果を純粋に視覚化した作品「大ガラス」、あるいはレディメイドへと進む。既製品（レディメイド）を本来の文脈から芸術という文脈へとずらし、言葉を書き加え、多少手を加えて形態や意味をずらせることによって、そのモノから別の価値を引き出す。そこには、しばしば言葉遊び・視覚遊び、そして皮肉・ユーモアが込められている。

*8　大ガラス
The Large Glass　「彼女の独身者たちによって裸にされた花嫁、さえも」（通称「大ガラス」）は、デュシャンが画家としていくつかのイズム

されています。皆さんにぜひ行ってほしい。本当にきれいです。おそらくアリアという小さな都市空間の何かを、どの会社の人たちも共有しているのだと思います。それがなければ、こんなにうまく維持されてこなかっただろうし、昨今の不景気の中でも、アリアについては、参加する企業が増えています。まだ残っている区画に、もう一つ建物を建てることになって、その打ち合わせに行く予定です。自分たちで都市をつくっていく段階にうまくシフトできた。苦労しましたが、できた都市が自分で歩いている。それは私にとってすごく感動的です。

都市の中心は空洞

川向　北川原さんのコンステレーションは、決して均質なネットワークではない。その引き合う力と反発する力との力学的な関係が最も鮮明に出てくるのが、全体配置の中心に現象する空洞のような空間です。たとえば、それは「ビッグパレットふくしま」[*9]（一九九八）の場合にはあの巨大なエントランスホールであり、アリアの場合は中央の楕円形

ビッグパレットふくしま
ロビーのエスカレーター周辺

を遍歴し、やがてイズムのみならず絵画という手段そのものを放棄した後、全く独自の方法で観念の世界を視覚化していく、彼の活動の核となる作品。一九一二年頃から構想し、一五年に制作に着手して、二三年に未完のまま制作が放棄された。作品下部の独身者たち（「九つの雄の鋳型」）の性欲が気化して上部の花嫁（「雌の縊死体」）の脱衣を促すという物語が機械的形象を用いて表現されている。デュシャンはその構想をノートに書きとめ、それに基づき厳密に作図して「大ガラス」を制作した。しかもデュシャンは、そのノートの集積を、「大ガラス」と同じタイトルを付けて、一九三四年に出版している（通称「グリーン・ボックス」）。

*9　ビッグパレットふくしま
郡山市に建設された福島県産業交流館。一九九五年二月の公開コンペで当選した北川原によれば、コンペ案の構想の手がかりは「水滴」。郡山市が、猪苗代湖から延々と引いてきた水によって成り立つ都市だからだ。生命を育む水滴のイメージが、卵型のインキュベータとなり、やがてプログラムに対応して各器官が形成されていった。だが彼の構想では、それは有機体のアナロジーというよりも、クールなメカニズムをもった空間機械であった。結果として、入り組んだ凹凸の多い、分節された、微細な空隙のある、多孔質な建築が出来上がった。水滴かインキュベータを連想させる大屋根は、その下に都市的賑わいを備えた多様な空間を抱き、都市文化を育てて、今後この周辺一帯が街に成熟する布石となることが期待された。

広場になります。引き合い、反発し合う力の相互関係の中心に浮かび上がるこの種の空洞は、「395」[*10]（一九八六）というビルにも、「デュオ柏原タウンセンター」[*11]（一九九一）にもありました。後者の場合には、黄色の空虚な広場の意味で「黄虚」と呼ばれていますね。

北川原　ビッグパレットの場合には、「水」「森」を考えていまして、あまりコンステレーションを意識していませんでした。

川向　そうですか。しかし、あのエントランスホールのエスカレーターを昇っていくときに両側から迫り出してくるヴォリュームの迫力は、ただ感覚のみでつくれるものではありません。背景にしっかりとしたコンステレーションのようなものがあるのではないか。それはまさに、多様なものが乱舞する向こうに広がる恐ろしい空洞、という感じで

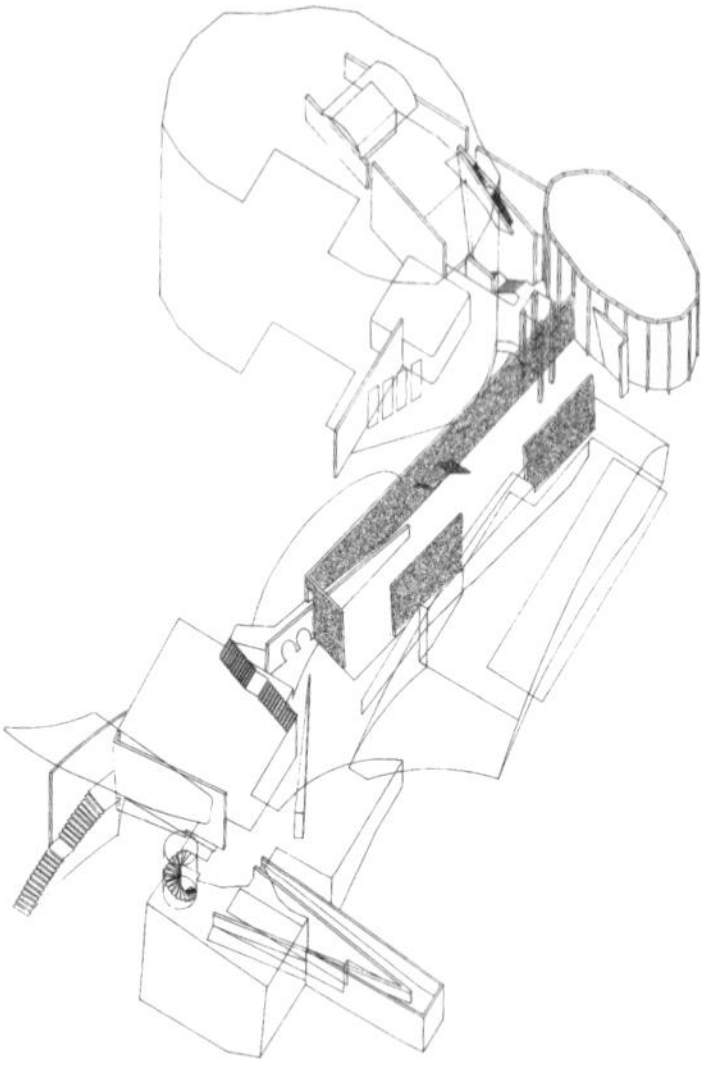

デュオ柏原タウンセンター
「黄虚」の写真（上）、全体構成図（図中のメッシュで強調された壁によって囲まれた長方形空間が「黄虚」）（下）

＊10　395
港区南青山3-9-5にたつオフィス・個人住宅・スタジオの複合建築。白御影石や打放しコンクリートなどの多くの素材と多様な幾何学形態が、ぶつかり合い、重なり合う。その緊張感に満ちた間合いに、空間が立ち現われる。

＊11　デュオ柏原タウンセンター
このタウンセンターは、福岡市南区柏原にある、六ヘクタールの緩やかな北斜面の敷地の北端に位置する。郊外の広いこの敷地を見たときに、北川原は、象徴的要素を導入し、水平方向の距離を測りながら配置することによって、間に外部空間を捉えることを考えたという。そうして捉えられた外部空間の中心的存在が「黄虚」である。この空間はタウンセンターの真ん中にあって、タウンセンターを通過する者が必ず通る場所だ。しかし、この空間に踏み込んだ者は、中心にありながら、黄色い箱状の、あまりに散文的で空虚な場所の雰囲気にとまどう。象徴的形態とその間に取り込まれる様々な外部空間、それら自体が加速、減速、停止する。その様子を北川原は「空間のコレオグラフィ」と表現する。

す。

北川原　そう言っていただくと光栄、と申しますか、デュオ柏原タウンセンターの「黄虚」の話にもつながるけれども、どこか私の中に、都市の中心は空洞であるという意識があります。『表徴の帝国』を書いたロラン・バルト[*12]が日本に来たときに、日本の都市は中心が空洞だと言いました。確かにその通りです。例えば東京の場合は皇居がそれです。京都の場合は御所。バルトは日本の文化というのは周縁性に特徴があるということを言いたいがために、中心が空洞であるという話を持ち出したのだと思います。まさにその通りで、物理的に都市が空洞を抱えているだけでなく、あらゆる部分に空洞を抱えるところに日本文化の特質がある。この指摘には非常に共感していまして、デュオ柏原タウンセンターの真ん中にある「黄虚」というのも、エンペラーズガーデンの「皇居」と掛けているのです。

空洞・空隙が連鎖する

北川原　実は、アリアの楕円広場は、隣接区域を巻き込むようなかたちで、もっとたくさんあったのです。というのも、この工業団地の七ヘクタールをできるだけ外に開かれた世界とするために、隣接する敷地との間に共有広場をつくりたかったのです。ところが現実には、そうはできなかった。私の力不足が原因です。現状では一つだけ楕円が残っていますが、これはメインストリートを横断する形での楕円の広場になっています。この楕円の広場が一つだけ残っているので、コンステレーション全体の中心のように見えますが、こういう空洞が、ぽん、ぽんといくつかあるべきだったと思います。その空洞にこそ、何かが生まれるエネルギーがある。その結果として出てくるのは、空洞以外

*12　ロラン・バルトの『表徴の帝国』
一九六六年フランスの文化使節団の一員として日本を訪れたフランス人記号学者で構造主義者（文学）のロラン・バルト（一九一五～八〇）がまとめた印象記。ここで語られるのは、意味の帝国である西洋に対して、記号（表徴）の帝国とも言える日本文化のあり方である。西洋では絶えず、記号を意味で満たす。ところが、日本では記号が常に意味の欠如を伴い、記号（世界）の背後には意味ではなく、別の記号（世界）がある。記号が空虚であり、記号が空虚なままに存在し得る。禅庭、文楽、俳句、歌舞伎などは、そこに示される対象が「何々でもあれば、他の何々でもある」「何々でもなければ、他の何々でもない」という、意味の充足を拒む表現体（エクリチュール）で出来上がっている。そして、バルトは、皇居という空虚が日本の中心にあると指摘した。北川原の「黄虚（こうきょ）」は、バルト的意味での「皇居」の掛詞である。ロラン・バルト『表徴の帝国』（宗左近訳、ちくま学芸文庫、一九九六）参照。

の周縁部分でしょうが、空洞があって初めて周縁があるのであって、そういう関係で全体を構成したかったのです。

川向　空隙は一つではなくて複数あって、その連鎖こそが都市をつくる。複数の空洞・空隙が互いに作用し、周辺の空間の襞に作用することで、都市が誕生し、そのエネルギーが維持されていく、ということですか。ということは、アリアでは、まだ大いにやるべきことが残っているわけですね。

北川原　そうなのです。もともと、アリアは継続すべきプロジェクトでして、当初は一五ヘクタールくらいだったのが用途地域の問題とかいろんなことがあって、七ヘクタールに限定したわけです。今後、さらに増えていくはずです。最終的には四〇ヘクタールほどにすることが、当初は見込まれていたのです。現在は不景気だということもあって、そう急には広げられませんが、今後五年、一〇年くらいの間に、隣接する街区が工業団地につながっていくと、そこには新しい楕円がいくつも出てくるはずです。というか、そうでなければ、いけない。そこで初めて、何かが生まれてくる。今は孤立して、ちょっと寂しい状態です。

川向　なるほど。それは、コンステレーションがより鮮明に視覚化されてくるときでもあって、楽しみですね。

第3章

新居千秋
ARAI Chiaki

ファンタズマゴーリア

——風景をつなぐシナリオへ

シーンの連続する都市

川向　テーマに選ばれた「ファンタズマゴーリア」[*1]は、辞書によれば、幻想とか、次々と移り変わる走馬灯的な風景といった意味のようです。あまり耳慣れない、この言葉の説明からお願いいします。

新居　最近、日本の都市がすごく単調で人間性がなくなって、味がなく、色っぽくなくなったという気がしています。そうならない方向を目指して建築・都市をつくるときに、発想の原点になるのが「ファンタズマゴーリア」です。単純にフラッシュバックして何かをコピーするとかシミュレーションするというのではなく、その何かを非常に細かく知的に分析した先に出てくるもの、あるいは単純に、海は広いとか自分は緑が好きだとか、そういう個人のテイストとか触感などの感覚、それが建築のはじまりではないか。そこから、ある種のシーンみたいなものを考え、シナリオのようにプログラムを作り、シーンの連続する都市を構成していく。映画制作に似ていますが、そういう全体へとまとめる手法とその成果が「ファンタズマゴーリア」です。

川向　新居さんの設計を特徴づけるのは、視による思考、つまり歴史上に現れた関連する名建築を形態的に、空間類型的に細かく分析する過程を必ず通ることで、今おっしゃった「知的に分析して、そして、その先に出てくるものを待つ」という説明は、すごく分かりやすい。

新居　ペンシルヴェニア大学大学院に入学したときに印象的だったのは、キャンパスの半分ぐらいが一九世紀に建てられたもので、先生のルイス・カーン[*2]は、その中のフランク・ファーネス[*3]設計の建物にいて、しかも、「人間の生活は昔から全然変わらないぞ」と

新居千秋［あらい・ちあき］

一九四八年　島根県生まれ
一九七一年　武蔵工業大学工学部建築学科卒業
一九七三年　ペンシルヴェニア大学大学院芸術学部建築学科修了
一九七三年　ルイス・I・カーン建築事務所入所
一九七四年　G・L・C（ロンドン市テームズミード都市計画特別局）
一九八〇年　新居千秋都市建築設計設立
一九九八年　ペンシルヴェニア大学客員教授

［主な受賞歴］
一九九三年　吉田五十八賞（水戸市立西部図書館）
一九九五年　建設大臣賞（大館市営水門前住宅）
一九九六年　日本建築学会賞（黒部市国際文化センター）
一九九八年　アルカシア建築賞ゴールドメダル（黒部市国際文化センター）
二〇〇三年　日本建築学会作品選奨（横浜赤レンガ倉庫一号館・二号館、むいかいち温泉「ゆ・ら・ら」）
二〇〇四年　日本建築学会賞（業績）、エコビルド賞大賞、日本計画行政学会計画賞、BELCA賞ベストリフォーム部門、BCS賞特別賞（以上、横浜赤レンガ倉庫）

［主な著書］
一九九九年　『喚起／歓喜する建築』（TOTO出版）
二〇〇三年　『日本海学の新世紀3―「循環する海と森」』（共著、角川書店）

か「原型的なものを見ろ」とか始終言っていることでした。キャンパスの風景もカーンが言うことも、激しい変化への対応に追われている戦後日本の状況と全く違う。カーンは、いいものはいいと思っているから、常にそこに戻っていく。その後カーンが亡くなって私はヨーロッパに移りますが、ドイツやイギリスでもそうで、一六世紀くらいの風景に戻って、そこから構想を積み上げていく。それは、現実にその時代のものが生き続けていることとも関係があるわけですが、彼らは、身体的な感覚を非常に信頼していて、そういう時代時代のいいものを形態的に、空間類型的につないでいくという考え方をしている。

カーンの設計方法も、さっとスケッチでも描いてスタッフとしてのわれわれに渡してくれるものと思っていたら、二日も三日も資料のある一画をごそごそやっていて、古い建築や都市の図面を切ったり貼ったりしている。「私のサンマルコ」だとか、なんとか言いながら。七三歳にもなるとどこかおかしくなって、全然自分の新しいものがないのかなあと、正直言って、私はそう思った（笑）。ところが、昔のものをつくるのではなくて、

「東京タワープロジェクト」(1987)に出展された新居千秋「ファンタズマゴーリア」

*1 ファンタズマゴーリア phantasmagoria 次々に去来する幻影・幻想。めまぐるしく移り変わる光景・風景。幻灯などによって、映像の大きさが異なり、様々に変化して見えること。走馬灯。

*2 ルイス・カーン Louis I. Kahn 一九〇一～七四年。エストニアに生まれ、〇五年にUSAに移住。それまでは無名だったが、五〇年代になって、国際的に知名度を高めた。そのきっかけになったのがイエール大学アート・ギャラリー（一九五三）であり、続くペンシルヴェニア大学リチャーズ医学研究所（一九六一）、カリフォルニアのソーク研究所（一九六五）である。五五年に、五四歳でペンシルヴェニア大学教授となった。第二次世界大戦直後の世界の建築界を見渡したときに、ル・コルビュジエらのCIAM世代と全く異なる建築思考を展開する建築家としてのカーンの存在はきわめて大きい。その決定的な違いは、グロピウスやル・コルビュジエなどのモダニズム理論にあった、社会経済とか科学から建築を捉えて、決定するという考え方ではなくて、建築はそのものの内から決まるというカーンの考え方にあった。カーンによれば、試行を繰り返すなかで思想と感情が一致して創造の一瞬である「リアライゼーション（出現）」を迎え、そこに「フォーム」が誕生し、「デザイン」に具現化する。このプロセスを辿ることがすべてだった、と言ってもよい。五〇年代のカーンは、世界を瞠目させる建築作品を発表しつつ、彼独自の建築思考を展開させていた。前掲脚注（本書五六頁）を参照されたい。

授業風景（カーンと新居）

ポール・メロン・センター

最後には、ぎゅーっと変えていく。
それは、私がカーン事務所からロンドンに移った当時AAスクールにいたバーナード・チュミ[*4]やレム・コールハース[*5]たちも同じで、その場所の形態的・空間的特性が形成された時代にまで戻って、身体で理解しようとする。今までの自分たちの生活とか歴史を引きずっていて、そのプロセスを身体的にたどり、解釈し直して、最後に、がーんと変えるのです。

身体的知でたどり、創造へ

川向　歴史的プロセスを知的に捉え直すというのは、身体的記憶を呼び起こすことであって、おっしゃっている知とは身体的知のことで、もともと生活とか歴史に深く根ざしている。生活とか歴史とか地域の中で形成されたもので、建築も都市も、身体的知でつくるものだということが、よく分かるお話です。しかもカーンは、「原型」に向かって形成過程をたどれ、と教えたわけですね。で、ぎゅーっとやって、がーんと出てくる何か

*3　フランク・ファーネス
Frank Furness　一八三九～一九一二年。一九世紀を代表するアメリカ人建築家の一人。フィラデルフィア内部と周辺に約四〇〇もの建築を設計し、この地域を考える際には欠かせない。その作風は中世様式のリヴァイヴァルだが、彫刻的・絵画的手法を実に巧みに折衷して、外観のみならずその内部にも印象深い空間を生み出した。最初に成功したのはフィラデルフィア美術アカデミー（一八七六）であり、最も優れた作品はペンシルヴェニア大学図書館（一八九一、現「ファーネス図書館」）であろう。

*4　バーナード・チュミ
Bernard Tschumi　一九四四年スイス生まれ。六九年チューリッヒ連邦工科大学（ETH）卒業。七〇～八〇年ロンドンAAスクールで教え、八〇～八三年クーパー・ユニオン客員教授、八四～二〇〇三年コロンビア大学建築・計画・保全学部長、八一年より設計事務所主宰。八三年国際設計コンペ入賞の「ラ・ヴィレット公園」案は有名だが、チュミによれば、ディコンストラクション（脱構築）とスーパーポジション（重ね）の最初の作品は「マンハッタン・トランスクリプト」（一九八一）であった。出来事や建築物のトランスクリプトが、映画のような連続形式で試みられる。八八年のニューヨークMoMAでの「脱構築主義的建築」展にも加わり、一貫して、統合・調和・融合とは対極にある分裂・分離・解体（脱構築）を追求する。

*5　レム・コールハース
Rem Koolhaas　一九四四年オランダ生まれ。五二～五六年インドネシアに住み、この後アムス

新しいものとは、どんなものですか。

新居　カーンのところで、私も担当に加えられたポール・メロン・センター[*6]（一九七四）は、最初はどう見ても普通の建物でした。それが、いくつかの段階を経て、不連続的に変わっていくのです。担当を替えている場合もあるし、彼の考えが変わった場合もある。自分の体験で言うと、私が何かいい案を出すと、彼は二ヶ月くらい私に近寄らない。ほかのテーブルに来ても、私のテーブルには来ない。そして、やがてカーン自身の案というのをもって私のところに来る。そのときの二ヶ月かけて到達したという彼の考えには、えらく子供っぽいところがある。海は広いとか、風がいいとか。

川向　まだ未分化な渾然一体となった状態で、何かが生まれた感じが伝わってきます。それは、みずみずしく生き生きしていて、言葉どおり「子供っぽい」ものでもある。創造の瞬間に立ち合っているようですね。

日常性からアイデアを汲み取る力

新居　そうですね。だけど、それが、ものすごい理論ではなくて、非常に日常的なことを、ずっと考え続けるところから生まれてくる。メロン・センターの場合も、普通の二階建ての住宅が連続していて、そこに木の展示パネルがあって、金持ちがそこを歩いているときに絵が見える感じがいいとか言いながら、いくつかの段階を経て、ああいう案になっていく。いま日本の建築や都市に一番欠けているのは、日常的なことからすごいアイデアを考えつく力だと思うのです。ただ、日常の生活空間のほうが、距離や時間を感じさせる音や匂いを失って貧しくなっているということもあります。

庭のどこか、あるいは外で、カーンと鹿威し《ししおど》の音が聞こえる。どこかの寺の鐘の音が

テルダムで「ハーグ・ポスト」の記者、映画のシナリオ・ライターとなり、ロンドンに移ってAAスクールで建築を学ぶ。七二年、奨学金を得て渡米。七五年ロンドンに設計事務所OMAを共同設立。七八年『錯乱のニューヨーク』が刊行されて注目を浴びる。八〇年代末からハーグ国立ダンスシアター、フランス新国立図書館、リール・コングレクスポなどの斬新な構想を次々に発表。デルフト工科大学、ハーヴァード大学などで教え、九五年には『S・M・L・XL』を出版。その後も、メディアや政治の領域にも踏み込み、意欲的な都市のリサーチと設計活動を展開している。

*6　ポール・メロン・センター
社会事業家で美術収集家のポール・メロンが寄贈した英国絵画のコレクションを納めるために、ルイス・カーンによって設計されたイェール大学英国美術研究センターのこと。ここでは、構造や材料の使い分け、自然光の取り入れと制御、程よい大きさの部屋や中庭、あるいは「サーバント・スペース」と「サーブド・スペース」といった、これまでカーンが追究してきたテーマの組み合わせによって、穏やかで、実に豊かな空間が生み出されている。カーン最晩年の建築。

聞こえる。季節の花が、どこからか匂ってくる。それで、空間の広がりや静けさ、時間・季節の移り変わりが確かめられる。いまの日本では、とくに若い人たちの間で、そういうものへの感受性が鈍くなって、見かけだけで、なんとなく何々っぽいやつをつくっている。川向さんがいう身体の中で、そういうものが、つながっていない。

インスティテューションのあり方

川向　新居さんがカーンのところにいらっしゃった一九七〇年代は、公的な施設や制度のありようが問い直された時代でもあった。学校とか病院とか文化施設とか、そういったものを支える価値体系が、モダンからポストモダンへと転換する時代だったとも言えると思いますが。

新居　確かに、七〇年代は、日本に限らず世界の至るところで、モダニズムによる公的な制度・施設がステレオタイプ化していました。それに対してカーンは、そもそも教育とは何かとか、医者と患者はどちらが重要かというように、まず問いを発せよと言っていました。最近では日本でもやっと、学校や病院の建築を、インスティテューションとしてあるべき姿への問いから設計を始めるようになってきましたが、当時のカーンが、すでにそうでした。

でも、公的というと、いまだに規制する、管理するという意識が強い。私的な快楽と同じく、公的な快楽というのがあってもいいのに、ただ私的な快楽、楽しみを抑制するだけです。公的な楽しみ、つまり、みんなでやるから楽しいとか意味があるというものを、もっと生み出さなければならない。だけど、公的なイヴェントへの参加を強要するのは、いかにもモダニズム的押し付けで、それでは楽しくない。私的快楽も受け入れた、公と私のミックスが、ポイントですよね。

川向　そうでなければ、せっかく公共施設をつくっても、日常的に地域住民が集まり、何かに使っているという状況は生まれませんね。楽しいからやってくるのに、その楽しみが許されなければ人が集まらないのは、当然です。いつまでたっても、楽しみつつインスティテューションを使いこなす、いわば公的な身体が育っていない。行政の間でも一般住民の間でも、施設もそれを使う身体も、生き生き、のびのびしていない。公的身体も、「見る—見られる」の関係、濃密なコミュニケーションのなかで形成されるわけで、まずは自然に人が楽しく行き交う場をつくらねばならないのに、現実は、それが抑制されている。

私的／公的な快楽を許容する場

新居　ええ。ですから、黒部市国際文化センター[*7]（コラーレ、一九九五）の場合、図書館でお酒を飲んでもいいことにしたのです。お堅い公共図書館ではなく、本棚を作って、寄贈してもらった図書を七万冊ぐらい並べて、それから、暖炉も入れた。暖炉のそばで、ときには酒を飲みながら、本を読む。これこそ、くつろぎの原点だし読書の原点だと思う。レストランだって、公共施設だからサービスも味もそこそこでいいというのは、おかしい。私は、ナプキンやフォークからユニフォーム、家具、その空間、そして建築を超えて周辺のランドスケープまで、全てを設計しました。レストランのメニューから始まって、その他の館運営のさまざまなプログラムの相談にものっています。つまり、どういうシーンが生まれ、そのシーンがどうつながっていくか、そのシナリオづくりをやらないと、インスティテューションは生きないのです。時代と状況に対応しつつ描かれ

*7　黒部市国際文化センター（コラーレ）富山県黒部市にある文化複合施設。愛称「コラーレ（COLARE）」は、富山県の方言である「来られ」と、地域文化と創造発信の場"Collaboration of Local Art Resources"の頭文字からとられたもの。この愛称が示すように、地域の様々な芸術文化活動を支え協働させて新しい何かを生み出すことを目指し、多様な場が一つの街をなすように用意された。

黒部市国際文化センター
外観（左）、レストラン周辺（上）

横浜赤レンガ倉庫
外観（右）、展示スペース（上）

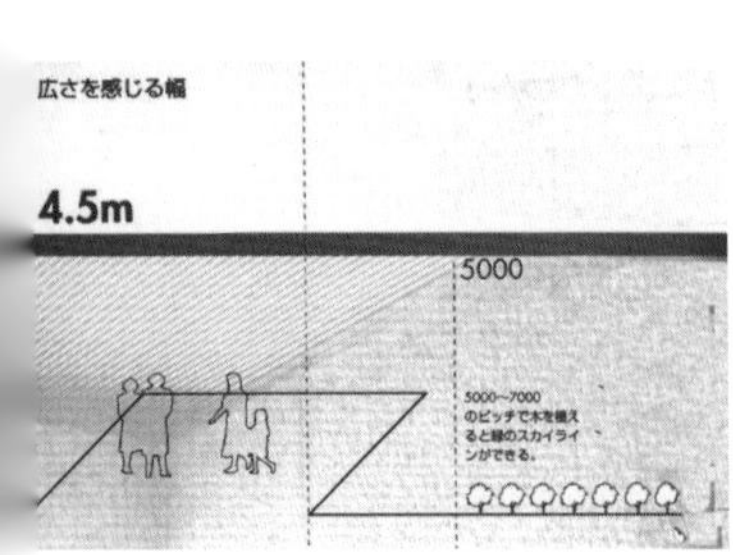

＊8　横浜赤レンガ倉庫
二棟の赤レンガ倉庫のうち、二号倉庫が一九一一（明治四四）年、一号倉庫が一三（大正二）年に建設された。設計者は当時の大蔵省臨時建築部長の妻木頼黄。ともにレンガ造三階建て（一部四階）で、補強材として鉄柱を使用。大正から昭和初期にかけて横浜税関の施設として、その後は生糸貿易などの物流の拠点として使われた。倉庫としての使命を終えるのは八四年である。九〇年代には、保存から保全活用へと大きく方向転換しながら、倉庫の再生活用へと進む。二〇〇二年四月にオープンして初年度に六八〇万人が訪れ、横浜の新名所になった。

＊9　スケール
ルイス・カーンは「フォーム」が測定可能になることによって「デザイン」が成立すると考えていた。同様に「フォーム」の探究に長い時間を割く新居は、それを測定可能にして「デザイン」に導くスケールを人一倍重視する。新居のスケールに関する考え方については、新居千秋『喚起／歓喜する建築』（TOTO出版、一九九九）参照。

る「ファンタズマゴーリア」が公共施設を動かしていく。民間だったら、そのためのシナリオづくりは当然なのに、公共施設だと膨大な赤字を抱えても、あたかも「来る者を拒む」かのような運営を続けている。でも、それも、もう許されない。

　横浜赤レンガ倉庫[*8]でも、レストランでの料理、その味と食材の検討から、食器、中身の見えるビールサーバーのデザイン、家具、建築、そして周囲の街にまでつながっていくシナリオをつくりました。いい意味での共同幻想「ファンタズマゴーリア」が、地域・施設を動かしていく。

共同幻想と客観的尺度（スケール）

川向　確かに、新居さんの姿を拝見していると、狂気とも言える情熱が設計プロセス全体を突き動かしているように思われますが、もう一方に、思い描かれる「ファンタズマゴーリア」が単なる幻想・思い込みにならないように、客観的指標としてのスケール[*9]を入れて冷静にスタディをチェックする、別の新居さんがいる。そのスケールは、よくおっしゃる「爪楊枝から都市まで」、本当に細かく用意されていて、常にこのスケールで何ができるかと知恵をしぼっている（笑）。
　日本には、千利休が四畳半（一間半四方）の茶室をさらに縮小していったように、小さなスケールを「建築的に」捉える伝統がありますが、新居さんのなさっていることは、そういう伝統を思わせます。
新居　大体〇から一〇メートルまでの身体的感覚で捉えられるスケールでも、二・五メートル以下だとさらに身体的でセクシュアルな問題が出てくる。いま川向さんがおっしゃった利休が四畳半から空間を縮小して、極限の状態で二つの身体と精神の関係を考え

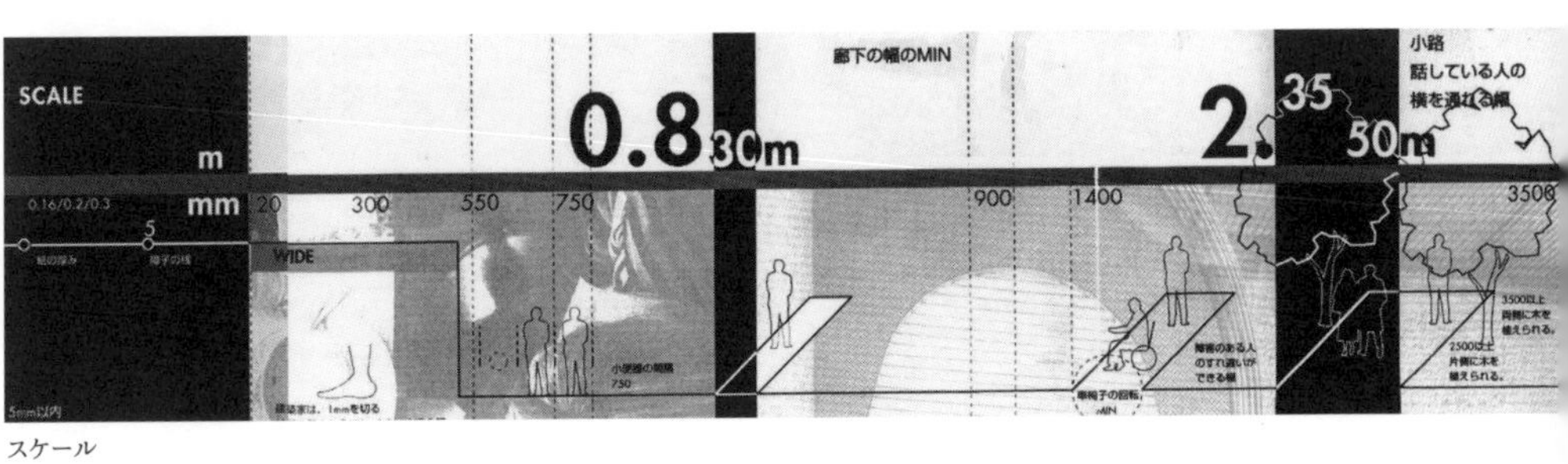

スケール

ていたことは、すごく面白いテーマです。距離、身体から伝わる鼓動、匂い、あるいは衣擦れの音、そういうものを事務所のスタッフといっしょにスタディして、表にする。一〇メートル以上から、四〇〇、七〇〇と大きくして、それぞれのスケールでの可能性を、ヴェネチアやフィレンツェなどの世界中の都市を比較研究しながら調べ、さらに長くして周長一三キロまで、同じように、意味のあるスケールを探す作業を続けています。

横浜市の仕事で調べてみると、世界中の都市はほぼ直径二キロで、周長は六キロから八キロ。それが人間のつくってきた都市の大きさです。直径二キロというのは、ゆっくり歩いて三〇分くらい。磯村英一さんも言っていますが、こういう歩いていける距離のなかに都市の記憶がつまっている。直径四キロ（周長一三キロ）まで延ばすと、車が出てきます。

川向　東京と地方との魅力の差も、スケールを当てて、客観的な指標を使って説明しておられますね。ちょっと気軽に歩くのは四〇〇メートルぐらいまでで、この距離だと街の記憶・イメージがはっきりしている、と。だから、商売が成り立つのも大体〇から四〇〇メートルまでだ、とも。東京の区内だと、四〇〇とか五〇〇メートルの範囲に公共施設が密度濃くあるが、地方では二キロ以上離れている。しかも、分散しているから、車で走り回らなければならない。不便ですね。

新居　横浜市の人と一緒に、東京二三区、地方、そして横浜の公共施設の分布を調べて比較研究しようとしたことがあります。世田谷、足立、葛飾、江戸川まで調べるのに、膨大な時間を要して、ここ五、六年はやっていませんが、東京は、いろいろな施設が歩いていける範囲に濃縮されている。オン・フットで利用できるわけだから、東京は、意外と地方よりも面白く、住みやすいと言えなくもない。

そして、最近興味をもっているのは、距離を視覚だけではなくて、触れる、匂う、聞く、足の裏で感じるといった五感で測ることです。そういうもので距離感とか記憶量とかイメージの鮮明度が変わってくる。そういう情報を、スケールを変えながらプロットしていく作業です。

学際的研究で新領域に取り組む

川向　共同幻想としての「ファンタズマゴーリア」、ひいては、それが現実化された建築や都市が、もっと複雑化して、冒頭の新居さんの表現を借りれば、味わい深く、色っぽくもなっていく。新居さんは、それが単なる幻想・思い込みにならないために、学際的な共同研究の形態をとっていますね。最後に、富山でのプロジェクトを例に挙げて、この点をご説明いただけますか。

新居　富山県が中心となり日本海学[10]という学問をやっています。もともと日本とかアジアの文化が日本海を中心に形成されていたという考え方が基本になっています。ですから、スケールとしてはアジアまではいったかな、と考えています（笑）。

戦後復興では、日本もドイツも、コンクリートでダムをつくり治水工事をやり都市をつくりました。しかし、六〇年代から七〇年代にかけて、米英仏だけではなくドイツも、環境型の都市づくりに移行しました。自然や農業が時間をかけてつくり上げた美しい風景を破壊して都市をつくり続けてきたのは、日本だけです。それを、なんとか止めねばならない。どう環境共生型に変えていくかと、いろいろな分野の専門家と議論しながら進めています。具体的には、砺波《となみ》平野の散居村[11]を調査して、圃場整備で平らにならされる前にもう一度もどす仕組みを考えています。全体のすばらしい農村風景を残しながら、

*10　日本海学
富山県が、学際的な日本海学推進会議を組織して推進する。環日本海地域全体を、日本海を共有する一つのまとまりのある圏域と捉え、そこでの自然と人間のかかわり、人間と人間とのかかわりを「循環」「共生」「海」の視点から総合的に学術的に研究する。小泉格編『日本海学の新世紀3～循環する海と森』（角川書店、二〇〇三）参照。

*11　砺波平野の散居村
散居村地帯の広さは約二二〇平方キロ、その民家数は約七〇〇〇戸である。豊かな屋敷林に囲まれた農家が平野一面に点在する。庄川がつくった扇状地である砺波平野では、どこでも水を引くことができて地形の制約がなかったので、住宅を微高地に建て、その周囲が耕作地として開拓された。そして、農作業をやるにも便利な、屋敷林に囲まれた住宅とその周囲に広がる耕作地という単位が、長く守られてきた。それを、循環型のサスティナブルな経済単位、環境単位として、美しい風景とともに守り育てようというのである。

広い地域を遠景・中景・近景に分けて、そこにどう建築や都市のスケールを落とし込んでいけるか。それぞれのスケールで、建築や風景の次元で伝統的なものを拾い上げて分析しながら、最終的には、新しいものを生み出したい。

川向　形態や広い意味での空間類型をたどりながら、地域住民が誇れるような未来志向の解を目指す点では、これまでお話くださった内容と重なりますが、手本が西洋ではなくて純粋に日本の風土に求められて、その分析から始まっているのが、新たな試みですね。その成果を、また次の機会にお聞かせください。

砺波平野の散居村

第4章

安田幸一
YASUDA Koichi

ミニマル

——都市のリプログラミングに向けて

川向　ミニマルあるいはミニマリズム[*1]は、現代の建築に限らず造形一般に大きな影響を与えておりまして、たとえば、私たちがいいなと思う現代建築はどれも、多かれ少なかれミニマリズムの洗礼を受けていると言えるほどです。その意味で、ミニマルとは何か、ミニマリズムとは何なのかを、この対談によって明らかにしたいと考えています。まず簡単に、これまでの安田さんの足跡からお話いただけますか。

なにもかもミニマル

安田　日建設計におりまして、母校である東工大に戻って、まだ日が浅いのです。私自身、いろんなプロジェクトをやってきましたが、実現したのは本当に少ない。バーナード・チュミ[*2]の設計事務所で働いていたときも、もっぱらコンペへの挑戦の日々でした。三人くらいの事務所でしたが、私が辞めるまでは、二等が最高で、一等はありませんでした。私が辞めた途端に一等に入り出して、私が疫病神だったのかなと思っています（笑）。

　日建設計に入ったら建つだろうと思っていましたが、実は日建でもなかなか建たなくて、プロジェクトで終わった例がものすごく多い。日建に二〇年もいて、建った数が五つか六つですから、作風もミニマルならば、つくった数もミニマルという具合です。

川向　チュミは、私が一年間お世話になったコロンビア大学のディーンでもありましたから、その人となりも知っています。チュミもすごいが、いまのお話をうかがうと、日建設計もすごく懐の深い感じがしますね。どんどん生産する、無駄のない、タフすぎるエリート集団、という印象が変わりました（笑）。

安田幸一［やすだ・こういち］
一九五八年　神奈川県生まれ
一九八一年　東京工業大学工学部建築学科卒業
一九八三年　東京工業大学大学院修士課程修了
株式会社日建設計
一九八八年　バーナード・チュミ・アーキテクツ・ニューヨーク事務所入所
一九八九年　イェール大学大学院修士課程修了
二〇〇二年　東京工業大学大学院理工学研究科建築学専攻助教授、安田アトリエ
［主な受賞歴］
一九九七年　JDC大賞コミュニケーションスペース部門入選（光文社本社ビル）
SDレビューSD賞（ポーラ美術館）
二〇〇一年　東京建築賞（鴨川シーワールド・トロピカルアイランド）
二〇〇三年　デュポン・ベネディクタス賞（AIA,UIA）最優秀賞（ポーラ美術館）
村野藤吾賞（ポーラ美術館）
二〇〇四年　日本建築学会賞（ポーラ美術館）
空間デザインコンペティション・ガラスブロック入選（大分マリーンパレス水族館・うみたまご）
［主な著書］
一九九二年　『ニューヨーク・モダンリビング』（丸善出版）
二〇〇一年　『篠原一男経由　東京発東京論』（共著、鹿島出版会）
二〇〇二年　『策あり！都市再生』（共著、日経アーキテクチュア）

最小限化すなわちリプログラミング

安田　われわれが仕事をしている東京という都市では、有形無形の要素が複雑に絡み合い、それがムーブメントとかイベントとかという言葉で表現できるものとして現象する。それらがエキサイティングに重なり合い複雑に絡み合っているのを、ばっさりと再整理する。そして、その中で都市の新鮮な解釈につながるようなものを抽出していく。つまり、いま申し上げた、ミニマイズつまり最小限にするという前のプロセスと、都市のリプログラミング[*3]という後のプロセスが、私の中では同時に進行するわけです。

川向　ミニマルといっても、ただ単純化する、ただ抽象化するのとはまったく違う。むしろ、余計なものを取り去ることによって、本当に大切なモノの存在とか関係を際立てる。安藤忠雄[*4]は、その典型として一世を風靡したとも言えます。安田さんの作風は、同じミニマルでも、もっと繊細で、やさしくて、次世代の到来を思わせますが。

安田　そう言っていただくと、すごくうれしいです。さらに付け加えますと、複雑な要素を単純化して純粋な形にするのですけれども、私の場合ときどき、それを多少強引に操作としてやってみる。その切り口を鋭くして、おっしゃるように、際立てる。そういう作業を繰り返して、本当に納得できるモノとか関係を探っていきます。本質的な関係と言っても、それが最初から分かっているわけではないですから、ここが一番難しいところです。すべてを一本の線に置き換えるときに、その一本の線が的を射ていないと、何の意味もなくなる。そういう意味では、一本の線を決めるにも時間がかかります。一本の線を引いて、その一本がものすごく豊かな意味を含んでいるものでありたい。それが、私のミニマルに対するイメージだと思います。

*1　ミニマリズム
一九六〇年代前半に、戦後アメリカの抽象表現主義、それに続くポップ・アートなどが表現と大衆文化に向かう傾向への反動として出てくる芸術運動。この運動には二つの流れがある。一つは、ドナルド・ジャッドに代表される抽象的な幾何学的秩序を好むもので、デ・ステイルやロシア構成主義の系譜に立つ。もう一つは、カール・アンドレやロバート・モリスに代表される、もともと非芸術的である素材を、最小限の芸術的行為で表現領域にもちこむもので、デュシャンの「レディ・メイド」などの流れを汲んでいる。

*2　バーナード・チュミ
前掲脚注（本書一一四頁）参照

*3　リプログラミング
reprogramming　プログラムを作り直す、あるいは新しく書き込むこと。

*4　安藤忠雄
本書一五八頁脚注7参照

桜田門の交番

い。

「断ち切る」ではなく「つなぐ」

川向　ミニマルというのは、有機的あるいは歴史的な形態の世界に突然、無機的な幾何学形態をもちこんで周辺との関係を断ち切るのではなくて、むしろ、猥雑なものを除去して純粋で本質的なものを引き出し、響き合うような関係をそこに蘇らせることですね。それは、断ち切るのではなくて、つなぐ仕事です。響き合うには、場所性や時代性とずれていても駄目なわけで、それを捉えた一本の線、一つの言葉が、すごく大切になる。一つひとつの言葉を吟味して、深く豊かな意味を込めようとする、それは詩の世界に近い。

安田　私の場合、複雑なものを複雑なままに取り扱うことに魅力を感じないし、ただ単純なモノも、つまらないと感じます。だから、単純なモノの中に複雑な答えとか魅力が突っ込まれているようなものを目指したいと、いつも考えています。ほんの単純な何かで、そこから、すごく豊かなものが湧き出てくる。現実の都市は、実はもともと、多様な形態や機能に満ちているわけで、そこから何かを抽出して、一本の線に表す。そうすると、その線が周囲と響き合って、また新たに次の何かを生み出す。これが、私の言うミニマルであって、それはリプログラミングでもあります。

川向　安田さんが日建時代に担当された、皇居の桜田門の交番[*5]（一九九三）の例で、もう少し具体的にお話いただけますか。

安田　ええ。敷地は皇居と都市の境界線、つまり、手前に官庁街があって、皇居そのも

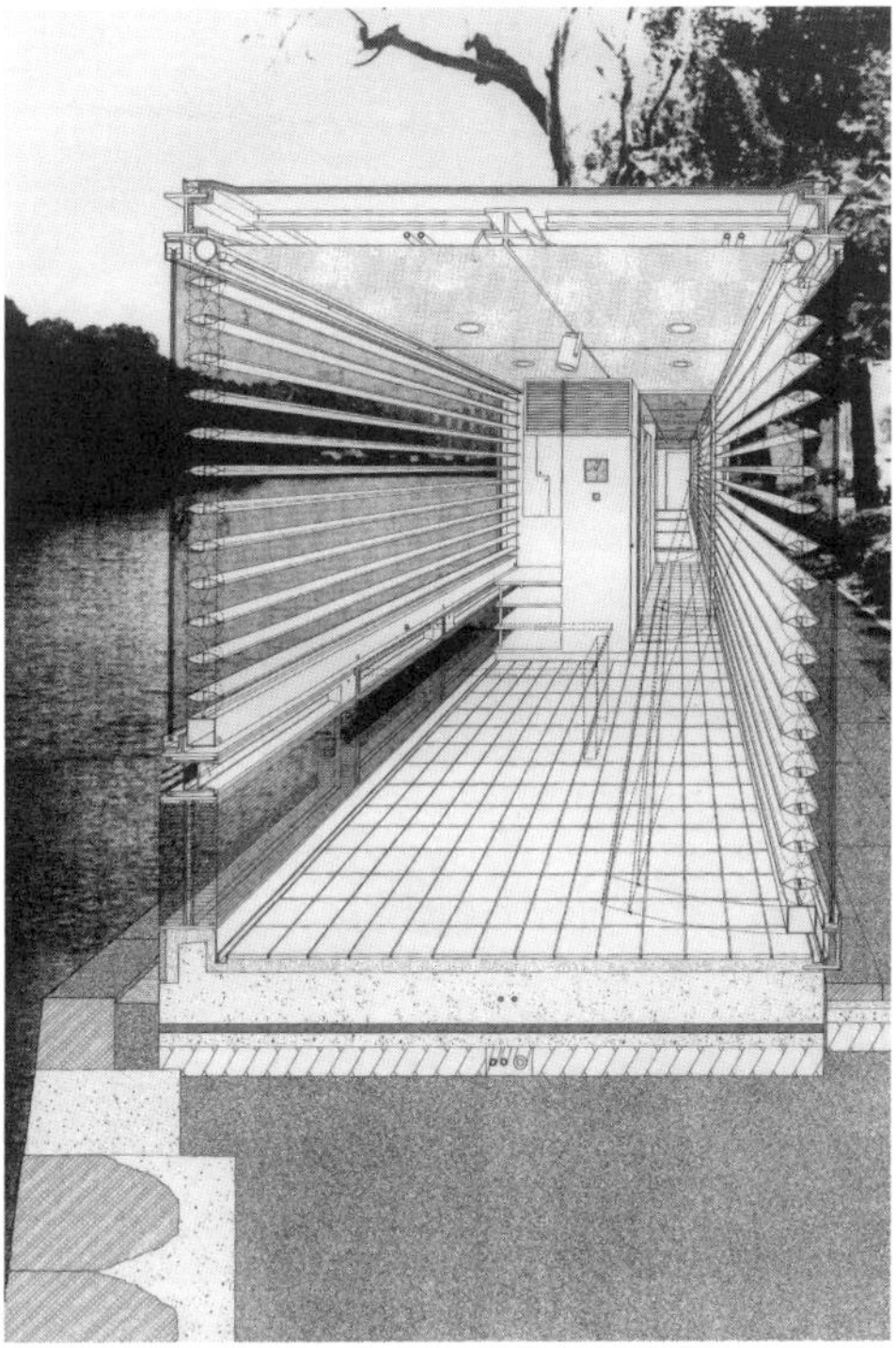

桜田門の交番 内観パース

*5　桜田門の交番
皇居桜田門のお堀端にたつ交番。透明な表皮をもつ極小ヴォリュームの単純形態による建築。表皮に、ガラスと可動ルーバーを用い、ルーバーの穴は、入り口から奥に向かって順次小さくなり、開口率も小さくなっていく。これによって安田は、内側からの視界の重要度と、プライバシーのヒエラルキーをも直接表現している。

のでもなければ官庁街でもない、両者の緩衝帯となる空白の場所です。背景には本格的な日本の城郭があって、その前に昭和七年に建てられた瓦屋根の平屋のかわいい交番がありました。その建て替えですが、警視庁に呼ばれまして、元のものと全く同じ、つまり和風建築にしてほしいということでした。私の信念として、本物をつくりたいと主張しました。城郭は本物ですが、この和風交番が本物かどうか、それが疑問でした。もし和風建築とするならば、少なくともゆったりとした庇が出て、もっと水平性が強くなければいけない。ところが敷地の幅は三mほどで、庇の出のない、妙に垂直性の強い和風建築になってしまう。

川向　それに代わるものとして、「ミニマルな」交番案が出てくるわけですね。

複雑な要求にシンプルに応える

安田　われわれの案としては、とにかく、ヴォリュームとしては最小限のものを、ガラスでつくって、この景観に融けて消えるような建築にしたい。それから警視庁との間でスッタモンダがあって、最後にやっと、われわれの案で建てることになった。当初のわれわれの案は、おまわりさんの執務空間はガラス張りにして、地下に休憩スペースをとるというコンセプトでした。ところが、着工して、深い穴を掘っていたら、金の塗装が残る鬼瓦が出てきて、ここは遺跡だということで、また地上だけの案に設計し直すことになりました。

川向　ポイントは、閉鎖的にならず、開放的で透明性の高い交番とすること。だが、ただガラス張りでいいというわけではない。おまわりさんのプライバシーを保護するといいますか、休息と就寝のスペースも必ず必要なわけですね。しかし、もはや地下にそのスペースをとることもできない。これは、一つの線、一つの面、一つのヴォリュームにどう複数の意味・機能をもたせるかという、ミニマルにもっていく格好の例題になりましたね（笑）。

安田　そうです。透明感がほしいが、内部が全部見えては困る。この二律背反的な要求をどう充足するか。ガラスの透明な壁のほかに半透明とか不透明の壁を用意して、それらを必要な場所に置いていくという答えもあり得ます。しかし、それでは複雑な問題に個別に、場当たり的に対応したに過ぎないのであって、ミニマルでも何でもない。

われわれは、この極小のスペース全体を単純に一枚のスキンで被覆することで、外から見れば一つの存在として、そして内部に入れば幾つかに分節されていても、できるだけ一体感と同時に広がりを感じさせるものにしたかった。結論を言うと、ガラスと可動するルーバーを組み合わせて、透明さが望まれる執務空間から始まって、透明さの必要のない和室まで、その全部を一つのシステムでつくれないかと考えました。微妙な開閉はルーバーで調節するというアイデアです。すべて部材を工場でつくり、屋根の大きさも一〇トントラックの荷台に載るサイズに設計して、ここに運んで、現場で組み立てるという工法を採用しました。

川向　そのルーバーがまた、いくつもの意味と機能を帯びているのは、徹底してミニマルだと言えるのではないですか。

安田　孔開きのルーバーでして、その孔が執務空間から和室に向かって次第に小さくなっています。しかも、和室のルーバーは断熱性も吸音性もあるものにしている。執務空間のほうは、自然光がたっぷり入って、視覚的にも開放感は十分です。ですが、全体としては、非常にシンプルに見えるはずです。

歴史や自然を引き立てる

安田　そして、ルーバーとガラスが重なると少し薄いグリーン色に見えますが、それがちょうど桜田門の破風とか周辺の松の色とも合います。ガラスを積み上げたような壁面は、背景の石垣とその密度感が不思議に似ている。

川向　ガラスという素材は、時間とともに表情を変える。それによって、一つの面、一つのヴォリュームがいろんな表情を見せます。あの交番は、そんなことも気づかせてくれます。

安田　ガラスは、昼は透明ですが、夕方は、いろんな空、そして周囲の建物や都市が映り込んで、また違う表情になります。夜は、内部から光が漏れて周囲は真っ暗ですから、あたかも照明器具のように発光する形になっています。

川向　それにしても、見事に周辺環境に溶け込んだデザインです。そのルーツは、すでに安田さんご自身の卒業設計にあった。卒業設計に一人の建築家の思想や手法がすでに表れているのを拝見すると、改めて、卒業設計というのは大切だなあと思います。

安田　川向さんがなぜ私の東工大の卒業設計のことをご存知なのか、それに驚きましたが、私の卒業設計は、横浜の赤レンガ倉庫の保存[*6]でした。当時は、保存をテーマに選ぶ者なんかいない時代です。

　外壁にはいっさい手をつけない。耐震性能を上げるために耐震壁をつくり、蜂の巣のようなボックスを中に置きました。新しいヴォリュームの境界的なところをホールとして考えたりしていますが、元の設計者である妻木頼黄《よりなか》[*7]がつくったものをそのまま保存する。むしろ耐震壁のボックスを入れることが設計であって、そのための矩形図も描いて

*6　赤レンガ倉庫（横浜）の保存
前掲脚注（本書一一八頁）参照

*7　妻木頼黄
一八五九～一九一六年。江戸旗本家の生れ。七九年工部大学校造家学科入学、しかし八三年に同校を中退して渡米し、コーネル大学三年に入学。八五年同大学卒業、翌年帰国して東京府御用掛となる。八七年臨時建築局が設置され中央官庁街の建設が始まると、河合浩蔵らとともにドイツに派遣されて、九〇年まで主にベルリンのエンデ＝ベックマン事務所に在籍。帰国後は、内務省技師として官庁建築の世界で活躍。一九〇一年大蔵省営繕課長。代表作には、東京府庁舎（一八九四）、東京商工会議所（一八九九）、横浜正金銀行本店（一九〇四、現神奈川県立博物館）などがある。

います。新しい機能の発生を期待する部分もありましたが、デザインをミニマルに抑えるのが、基本コンセプトでした。ところが、デザインを専攻しながら何も設計していないということで、落第しそうになった。それを恩師の篠原一男先生[*8]が救ってくださったのです。まだ研究室に入る前のことですが、篠原先生は、「君の生涯で一番いいプロジェクトだよ、これは」と言ってくださった。ただ、このように言われますと、また新たな悩みを生みましたが（笑）。

ポーラ美術館

川向　デザインをミニマルに抑えて、建築を周辺環境に溶け込ませるという安田さんのスタンスは、近作のポーラ美術館[*9]（二〇〇二）でも貫かれています。ポーラの仕事は、

ポーラ美術館　エントランスへのブリッジ

*8　篠原一男
一九二五年静岡県生まれ。五三年東京工業大学建築学科卒業後、同大学助手、六二年同大学助教授、七〇年同大学教授。イェール大学（一九八四）、ウィーン工科大学（一九八六）などの客員教授。日本建築学会賞（一九七二）、芸術選奨文部大臣賞（一九八九）、毎日芸術賞特別賞（一九九七）などを受賞。

*9　ポーラ美術館
箱根仙石原の豊かな緑に包まれた地上二階、地下三階の美術館。故鈴木常司前ポーラ会長が長年にわたり収集した印象派絵画、日本近代絵画、陶磁器など九五〇〇点以上にも及ぶ国際的にも有数の個人コレクションを収蔵・展示する美術館。基本構想まで林昌二が担当し、以降はアシスタント役を務めていた安田幸一が引き継いだ。

日建では林（昌二）[*10]さんがポーラ五反田ビル[*11]（一九七一）以来ずっと担当されてきたわけで、それを託されるというのも、途中の経緯は分かりませんが、すごいことだなあと思います。

安田　私自身、林さんからこの仕事をやるように言われたときに、なぜ私が、と信じられない思いでした。でも、敷地条件にしても施主にしても、すごく恵まれた仕事でした。あの敷地にどう建築をつくるか、その解答を一〇年かけて出したのですから。まず、敷地から一〇〇メートルくらいまでのエリアについて、動植物、地層、水などを二年かけ

ポーラ美術館
エントランスから ロビー、
カフェを見下ろす（上）
白い十字柱を中央に見る（左）

*10　林昌二
一九二八年東京都生まれ。五三年東京工業大学建築学科卒業し、同年日建設計工務（日建設計の前身）に入所。日建設計専務、副社長、副会長を経て、現在は同社名誉顧問。主な作品に、「パレスサイドビル」（一九六六）、「ポーラ五反田ビル」（一九七一、日本建築学会賞受賞）、「新宿NSビル」（一九八二、日本建築学会賞受賞）、「日本電気本社ビル」（一九九〇）など。

*11　ポーラ五反田ビル
林昌二の最初の本格的な設計の仕事で、その施主が故鈴木常司前ポーラ会長であった。ダブルコア方式で二階と屋上にRCの大梁を掛け渡し、その間に八層分の鉄骨造のオフィス空間を組み込む。無柱のオフィス、ロビー空間を実現。一九七一年度の日本建築学会賞受賞。

て調査しました。昆虫が一平方メートルに何匹いるかとか、木は種類・樹径・高さまで調べました。しかし、調べれば調べるほど、自然度の高い森だということが分かってきて、そこに建築をつくっていいものかと、悩みは深くなりました。

最初は、円形平面の案です。いろんな理由がありますが、開発面積を最小に抑えるには円形がいいということと、国立公園内で、高さ制限八メートルというのがあって、ほとんどが地下に埋まることが決まっていましたから、地下の擁壁が丸くなったほうが工学的に有利だとか。

川向　全体形状から、さっそくミニマリズムですね。円形をどこまで使いこなすかという。

安田　ところが環境庁は、国立公園内での円い建築は駄目だというのです。擁壁は土木だから円くてもいいと、訳の分からないことを言う。建築については再度検討を重ねて、最後に十字形プランに落ち着きました。円い大きなすり鉢に、免震ゴムが浮かび、その上に十字形の建築がそっと置かれるというイメージです。すり鉢の中に建築が浮かんでいる。そして、その周囲の自然には全く手をつけない、という考え方です。

地上に見えているのは、ガラスの透明なボックスだけ。そこから入っていくと、だんだんと視界が開けていくという構成です。

光とテクノロジー

川向　そう、エスカレーターで、トップライトと「光壁」からの光に溢れた大吹き抜け空間の底に向かって降りていく。光チューブが仕込まれたガラスの壁全体が、まさに光壁となって、この大吹き抜け空間を照らします。しかも、光壁は、その半透明なガラス

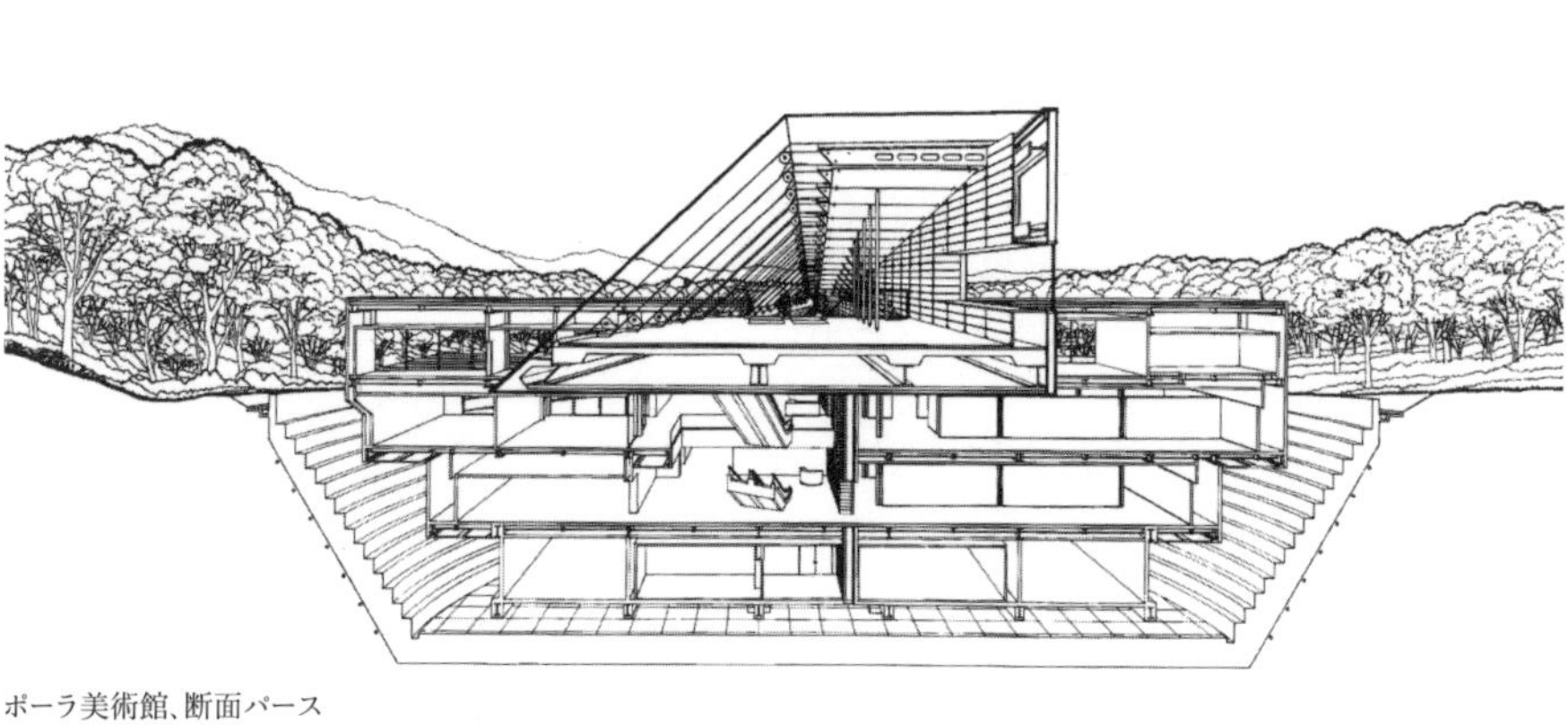

ポーラ美術館、断面パース

の大壁面の裏側を、何本もの光の線が垂直に昇っていくような印象を与えるものです。ガラスの面が、いくつもの機能を有し、いくつもの表情を見せる。そして、展示室も、光源が分からないが微妙な明暗、ニュアンスに富んでいます。

安田　展示室でも、床に吹き出し口を設置して、そのスリットには、普通の建築に見られるスイッチ類も含むすべての設備系要素を収めています。照明も光ファイバーですから光の点しか見えません。このようにして、見える要素はミニマル、最小限に抑えて、ミニマルな中にも多様なテクノロジーを凝縮させ、いろいろな意味と表情をもたせています。光源が細いスリットだったり点だったりするのに、ものすごく明るくて、どこから光が来ているのか分からない不思議さを生む技術は、いろんなところに使っています。

川向　壁も天井も、でしゃばり過ぎもせず、しかし、無機的で無表情というのでもなく、それ自体がアートになっている。あの三層の大吹き抜け空間にたつ十字形の真っ白な鉄骨柱にしても、優美なふくらみ、つまりエンタシスをもっていて、あたかも自立した彫刻作品のようにも見えます。一つの点、一つの線、そして一つの面が、いくつもの意味を有し、ニュアンスに富んだ表情を見せて、建築自体がミニマル・アートですね。

第5章

古谷誠章
FURUYA Nobuaki

ハイパーコンプレックス・シティ
——予期せぬ「出合い」から

川向　古谷さんのお話はいつも具体的で、とても分かりやすい。あるときは身近なところで、またあるときは海外のどこかの街角で発見したような事例を、ふんだんに使って説明して下さるからですが、今回の「ハイパーコンプレックス・シティ」[*1]についても、珍しい事例を拝見できることを楽しみにしています。まず今日のテーマの説明からお願いします。

世界都市としての文化発信

古谷　私も、日本あるいは東京が、これから世界の中で、アジアの中でどういう位置を占め得るかということに無関心ではいられない者の一人ですが、よく耳にするのは、アジアで急激に進む都市の高密度化、人口集中ということに対して、日本あるいは東京がなんらかの解決策を提示することでリーダーシップをとるべきだという意見です。その中で私が興味をもっているのは、高密度というよりは高複合で、これがハイパーコンプレックスの意味でもあります。ただ人口密度が高いことの効用を語るのではなくて、様々な文化や情報などが高度に複合することによって初めて成立し得るような都市文化、それを生み出す基盤となる都市のあり方を探ることが、ハイパーコンプレックス・シティ研究の目的です。実に多くの示唆的な例がアジアの国々にはあります。大学の研究室では、台北、クアラルンプール、バンコク、香港、シンガポール、ソウル、上海、それと東京の八都市の比較研究[*2]もやっています。

川向　目指すところは、さまざまな歴史文化や情報などの高度な複合と、それによる世界都市としての新たな文化の発信にあるということ。さらに、いまのお話から伝わってくるのは、東京あるいは日本の都市にはその潜在的な能力が十分あるのに、このままで

古谷誠章［ふるや・のぶあき］
一九五五年　東京都生まれ
一九七八年　早稲田大学理工学部建築学科卒業
一九八〇年　早稲田大学大学院修士課程修了
一九八三年　早稲田大学理工学部建築学科助手
一九八六年　マリオ・ボッタ事務所
一九九〇年　近畿大学工学部助教授
一九九四年　早稲田大学理工学部助教授
スタジオナスカ（現ＮＡＳＣＡ）設立（八木佐千子と共同）
一九九七年　早稲田大学理工学部建築学科教授
［主な受賞歴］
一九九一年　吉岡賞（狐ヶ城の家）
一九九九年　日本建築家協会新人賞（詩とメルヘン絵本館）
二〇〇〇年　日本建築学会作品選奨（やなせたかし記念館）
二〇〇二年　日本建築学会作品選奨（会津八一記念博物館）
二〇〇三年　日本建築学会作品選奨（ジグハウス／ザグハウス）
二〇〇四年　日本建築学会作品選奨（近藤内科病院）
［主な著書］
二〇〇二年　『Shuffled　古谷誠章の建築ノート』（ＴＯＴＯ出版）

はアジアのほかの都市に先を越されるかもしれないという危機感ですね。それには、ただ多元的な要素を集めるだけでは駄目で、シャッフル[*3]されて、ハイパーつまり「超」がつくほどの複合化が起こらねばならない。問題は、そのきっかけですが。

出合いの場から

古谷　「超」複合も、人と人、人とモノとの出合いから始まる。突き詰めていくと、これがなければ何も起こらないと言っていいほどに「出合い」は重要ですが、極限の状態でその重要さを教えてくれるのが、モンゴルの遊牧民の住居ゲル[*4]です。モンゴルでは、草原の中でゲルが見つかると、旅人も自然にゲルのほうに向かう。たまたま晩御飯の時だったりすると、旅人はそのゲルの夕食に加わるのが礼儀になっている。晩御飯を食べながら、遠くの街やその場所で起きていること、気候の違いなどについて情報を交換する。客が酩酊すると、これでこいつは今晩泊まっていくだろう、あしたまで話ができると、主人は大いに喜ぶ。それほどに歓待して、情報交換する。つまり、家というものが、

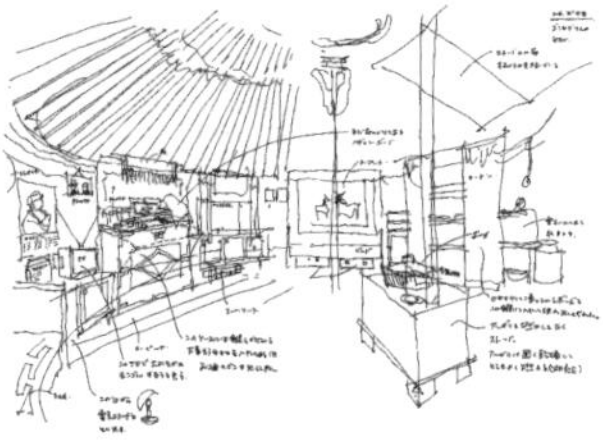

ゲル
古谷の注目する「パラボラ・ゲル」の外観。
自立して生活するモンゴル遊牧民の
住居ゲルには、発電装置や衛星放送用
パラボラアンテナを装備するものもある（上）。
内部のスケッチ（下）。

*1　ハイパーコンプレックス・シティ
Hypercomplex City　古谷は、大学研究室としてこの都市像の研究を続けている。社会的な価値を生み出す土壌となる、意図的に多様なものが錯綜するアジアン・マーケットのような新世代の都市像だと定義されている。

*2　アジア八都市の比較研究
「簡易増築度」「公共空間（の私的）占有度」「屋外生活度」「流動人口（すなわち短期滞在者の）受容度」「（日常的に用いる）交通（手段の）選択度」「転居速度（あるいは頻度）」などが、比較研究の指標。買物・交際・散歩などの日常生活が自立してほぼ満足できる最小単位としての三〇〇メートル四方のエリアを選び、この六指標による克明な路上調査が行われた。

*3　シャッフル
shuffle　トランプカードなどを切る、まぜこぜにする、の意味。「コンプレックス（複合）」と対をなす、古谷の思想の基本概念。古谷は、近代建築の「ゾーニング」概念を否定し、「いろいろな要素、機能が、全部切り刻まれてシャッフルされている空間」を目指している。

*4　ゲル
ゲルは、モンゴルの草原に住む遊牧民の住居。ポスト構造主義者ジル・ドゥルーズは、「定住的」と対極にある「遊牧的」という概念を用いて、固有の領域をもたずその間を往来しながら定住民的な領域・境界の設定を崩壊させてリゾーム的に錯綜した世界（しかも、単なる混沌ではない世界）をつくり上げる新しい思考と行為を説明した。建築界では、この遊牧的思考が空間化・建築化された実例として、ゲルが注目さ

人と人の出合いの場としての重要な機能も帯びている。われわれが考える「家」よりも、はるかに機能が複合化している。写真のゲルは、なんと、パラボラアンテナや風力発電機まで具えているのですが、これらは、ゲルでは多機能が「超」複合化していることを象徴的に示しているのです。ゲルで生きるモンゴルの現代人は、酷寒の非常に厳しい気候条件下で生きるサバイバル能力を持ち、その技術も身につけ、かつワールドワイドな情報ネットワークにリンクしている。

川向　モノ・情報が出合い、組み合わさり、高度に複合化する。その際に重要なのは、生活の中から自然に、内発的に発生してくるということですか。

多機能をシャッフルする

古谷　はい。人々の自然な動きがさまざまな出合いを生み、それが新たな情報文化の生成につながることを提案したのが、残念ながら二等だった「せんだいメディアテーク」コンペ案[*5]でした。

ここで提案したのは、要求された図書館とメディアセンターと美術館・ギャラリーという三機能を、建築計画学的に階層あるいはゾーンによって分けるのではなくて、その相異なる機能が全部切り刻まれてシャッフルされている空間でした。あらゆるところが図書館で、いろんなところに本棚があります。あらゆるところが展示空間で、どこでも展示することができる。そういう混ぜこぜのものをつくり上げました。それによって、具体的でリアルな空間の中で予期せぬ出合い[*6]が同時多発することを狙ったものです。携帯電話、パソコン、インターネットなどの情報ツールが高度に発達した今日の世界では、こういうものが欲しいと分かっている情報は、自宅からでもインターネットなどを通じ

れてきた。形態は違うが、古谷の注目する「パラボラ・ゲル」の仕組みは、黒川紀章の唱える「カプセル」に驚くほど似ている。本書二一四〜二一五頁参照。

*5 「せんだいメディアテーク」コンペ案
このコンペの経緯と伊東豊雄案（最優秀案）については、本書二〇四頁を参照されたい。二等になった古谷案について、コンペの審査委員長を務めた磯崎新は、「新しいメディア空間という点について、審査過程をふり返ってみると、古谷案と伊東案は非常に対照的な空間構成となっていた。（中略）古谷案は新しいメディア空間としての錯綜体であり、立体的に組み合わせ、空間的に重なり合いながら、これまでのものとは違った非常に複雑に情報発信する一つの森に分け入っていった新しい試み、チャレンジである」と評している。

*6 予期せぬ出合い
多様なものがシャッフルされた複合に古谷が期待する第一のものが、この予期せぬ出合いである。高度情報化が進むなかで今後ますます重要になるのは、むしろ、全く予期していなかったものとの感動的な出合いだと彼は言う。

て手に入れることができる。むしろ、ますます大切になるのは、自分に必要かどうかも分からないし意識もされていない未知のものであり、それとの出合いです。そういう感動させる未知のものとの遭遇が少なくなっている。偶然に出くわして触発されるとか、昨日までの自分が知らなかった興味の世界に引きずり込まれるとか、そういう予期せぬ、それこそワクワクするような出合いの機会をたくさん内包した場こそが、これからますます必要になる。それは、キーワードで検索して探す世界とはまったく違うはずです。

人の自然な動きこそが鍵

川向　ゾーニングや既存の図書館システムなどでコントロールしなくても自然に秩序とかルールが生まれて、そこに新たな場が形成される、と考えるのが古谷さんらしいところだけれども、たとえば図書館職員などは、この提案には反対したでしょうね。

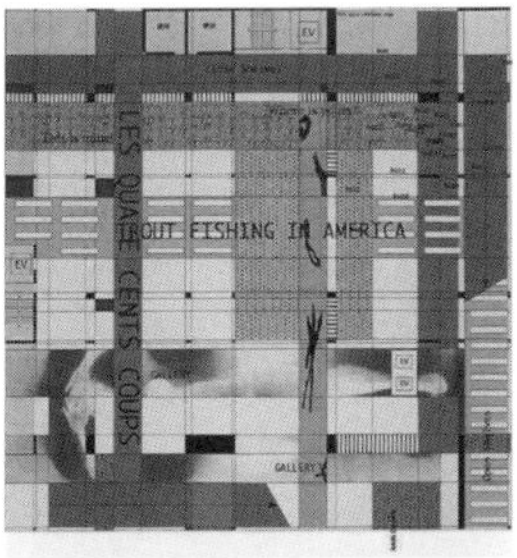

古谷のせんだいメディアテーク・コンペ案
1階平面図(上)、内観イメージCG(下)

古谷　電子的な管理技術も発達してくるし、バーコードや電子タグやいろんなものがあるわけだから、本の検索や管理は、技術的にはむずかしくない。むしろ、ある本を探しに行ったはずなのに、他の人が広げていた本、あるいは他の人が見ていた展覧会の作品に引き込まれ、今まで自分が知らなかった世界に触れる。こういう出合いの体験のほうが貴重になりつつある。だから、そういうメディアが錯綜した森をつくりましょうと提案しました。ところが、図書館の人たちは大反対です。そんなことをしたら本の位置がばらばらになって大変なことになる、ということだけが理由かどうかは分かりませんが、あえなく落選してしまいました。本を借りて自分の好きな場所へ持っていっていい、そして持っていったところで返却していいと私が言ったから、怒られたわけです。しかし、これを続けていくと、コーナーごとに、その辺が気に入った人たちが持ってきた本が自然に集まって、なんとなく趣味とかフィーリングの合った人たちが、ミニチュアの文化風土、それぞれに異なる色合いのついた空間をつくり出す。それが面白いと思ったのです。

使い手が自ら発見する

川向　既存の空間の広がりのなかに、使い手が自分に合った場所を発見して、ほとんど無意識のうちに、なんとなく新たな空間をつくり上げ、ミニチュアの文化風土みたいなものが積み重ねられていく。古谷さんのお好きな、あの何代にもわたって築き上げられたマテーラの石の街のように[*7]。それが、ハイパーコンプレックス・シティの始まりの姿でもあって、不必要な規制を撤廃して使い手に任せれば、「超」複合状態も自然に発生する、とお考えになる。

*7　マテーラの石の街
南イタリアにあるマテーラ（Matera）では、サッシ（洞窟住居）が断層標本のように積層して、営々と築き上げられた街の歴史が、見事に視覚化されている。

古谷　そう考えています。たとえば、これはタイのバンコクで撮った写真です。「せんだいメディアテーク」のコンペの後のことで、これはまさにメディアテークではないかと思ったほどです。タイの人たちは束縛の嫌いな人たちなので、決してバスは整列乗車をしないはずなのに、なぜか、ここでは並んでいる。不思議だなと思って見ると、この人たちは一本の木の陰に並んでいるわけです。暑い国ですから少しでも涼しい場所をと木陰を選んでいくうちに、自然と整列乗車をしてしまうというのがこの写真です。これは、とりもなおさず、自分の快適な空間は自分でなんとなく見つける性質があるということです。解決法はいろいろありますが、その中で最も手軽で最も経費のかからないのがこの方法です。一本の木を植えるだけですから。

川向　日差し、風通し、眺望とか、大きな吹き抜けの下、行き交う人の流れを見下ろす位置、奥まった物陰と、人によって好む空間要因は異なるけれども、場所性・地域性を活かした心地よい空間を多様に用意しておけば、人はそれぞれに居心地のいい場所を見

マテーラ

「木陰を求めていくうちに、自然に整列してしまったバスを待つ人々」（古谷）

つけ出すということですね。あの「アンパンマン・ミュージアム」[*8]（一九九六）の魅力も、全体構成が場所性を際立てるものであったことと、加えて、そういう空間的な仕掛けがたくさんあることでした。

タイム・シェアリング

古谷　関連するところでもう一つ、タイからの極めつきの一例をお見せします。バンコクの郊外のありふれたマーケットに見えますが、一点だけここが普通のマーケットと違うのは、真ん中に線路があって、時として電車がやって来ることです。列車が行き過ぎる間だけ天幕をたたんで、通り過ぎてしまえば立ちどころに復活して、もう一度市場に戻ってしまう。一日に四往復、八回だけ列車が通りますが、これを避けている時間はも

アンパンマン・ミュージアム
外観（上）、
エントランス・ホール内観、多様な行為を誘発する
さまざまな仕掛けが考えられている（下）。

＊8　アンパンマン・ミュージアム
高知県香北町にある、「アンパンマン」の作者である漫画家やなせたかしを記念する展示情報館。オリジナル原画を展示するギャラリー、ビデオを上映するシアター、子供向けのジオラマを具えた展示室などがある。全体が門型になっており、中央が空洞で、背後の山が見通せる。

の一五秒くらい、合計しても二分くらいで、二三時間五八分はマーケットです。でも法的には線路です。その法的に線路であるところを、あいている間はマーケットとして使う。非常に融通を利かせた柔軟な発想です。

これは、長い時間をかけて人間がタイム・シェアリング[*9]のマナーを作り上げることで可能になった空間の使い方です。列車は、ここでは予め警笛を鳴らしてスローダウンして来ますし、人間のほうも、列車が来るとさっとテントを畳んで、電車が行き過ぎるのを待つ。その運用の暗黙のシステムは、時間をかけて了解されていったもので、計画されて出来たものではありません。

川向　日本でも、私たちが小さいときは、路上が遊び場でもあったわけですね。車が来ると道端によけて、車が走り去れば、また出てきて遊ぶ。あるいは、ごく最近まで、ちゃぶ台を出して食事をし、終わったら片づけ、寝るときは布団を敷き、朝になればそれを畳んで押入れに入れる。

タイのレールウェイ・マーケット
列車がやってくるとテントが畳まれ、
通過後は再びテントを張って市場に戻る。

*9　タイム・シェアリング
time-sharing　一つの場所・空間などが、時間あるいは時期によって複数の相異なる使用に供せられること。いつも機能を固定して考える近代の機能主義時代にはなかった発想である。

古谷　確かに、路地は、いろんな作業場にもなっていました。例えば畳屋さんが畳を直すときは、その家の前の道路で仕事をしていた。うまく譲り合って、同じ空間を高度に複合利用していた。それには、思わぬ効果もあった。子供は子供ながらに畳屋さんの仕事を見て知っていたし、ときには、関連するいろんな話が聞けた。互いに丸見えになっている距離関係で、子供は遊び、畳屋は仕事をしている。本来は関係のないものですが、同じ空間に居合わせることで、そこに接点が生まれていました。

どんな機能にも対応できる空間を

川向　複数の使い方にも高度に対応すること、つまり機能の「超」複合化が、いま設計の中心課題になりつつある。必ずしも同時でなくとも、昼と夜で使い分け、さらに細かく時間帯を分けて、多機能を同じ空間に持ち込むことも考えられる。古谷さんは、実際のプロジェクトでも、そういうことを提案しようと努めてきたのではないかと思いますが。

古谷　はい、群馬県神流町中里合同庁舎[10]（二〇〇三）がその良い例です。中里村役場として二〇〇〇年末に行われたプロポーザル・コンペで勝ったものですが。最初は役場として設計し始めましたが、村が合併することになりまして、竣工するころには役場でなくなることが、はっきりしてきました。ですから、役場の執務室になるはずだった空間を住民の健康増進センターに、建設工事の途中でリノベーションするというようなことをやりました。でも、もともと村役場が執務空間としてだけあることのほうが異常で、あるときは役場の執務の場であっても、お年寄りがやって来て世間話をしたり、別の交流の目的に使われたりと、本来の機能以外のものを併せもっているほうが本来の姿です。

＊10　神流町中里合同庁舎
群馬県旧中里村役場として二〇〇〇年秋に要項が公示された公開プロポーザルの最優秀案。近い将来に町村合併が予定されていたこともあって、古谷はむしろ「いつの時代にも融通のきいた利用ができるハコ」を設計しようと考えたという。実際、工事中に急遽合併が進み、現在は役場支所のほかに図書館、健康増進、ダンスなどの趣味の活動にも広く利用されている。

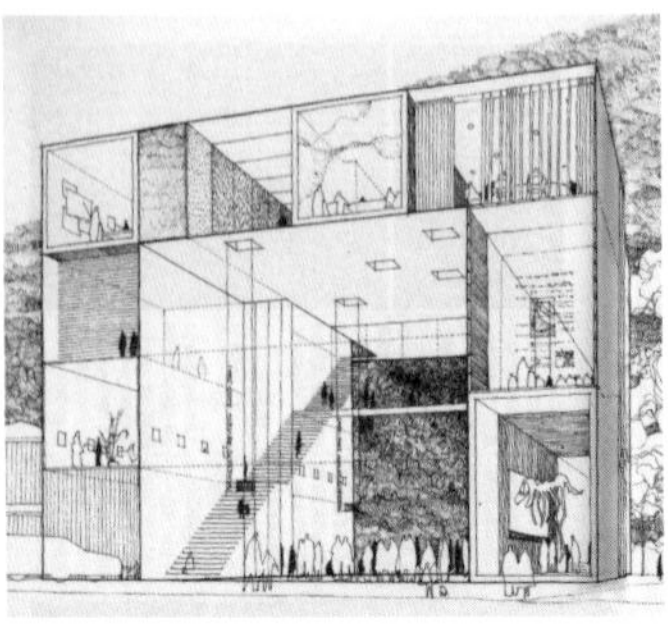
公開プロポーザル応募案

災害時に避難場所として使われても、それなりに快適な空間になっていることが望ましい。そのように設計されていれば、もちろん役場として快適、避難所としても快適だし、お年寄りのリハビリセンターとしても快適なものになるのだろうと考えています。

初源的な空間への回帰

川向　一つの機能に一つの空間を対応させて、その複数組を一つの施設に入れることで複合機能施設にした例は、すでに幾つも存在します。ところが、古谷さんの提案するのは、空間そのものが、ときには同時に、ときには時間をずらせて、複数の機能に対応するというものです。旧来の複合とは異なる高度な思考と手法を必要とするもので、その意味で「超」複合と呼ぶにふさわしい。では、「超」複合の空間をどう設計するか、最後にそれを簡単にご説明ください。

古谷　必要なのは、特定の一機能に一対一で対応するのではなくて、もう一段掘り下げ

群馬県神流町中里合同庁舎
外観(上)、
1階ホール、いろいろなイベントに利用される(下)。

て、初源的な意味で快適で良い空間をつくることだと考えています。ですが、良い空間というのも絶対的基準があるわけではなくて、その場所にこの大きさでこう建てるとしたら、こういう空間にしておくといいなというように、解は個々別々で、いろいろ違います。いつも有効な特効薬は存在しない。具体的な敷地で、その背景を見て、ここに空間を設えるとしたら、こんなのがいい、というふうにしか考えられない。仮に役場だが、それを避難所に使おうと何にしようと、それは先のこととして、まず空間として見て、この敷地と周辺の状況ではこういう空間が快適ではないかという、広い意味でのフレームみたいなものを建築家はつくらなければいけないかなと。そうすると、使い道が一八〇度違ったり、私が死んだあと全然違うものとして再利用されたりしても、基本的な空間のよさだけは維持できるし、残し得るのではないかと考えているのです。この基本的な姿勢は、都市的な広がりをもつプロジェクトでも変わらないと思います。

川向　最後の、機能は変わり、それでも生き続ける空間をつくりたいというお考えは、菊竹清訓さんが強調された機能主義批判[*11]の内容に非常に近い。時代は巡っているなと、ふと思いましたが、超複合化とは結局、どんな機能にも対応可能で周辺の場との多様な意味上のつながりをもった「空間的フレーム」をつくることだ、ということになりますか。しかも突き詰めれば、敷地とその周辺状況を活かして、それ自体が快適な空間であることが、最も重要だということになりましょうか。

＊11　菊竹清訓の機能主義批判
菊竹の機能主義批判については、本書五二〜五四頁を参照されたい。「機能」が変わっても生き続ける建築を求めるところから、菊竹は、それに代わって「かた」概念を掲げるようになる。同様のプロセスを経て古谷が行き着いた「フレーム」概念は、菊竹の「かた」に近いと考えられる。

第 III 部

建築と都市をつなぐコンセプトへ

第Ⅲ部については、冒頭に内藤廣が入っていることから解説を始めよう。少なくとも本書の対談を読めば、隈研吾の「粒子」、小嶋一浩の「スペースブロック」、阿部仁史の「境界面」などと同じように、内藤の「素形」も具体的なコンセプトや手法を表す概念なのかと、疑問に思われるはずだ。

この疑問に答えるには、彼の言語のもつ身体性について述べる必要がある。内藤が使う、建築に関する言語が、観念的で抽象的なものではなくて具体的であって、彼の身体的体験を通して獲得されたという意味で身体的だということである。だから、内藤の場合には「素形」に限らず「ローコスト」「耐久性」「敷地の力」「シェルター」といった概念までもが、ある具体的なイメージを帯びており、これらの諸概念の意味するところを束ねれば、これまた具体的イメージとしての「素形」が現れてくる。私は拙著『境界線上の現代建築』で、具体的な形態を帯びた内藤の「素形」は「シェルター」、あるいは「シェルター」の構成単位に現れると、その現れる部位をも指摘したことがある。彼の「素形」は建築を具体的につくり上げる手法と捉えるべきだと、私は考えている。

内藤に続く隈の「粒子」、小嶋の「スペースブロック」、そして阿部の「境界面」に関する話は、三人の明快な思考と語り口も手伝って、分かりやすく、ほとんど解説を必要としないであろう。ただ一点指摘すれば、「粒子」も「スペースブロック」も「境界面」も、手法として獲得されても、その反復利用が想定されていないことである。具体的な場所ごとに、何度もそこに足を運び、わが身を置いて、試行錯誤を繰り返しながら、適正な「粒子」「スペースブロック」「境界面」が決められる。このことは、隈・小嶋・阿部によって、異口同音に強調されている。

たとえば、小嶋の「コンパクトシティモデル」は、明らかにCIAM的都市像のもつ非都市性、密度感の稀薄さ、退屈さに対する批判から出てくるものだが、それがどんなに優れた対案であっても、個別の敷地状況を無視して反復利用しては即座に形骸化に陥ることを、彼は十分に理解している。場所と自らの身体との出合いを大切にして、そこから建築を立ち上げないと、どんなに良くできたシステム・手法であっても、結局お仕着せになってしまうことも、彼は承知している。

隈の「粒子」も、阿部の「境界面」も、小嶋の場合と同じ認識に基づくものである。いずれも、思想としても手法としても明確に意識化され、同時にヒューマンで、かつ洗練されたものになっている。CIAMが崩壊して、チームXによって自己批判しつつ個別の課題に具体的に対処するところから手法を探す動きが始まってから、四〇年を超える年月が過ぎて、ここまで到達し得た、ということであろう。

最後に登場する伊東豊雄の話は、ある意味で、この四〇年を超える歳月を辿りなおすものになっている。黒川紀章が共生仏教や唯識思想として語った、環境と身体が一つになった、つまり、「あらゆるものが渾然一体となって、境界のはっきりしない、自分の体を柔らかく包んでくれるもの」が、伊東の場合には、幼い日々を過ごし彼の原風景にもなっている諏訪湖畔の自然現象として語られる。「おそらく最初から、私にとっては、建築は何か境界のはっきりしない、自分の体を柔らかく包んでくれるようなもので、盆地で育ったことで、そういう内部感覚が自然に芽生えたのかもしれません」という伊東の発言は、彼特有の空間のあり方を理解する鍵となろう。しかし他方で、そのような「状態としての建築」を建築化する手法が必要であって（菊竹清訓ならば、「か」を「かたち」にするための「かた」が必要だ、と言うであろう）、「ブルージュ・パヴィリオン」「サーペンタイン・ギャラリー・パヴィリオン」「まつもと市民芸術館」「トッズ表参道ビル」を見れば、少なくともここ数年の伊東の手法が何であるかが、分かるであろう。

第1章

内藤 廣
NAITO Hiroshi

素形

——場所に根ざす建築の根源

はらはらどきどき感を求めて

川向　内藤廣さんは建築家であると同時に、土木工学の教授として建築と土木とをつなぐことに随分と力を注いでいますね。なぜ土木なのかというところから始めましょうか。

内藤　川向さんと初めてお目にかかったのは、一五年ぐらい前ですか。

川向　いや、もう二〇年になりますね。

内藤　二〇年ですか。その都度きびしい指摘を受けて私もようやくここまで育ってきました（笑）。はっきり物を言う人で、何度か叱られてきました。今日も、「おまえ、建築家として堕落しているのではないか。確かに、大学の教授になるのはいいけれど、建築家として駄目にならないか」と言おうとしているのではないですか。確かに「そう言われればその通りで、私は建築家としてぼちぼち駄目になっているかもしれない」。そういう面があるかもしれない。多分、五〇歳という年齢のこともあったし、それまでの私の歩みと、これからどう生きるかということも、関係しています。ただ、明日が分かっていることを、やりたくない。つまり、はらはらどきどき感というのが、私にとって大事で、「このままやっていると、こうなるだろうな」と予想できることは、やらない。それが、これまでも、これからも変わらない、私の生き方といえば生き方なのです。

川向　そんなに意地悪じゃあ、ありません（笑）。内藤さんの「海の博物館」[*1]（一九九二）は、時代を見事に表現する名作でありました。その後、九〇年代後半の「安曇野ちひろ美術館」[*2]、「茨城県天心記念五浦美術館」[*3]、「十日町情報館」[*4]、そして高知の「牧野富太郎記念館」[*5]と続きますが、いずれも大作です。こういう大作群を、駆け抜けるようにして一気につくってきた。しかも、どの作品の場合も、敷地周辺の自然・歴史的な環境、気候

内藤廣［ないとう・ひろし］
一九五〇年　神奈川県生まれ
一九七四年　早稲田大学理工学部建築学科卒業
一九七六年　早稲田大学大学院修士課程修了
一九七六年　フェルナンド・イゲーラス建築設計事務所入所
一九七九年　菊竹清訓建築設計事務所入所
一九八一年　内藤廣建築設計事務所設立
二〇〇一年　東京大学大学院工学系研究科社会基盤学助教授
二〇〇三年　東京大学大学院工学系研究科社会基盤学教授

［主な受賞歴］
一九九三年　芸術選奨文部大臣新人賞（海の博物館）
日本建築学会賞（海の博物館）
吉田五十八賞（海の博物館）
村野藤吾賞（牧野富太郎記念館）
二〇〇〇年　国際トリエンナーレ・インターアーキ・グランプリ（牧野富太郎記念館）
二〇〇一年　栃木県マロニエ建築賞（フォレスト益子）
二〇〇四年　建築業協会賞（ちひろ美術館・東京）

［主な著書］
一九九五年　『素形の建築』（ＩＮＡＸ出版）
一九九九年　『建築のはじまりに向かって』（王国社）
二〇〇四年　『建築的思考のゆくえ』（王国社）

十日町情報館

海の博物館

牧野富太郎記念館

安曇野ちひろ美術館

茨城県天心記念五浦美術館

*1　海の博物館（一九九二）
三重県志摩地方を中心にした漁労用具の博物館。高度経済成長と技術革新によって、漁法、とくに沿海の漁法は大きく変わり、その結果、使われなくなった木造船や魚網などの民俗資料的価値を有する漁労用具を収蔵展示する。

*2　安曇野ちひろ美術館（一九九六）
絵本の挿絵作家であり水彩画の名手であった「いわさきちひろ」のための絵本美術館。コンペで、内藤は、「絵本美術館」という課題に対して、図書館と美術館が混じりあうものを提案。安曇野の豊かな田園風景と日本アルプスの山々を背景として、切妻屋根が連なる美術館本体の周囲に、ゆるやかに起伏する彫刻庭園が広がる。

*3　茨城県天心記念五浦美術館（一九九七）
茨城県の北端に位置する五浦の、太平洋を臨む高さ四〇メートルの断崖絶壁の上にたつ。切妻の連続屋根を分節して建物のヴォリュームを抑え、すばらしい景観に溶け込んだ、岡倉天心を記念する県立美術館。エントランスロビーは、トラス状のPC梁が約二四メートルのスパンに掛け渡されて、雄大で迫力に富む空間になっている。

*4　十日町情報館（一九九九）
新潟県十日町は織物の町として全国的に知られるが、近年はその織物産業が振るわず、市街地でも二・五メートルは積もる豪雪地帯。その雪に耐えて明るく、自由に動き回れる内部空間を備えた、図書館機能を中心とする情報館。

*5　牧野富太郎記念館（一九九九）
高知県生れの植物学者、牧野富太郎博士の膨大な植物標本と書籍を収蔵・管理研究・展示する

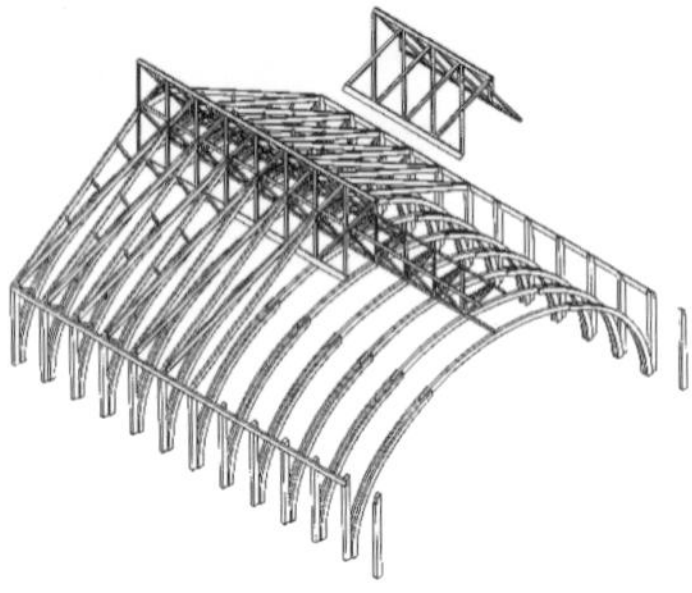

海の博物館・展示棟
内観写真(上)、架構図(下)

風土、内部機能など、非常に複雑な内外の諸条件を読み解きながら、構造システムから新しいものに挑戦するという力作です。いまのお話をうかがって、やはり「八〇年代後半から、すごく燃焼をしていたんだなあ」と改めて思いました。

常に限界への挑戦だった「海の博物館」

内藤　私は川向さんと同じで、一九五〇年生まれ。一九八〇年というと三〇歳、「海の博物館」の設計を依頼されたのが、一九八五年で三五歳のときです。私の三〇歳代というのは最悪というか、実にいろんなことに挑戦した時期です。神様に、何かのご褒美で「二〇年くらい時計の針を戻すから、もう一回三〇歳代をやってみろ」と言われたら、

記念館。敷地は、現存の牧野植物園に隣接する、高知市郊外の五台山の山頂近く、尾根沿いの緩やかな斜面に位置する。敷地のもつ植生と地形、また収蔵・管理研究と展示という内部機能の二分割に対応して、大きく湾曲する二棟の建物に分け、両者を約一七〇メートルの回廊で結ぶ。

「いやです」と私は応えます。そのくらい大変でした。今から思い出しても、もう二度とやりたくない、過酷な三〇代でした。

三〇代の真ん中で、「海の博物館」の設計を引き受け、七年半やりました。大変難しい仕事で、とにかくお金がない。ローコストの極みのようなことを、やらざるを得なかった。当時は、日本全体でバブルが始まった頃です。東京で建築家たちが集まると、「いま、坪二〇〇万円の仕事をしている」とか「二五〇万円でしている」とか、そんな会話がなされ、喫茶店に入ると、周囲の席の至る所から、土地と建物の売買の話しか聞こえてこない。そういう時代でした。

そんな時期に、坪四〇万円で収蔵庫をつくる。展示施設部分は、坪五〇万ぐらい。大体四分の一あるいは三分の一ぐらいの単価で建物をつくるという仕事を、七年半やりました。

建築と土木の融合へ

川向　そして、周囲の注目を集めながら、九〇年代は、次々に大作を発表し続けた。内藤さんは、中途半端な取り組みをしない人だから、その次に、がっぷり取り組むべき魅力的なテーマが、建築と土木の「境界領域」のほうに見えてきたということですね。建築は、もう駄目ですか（笑）。

内藤　本当のことを言うと、建築を辞めようと思っていたのです、五〇歳くらいで。辞めると言っても、完全に辞めるのではなくて、一回立ち止まってゼロにして、事務所も閉めて、最低一年ぐらいは何もしないで過ごそうと、本気で思っていました。ちょうどその頃に、東大（教授）の篠原修さんから「土木に来ないか」という話があった。「海の博物館」以降かなりの密度でやったと自分でも思うし、自分なりの限界というのも感じて、これは一回考え方を変えなきゃいけないと思い始めていた。休むつもりだったところに、すごいタイミングで、違う分野で面白いと思うオファーがあって、お引き受けしたわけです。

川向　よく、「建築は敷地の中だけで考えている。それが大きな問題だ」と言われます。そうすると、問うべきは、例えば、土木的スケールにまでスケールアップすれば、問題は解決するのか、あるいは、解決の糸口のようなものが見えるのか、ということです。いくらスケールアップしても、やったところとやらなかったところの間に歴然とした差があって、全体として見れば、相互につながりのないモザイク画のままならば、問題を解くには、全く別のシステムを考える必要がある。どうですか、土木といっしょに考えると、問題解決の糸口は見えてきますか。

内藤　土木に行く前から、篠原さんとは付き合っているわけですが、彼と共有している問題意識は、建築も、土木も、都市も歪んでいるということです。みんな孤立してやっている。孤立してやっていることが問題で、互いに全く違う文化ですよ。そして、それぞれが、それぞれの学会を背負っている。言葉が通じない。特に、建築をつくり続けてきて、新しく土木の世界に入った私には、この二つの領域が混ざり合うべきだという思いが、実感としてあります。そして、このこと自体が、非常にクリエイティブなのではないかと思っているのです。

異分野との対話が変える力に

川向　境界領域を変えることは、接し合う領域全体を変えることだという意見には、まったく賛成です。境界領域というのは、ただ、領域同士が互いに引っかき傷を付け合う程度に影響し合う場というのとは、全然違う。互いが影響し合って、ともに全く違う位相へと変化する。それぐらいにクリエイティブだということ。

内藤 私は無責任に言うつもりはないのですが、建築家がおかしい。だけど、おかしいのは建築家だけじゃなく、やはり、みんな自己批判すべきなのです。敷地の中だけでやっている。つまり、建築基準法を敷地の中で守る、あるいは消防法を守れば、この国は何をやってもいいことになっている。基本的には民法が優先されますから、私有財産権の行使ということを言えば、裁判で勝てる。そういう社会になったことがおかしいと言ってもよいし、いや、そういう自由があるからこそよいのだという議論があってもよい。ただ、敷地境界をまたいで、もっと広い範囲で議論をすべきなのです。ところが、議論ができない。いまは日本全体で、問題だらけですよね。都市だって田舎だって問題だらけで、今こそエンジニアリング、さまざまな知恵を持っている人間が、いっしょになって解決法を考えなきゃならないのに、それぞれの分野で孤立して、会話が通じない。

土木に行って分かったことですが、日本の景観をつくり規範の元締めをやっているのは、土木ですよ。都市のほうでも、いろんな展開をしていますが、基本的に日本の国の風景・風土を支えているのは土木。しかし、このことすら多分、建築の人たちは、ほとんど知らない。ただ、土木がいいとか、都市がいいとか言っているのではない。「みんな、おかしい」という話を始めないと、何も新しくならないし、何も解決しないと思います。

川向 さきほど「海の博物館」の仕事についてお話くださったように、バブル経済とその余波にどっぷり浸かって建築家仲間が、昔ながらのパラダイムで建築をつくり続けているときに、言葉通りの辺境地というか周縁というか、そういう位置にわが身をおいて、中心部とはまったく違うパラダイムで仕事をしてきた。そして、「海の博物館」以降の大作群が評価されて、むしろ時代のほうが内藤さんの方向に進んでくると、内藤さんは、土木、あるいは建築と土木の境界領域に、わが身を移していく。建築と、その建築を支える社会というものに対する内藤さんの批判的なスタンスに、何か一貫するものを感じますね。

敷地境界を超えて場所性を捉える

川向　ただ、建築と土木とのパラダイムの違いがどれほどのものか、よく分からないから、いまおっしゃったことも、まだ焦点がはっきりしないのですが、たとえば、何か強権を発して大きいほうから小さいほうの動きを規制するということには、決して、ならないわけでしょう。その場所[*6]の内部から問題の解決策を探って、むしろ、自発的に内から何かが起きるのを待つ。だとすれば、スケールが大きくても小さくても、土木でも建築でも、モノをつくっていく姿勢に、変わりがないようにも思えます。

内藤　おっしゃる通りです。「海の博物館」では、館長から、ともかく極限のローコスト[*7]と極限の耐久性[*8]を実現せよというような、矛盾することを言われたのです。そこで考えたことの一つが、両方同時に応えるために敷地の力[*9]を借りることでした。つまり、その場所の持っている形状を読み込む。しかも、徹底的に。それから、強い風をどうディフェンスするかという問題も、建物単体ではとても解けない。木を残したり、土のマウンドを残したりとか、そういうことを考えざるを得なかった。その場所の固有性を本当に活かし切ろうと思えば、敷地内の特性だけではなくて、敷地境界を超えた特性[*10]をも味方

*6　場所
どこにでも建てることのできる抽象性と普遍性を求めたのが近代建築の最大の特徴だったとすれば、その徹底的な批判から成立する現代建築においては、その場所に固有の、一回的な建築のあり方が求められる。現代建築と場所との強い関係については、拙著『境界線上の現代建築～トポスと身体の深層へ』（彰国社、一九九八）を参照されたい。

*7　ローコスト
高度経済成長からバブル経済と続くなかで作り上げられた、物に溢れて豊かで快適に見える生活が、実はかつての簡素な生活の内にあった精神的な安らぎを失っていると、鋭く指摘し続けてきたのは安藤忠雄である。狭くローコストであるがゆえに本当に必要なものしか許されなかった「住吉の長屋」（一九七六）で、簡素な生活空間がもつ豊かさを学んだとも、彼は繰り返し強調している。内藤もまた、「ローコスト」に対して安藤と同じスタンスをとる建築家である。

*8　耐久性
耐久性は、経済性と並んで、内藤の建築思考を構成する基本要因。耐久性を求める、すなわち設計する建築が存続すべき時間を長くすると、条件が変わらない限り、設計に採用できる解は、次第に絞られていく。狭くなる選択肢のなかで最後に残る解、それを彼は「素形」と呼ぶ。

*9　敷地の力
極限のローコストで、最大限の耐久性を求められた場合、建物本体のみで対応できる範囲には、おのずから限界がある。だから、たとえば強風

につけないと実現できないということを、あの仕事で学んだように思います。その教訓は、いまも生きていると言えます。

川向　あの瓦葺の大きな屋根が寄り集まった風景は、モダニズムが続く限り見ることができなかったもので、とても新鮮でしたが、あれも見せ掛けだけの「屋根のある風景」を敷地の内部につくることが目的ではなかった。厳しい条件に応えるためには、木やマウンドを残し、そして大屋根をかけざるを得なかった。すべて、ぎりぎりのところで選択していった解法であって、そこまで突き詰めると、もはや建築の内部に留まってはいられなかった、と。

「素形」とは「ベストの解」を束ねたもの

内藤　そうです。私自身、瓦屋根の再現とかローカルな文化の再生みたいなことを、ことさらに、やりたいと思っていたわけではないのです。先ほど言いましたように、限界に近いローコストで、博物館として建物の寿命をできるだけ延ばさねばならない、この二つの要請に応えようとすると、必然的にある結論に帰着する。海の近くですから塩害があって、金属板は葺けない。金属板ならばチタンか鉛でないと、とてももたない。そこで、瓦という素材を考えてみると、意外と塩害性能がよい。それで瓦にしようと決めると、瓦は江戸三〇〇年で完成したディテールですから、揺るがせにできないものが、たくさんある。素材を決めると、そこから逆に決まってくる納まりにも、ベストの解がある。それを積み重ねると、全体の形態も自然に決まってくる。というのが、「海の博物館」です。これから後も、気候風土の全体を考えなければならない仕事が続きますが、その結果、川向さんが言われたように、広い意味での場所性ともシンクロしていく。

と塩害を避けるには地面の起伏や防風林を利用するなど、敷地の力を最大限に借りるしかない。事実、昔の建物も集落も、敷地の力を最大限に利用することによって、経済的に、合理的に何百年も生き続け、しかも美しい景観をつくり上げていった、と内藤は考える。

*10　敷地境界を超えた特性
現代建築において「風土」「地域性」「場所性」が問題にされる場合、この「敷地境界を超えた特性」が求められていることが多い。それほどに、高度経済成長以降、建築が消費財として安直に建てられ、敷地境界さえ守れば建て主の自由が認められる時代が続いてきた。隈研吾も、敷地という単位が過度に尊重される現状を批判している（本書一六四頁参照）。

川向　何度も重大な判断が迫られるのに、その都度「ベストの解」を見つけるというお話が、決定的に重要です。むしろ、詰め方が甘いと複数解があるように思えるが、内藤さんのように四方八方から厳しく詰めていくと、これ以上のものはないという「ベストの解」が見えてくる。そして、その「ベストの解」をつなぐと「素形」が見えてくる、ということですか。

内藤　そうかもしれません。「素形」は、「海の博物館」のときに、七年半悩みながら、いろいろな決断のベクトルの先にある総体のようなものを「素形」[*11]と呼んでみようと考えたのが、この言葉の始まりです。もとは今西錦司の自然学に出てくる「祖型」[*12]だけれども、私のは先祖の「祖」ではなくて、素朴・素材の「素」です。無地、生地のまま、生まれたまま、あるいは、物質のもとになるもの、といった意味がある。

川向さんからこの対談で「素形についてしゃべれ」と言われていたので、もう一回「素」という字の意味を調べたら、なかなか面白い。白川静さんによると、この「素」は、糸を染色するときに糸を束ねて括り、染めて、それを解いたときに、括ったところだけ白く残りますが、それを「素」というらしいのです。だから、「糸」の上に、束ねるような象形があるわけです。[*13]これは、私が昔考えていたことと同じで、さまざまに物事を突き詰め、同時に束ねたところに現れる裸の思考というか、そういうものが「素」だという。

「他者」と「テクノロジー」

内藤　関連して、世の中とシンクロするには、どういう方法があるかと考えてみたのですが、「素形」の思考というのは、自分の心の中を掘っていく行為と結びついている。ま

*11　素形
内藤の著書『素形の建築』（INAX、一九九五）や『建築のはじまりに向かって』（王国社、一九九九）では、「時間にこだわると、建築形態は、その原形質である素形に収斂していく」とか「素形をめぐる作業によって、日常意識の底、無意識の基底にある時間を、きわめて直截的に建築という場で顕にする」というように、時間との関係、より正確には、意識を超えた時間との関係から、素形が説明されている。

*12　今西錦司と祖型あるいは原型
今西錦司（一九〇二〜九二）は、生態学者、人類学者、日本の霊長類学の創始者であり、京都大学教授などをつとめた、文化功労者・文化勲章の受章者。内藤に限らず現代日本建築全般の動向を考える場合に参考になるのは、今西が後年、「自然科学者をやめて自然学をやる」と宣言して自然学を始め、既存の科学・理論の枠組みを批判することである。そして今西は、文豪ゲーテの提唱した「自然学」の系譜に接近していく。内藤はゲーテを直接参照していないが、彼の「素形」概念は意味の点では、今西の「祖型」の先にあるゲーテの「原（Ur）現象」「原型」などの概念に非常に近い。

*13　「素」という漢字
白川静の『字統』（平凡社）によれは、素という漢字は、「糸を染めるとき、束の上部を固く結んで染めるので、その部分だけが白い生地のまま残る。その生地のまま残った部分を素という」と説明される。

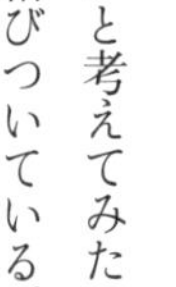

ず掘ると、私とあなたの間で、もうちょっと掘ると、隣に座っているあなたも含めて三人の間で、さらにぐっと深く掘ると、この会場全体にいらっしゃる全員の間で、互いに「そうだ」と思えるようなことがあるかもしれない。どんどん掘っていくと、世の中の大部分の人が「実はそう思っていた」というような鉱脈に行き当たるという考え方がありはしないか。自分を掘っていく。自分をどんどん掘っていくと、いま現在を生きる私たちは、同じ時間、同じ世界を生きているわけですから、通底するような何かにぶち当たる。そこからもう一回モノをつくっていくと、その結果得られたモノというのは、さまざまな人の共感を得ることができるはずである。これが、私がとってきた方法で、今でも、そうです。多分現在進行中のプロジェクトも、そういうやり方です。つまり、自分自身を掘り返し、そこで見つけたものを、もう一回返していくというやり方を、常にとっていると思います。

川向　いま、お話になった内容は、シュルレアリスムの「エクリチュール・オートマテ

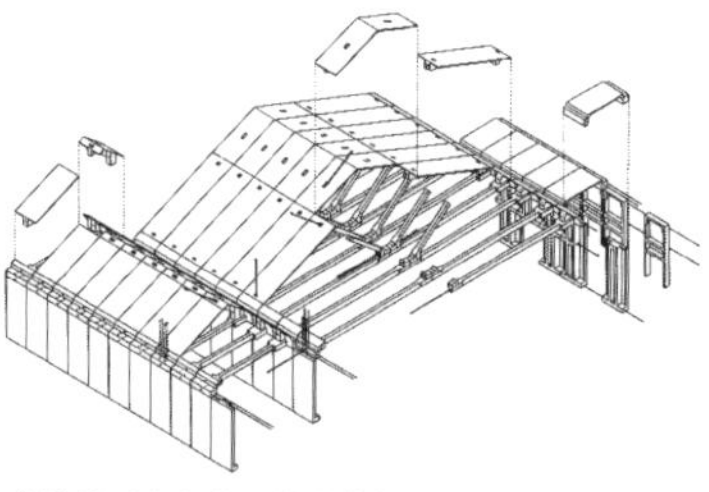
茨城県天心記念五浦美術館

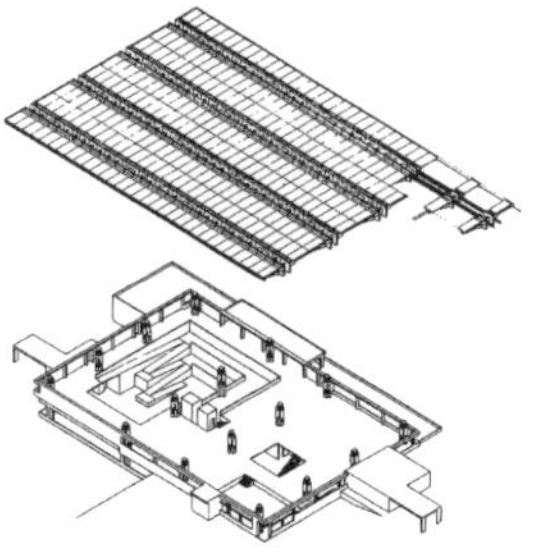
十日町情報館

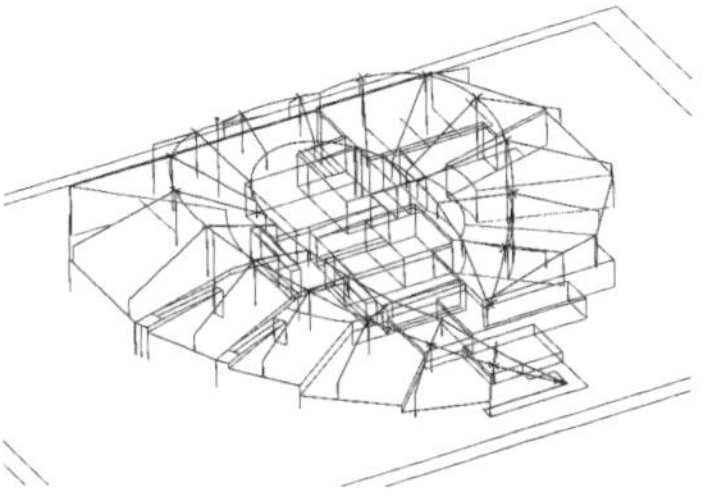
牧野富太郎記念館

*14　エクリチュール・オートマティック（自動記述）
これも内藤が言うように時間とかスピードに関係するのだが、アンドレ・ブルトンが残した、「自動記述」のスピードを速める実験の結果によれば、まず「私」を指す語が消え、過渡的に「彼」「彼女」を指す語が現れても、やがて特定の人を指す語は全く姿を消して、不特定多数の主語を示す「オン＝人々、だれか」という語が出てくるようになる。主体が不特定多数の「みんな」に変化していくというのである。巖谷國士『シュルレアリスムとは何か』（筑摩書房、二〇〇二）参照。

イック（自動記述[*14]）」の考え方にすごく近い。そこでは、「私」という存在が、自己を掘り下げることで「他者」との出会いを重ねて、「地域」、「都市」、「世界」という具合にだんだん広く、より複雑でもある対象と一つになっていくプロセスとして説明されています。やはり問題になるのは、この「他者」との出会い方ですね。

そして、もう一つ。私は、これもすでに拙著のなかで指摘したことですが、内藤さんの「素形」は屋根架構、あるいはご自身の用語に従えば「シェルター[*15]」のつくり方に、端的に現れていると思うのです。実際、この「シェルター」の部分に現代テクノロジーの粋を集めており、その空間効果の「わくわくどきどき感」はすばらしい。内藤さんの建築にしか感じられないものです。現代社会の要請に正面から応えて最適解を出すのに、現代のもつ技術[*16]、テクノロジーを最大限に利用するのは当然のことですが、まだ評価の定まっていないものを利用するには、用心深さと勇気がいる。だから、大変だということは承知のうえで、私はやはり、もっと前へと、内藤さんの背中を押したいのです（笑）。

*15　シェルター
「海の博物館」を完成させて後、建築を語る際に内藤は「素形」、「シェルター」、そして「倉庫のようなもの」という概念を用いてきた。この三者は「イデー」、「手段」、そして「現象」に対応するとも、彼は説明する。これが、彼の師でもある菊竹清訓の「か・かた・かたち」という三段階的方法論に酷似していることに驚かされるであろう。

*16　技術
内藤が「ベストの解」を捜すというとき、それは、新旧に拘らずに最もふさわしい技術・テクノロジーを採用することを意味している。菊竹清訓もまた、「か・かた・かたち」のうちの「か」はそこ、あるいは自らの内にすでに存在し、それを「かたち」にするのに最もふさわしい「かた」を見出すことが、建築家にとっての最大の関心事だと語っていた。菊竹は、「か・かた・かたち」に「構想（本質）・技術（実体）・形態（現象）」を対応させ、なかでも「かた」すなわち「技術」について、最も多くを語っている。内藤自身は「技術」について多くの言葉を費やすのをむしろ戒めているが、彼の設計プロセスにおいて「技術」がきわめて重要な意味をもち、また彼が「技術」に非常に強い建築家であることは明らかである。

第2章

隈 研吾
KUMA Kengo

粒子

——敷地を超えて広がる環境の単位

川向　テーマは「粒子」。「伊豆の風呂小屋」[*1]（一九八八）、「M2」[*2]（一九九一）から今日までの実作・プロジェクトを視野に入れ、その構想に使われた「脱構築」「離散と集合」「ルーバー」「材料」などの概念をたどりながら、建築と都市をつなぐ「粒子」について、とことん議論をやってみたいのです（笑）。

敷地という近代の単位からの離脱

隈　まず、お題として頂いた「建築と都市をつなぐ」ということから話を始めますと、現実はまったく逆で、通常、建築計画と都市計画というのは完全に別のものになっています。建築を考える場合には、当然都市を考えないと発想できないわけで、この両者はつながっているはずなのに、それが切れたのが、現在の日本の都市の、決してハッピーとは言えない状況の原因になっているのではないか。

　では、建築と都市はどうつながっているのかと考えてみると、「単位」というものが重要な意味をもっていることに気付きます。単位と言っても、いろいろ考えられますが、その単位をうまく決めることで、両者を自然につなぐことができるのではないか。

　これまでも単位がなかったわけではなくて、たとえば、敷地も一つの単位です。だが、敷地単位で考えることが、近代という時代の病みたいなものだった。敷地が土地の私有性と結びついて、まず敷地ありきで、敷地を前提にして建築を考える。都市を敷地に分割して、そこから建築を考える。だから最初から、敷地の割り方が建築のあり方を決定的に規定していて、都市につながっていかないし、それが建築をつまらなくしてきたと思うのです。

川向　景観を巡る議論でも、屋根の形態や外壁の色・材料などの次元に終始しています。

隈研吾［くま・けんご］

一九五四年　神奈川県生まれ
一九七七年　東京大学工学部建築学科卒業
一九七九年　東京大学大学院修士課程修了
一九八五年　コロンビア大学客員研究員
一九八七年　空間研究所設立
一九九〇年　隈研吾建築都市設計事務所設立
二〇〇一年　慶応義塾大学理工学部システムデザイン工学科教授

［主な受賞歴］
一九九五年　JCDデザイン賞文化・公共施設部門最優秀賞（亀老山展望台）
　アメリカ建築家協会デュポン・ベネディクタス賞（水／ガラス）
一九九七年　日本建築学会賞（森舞台／登米町伝統芸能伝承館）
二〇〇〇年　東北建築賞作品賞（川／フィルター）
　インター・イントラスペースデザインセレクション大賞（北上川運河交流館）
　林野庁長官賞（馬頭町広重美術館）
　村野藤吾賞（馬頭町広重美術館）
　建築業協会賞（馬頭町広重美術館）
二〇〇一年　インターナショナル・ストーン・アーキテクチャー・アワード（石の美術館）

［主な著書］
一九八六年　『一〇宅論』（トーソー出版）
一九九四年　『新・建築入門』（ちくま新書）
二〇〇〇年　『反オブジェクト』（筑摩書房）
二〇〇四年　『負ける建築』（岩波書店）

それを粒子の次元まで視野に入れて、呼応し共振する関係を考える。そうすると単位になりうるものは数多くあって、その中から適切な単位をうまく選定して建築・家並みをつくれば、自然につなぐことができる。ところが現実は、連続するのを妨げる敷地のような単位のみが強い、と。

抵抗感なくつなぐ手法としての粒子

隈　そうです。私が最近使っている木のルーバーは、かつての格子につながる「単位」の例ですが、あの単位は、その建築のなかだけで完結するものではなくて、周囲の環境との関係で決まっています。日本の民家とか町家というのは、本来、そういうふうにして都市をつくってきたのではないかと思います。瓦なんかどれも同じだと思っていると、実は大違いで、いろいろな瓦の寸法がある。同じ建物でも、一階と二階では変える。環境から粒子を読み取りながら、適切な粒子を選ぶ。日本では、そういうやり方をしてきたと思うのです。

川向　そうやって、単位の、これまでの隈さんの用語によれば、粒子の、大きさ・形状・間隔などを決めることで、なんとなく調和した、呼応関係のある景観が、規制ではなくて自然に生み出されてきたのでしょうね。一例を挙げれば、洋式のブラインドは金属製で複雑な調節機能が付いていますが、日本の簾（すだれ）は自然素材で、実に単純素朴な仕組み、しかも安価ですが、あれ一枚によって粒子化されることで、夏の強い日差しによるまぶしい外の風景が、本当に目にやさしいものに変わる。粒子化には、このように内と外をやさしく「つなぐ」効果もある。それが心地よいものであれば、単位は、自然に広まっていきますね。

*1　伊豆の風呂小屋
静岡県加茂郡伊豆町に建てられた木造二階建ての別荘。安い工業材料と、ヒノキ丸太や竹のような自然素材が組み合わされ、全体構成はバラックでありながら部分意匠には桂離宮のコピーが用いられて、「異質なものの衝突の物語」がテーマになっていた。

*2　M2
東京都世田谷区の環状八号線沿いに、大手自動車会社マツダのオフィスとショールームとして建てられ、一〜二階がショールームとカフェ・レストラン、三〜五階がスタジオと会議室という構成であった。正面中央にある巨大なイオニア式円柱の内部はアトリウム。現在は、マツダの手を離れ、民間の葬祭場として使われている。

基本単位となる材料への着目

隈　つなぐ境界の作り方として、人間の感覚にとってどうなのかということが重要で、それを私が実際にどうつくってきたかは、後ほどお話しします。ここでは、いまのお話に関連して、粒子の大きさ・形状・ピッチ以外に、「材料」のもつ意味が大きいということに触れたい。建築がコンクリート、鉄骨、木のうちのどれで造られているかというのは、狭い意味での材料の話だけではなくて構造に、言い換えれば、建築のもっと深い本質にもかかわります。普通、材料というと、表面に塗るペンキとかモルタルとか、あるいは煉瓦など、表面の仕上げ材が考えられますが、実は、根っこの根っこ、建築がどういうふうに重力や環境に対抗しているかという深い問題に結びつくものです。そういう意味での材料が、単位を決めており、単位となるこの種の材料を、私は「粒子」と呼んできたように思うのです。

もう少し続けると、私の場合、表面的に塗る・貼るではなくて、それ自体として建築を構成する粒子・単位となり得る材料を探してきたように思うのです。「竹の家」（一九九九）で使った竹などは、切った段階でもう寸法も形状も決まっていて、それ自体が一つの単位になっている。「川／フィルター」[*3]（一九九六）、「森／スラット」[*4]（一九九九）、「安藤広重美術館」[*5]（二〇〇〇）での木、「石の美術館」[*6]（二〇〇〇）での石、そして「高柳町　陽《ひかり》の楽屋」[*7]（二〇〇〇）での紙などは、ある寸法・形状・ピッチを与えられ、単位になっています。プラスチックという材料も単位を与えることで、まったく新しい性質を引き出すことができる。それが、建築とか空間の本質的な構成要素としての「粒子」という概念にも結びついてくる。

＊3　川／フィルター
福島県玉川村の阿武隈川に面してたつ手打ち蕎麦のレストランと製麺工場。建物の側部は、福島空港と須賀川市を結ぶ交通量の多いバイパスに面する。工場は「埋蔵」して、上を駐車場とし、レストラン・売店などの川に面する部分は、水平な木製ルーバーによって「粒子化」されて、自然に対して繊細で鋭敏な粒子の集合体とすることが試みられた。

＊4　森／スラット
神奈川県三浦郡葉山町にたつ地上三階建てのゲストハウス。周辺の樹木に合わせて木製スラットが縦に、しかも七五ミリのピッチで疎らに用いられている。疎らなスラットは、その内側にある、サッシや雨どいなどの、建築躯体に付属する様々な要素を隠さない。隈は、そのようなスラットを、「建築を覆うスキンではなく、建築から環境へと差し出された手のようなもの」と説明している。

＊5　安藤広重美術館
栃木県馬頭町に建てられた安藤広重（歌川広重）の肉筆画や版画などを収蔵・展示する美術館。その大きな切妻屋根について、隈は、「切妻のシルエットにはすごく抵抗があった」という。地元産の杉材を、一二〇ミリのピッチのルーバー状に用いて、屋根から壁まで覆い尽くすことによって、その伝統的なシルエットからは予想できない全く新しい空間、新しい建築を生み出そうとしている。

＊6　石の美術館
栃木県那須町の旧奥州街道沿いにたつ美術館群。米を貯蔵する古い石蔵を再利用して、石を素材

そう考えてみたら、けっこう面白くなって、「単位」への展開に興味を持ち始めたところです。これも、川向さんがこういう題を与えてくれたからかな、と思っています。

脱構築してパラパラ感を出す

川向　隈さんにも、「粒子」とか「単位」に至る前は、「脱構築」とか「離散と集合」について、たとえば柱・壁・屋根といった、もっと大きな建築構成部材の次元で考える時代がありましたね。時間を遡って、隈さんの中での関心の発端のところからお話いただ

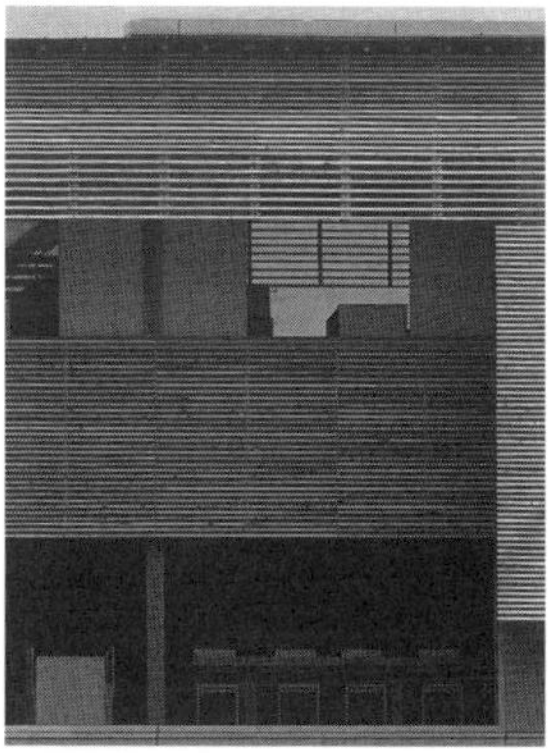
川／フィルター

石の美術館

高柳町　陽の楽屋

安藤広重美術館

とするアートやクラフトの展示空間とした。隈はここで、冷たく鈍重で、閉鎖的になりやすいがゆえにモダニズムから敬遠されてきた石という素材を、スラットやポーラスな壁として用いることによって、粒子化した、軽くて曖昧なものへと変換している。粒子化したことで、人々は、「石」に包み込まれる心地よさを味わえるようになった。

*7　高柳町　陽の楽屋
新潟県高柳町には茅葺環状集落があり、その中の廃屋になっていた一軒を交流施設として再生したもの。隈はここでも、茅葺農家がもつ特有のシルエットを活かしながら、かつての茅葺農家での空間体験とは全く違うものを目指す。たとえば和紙という素材に着目し、それを障子・壁・床に至るまで全面的に用いて、和紙に包み込まれる心地よさを生み出している。

伊豆の風呂小屋

けますか。

隈　私が自分の名前で最初に発表したのが、インテリアの仕事は別にして、建築単体では「伊豆の風呂小屋」です。極限に近いローコストの住宅ですが、大島が正面に見え、すばらしい眺望の場所です。そこにこの木造のバラックを建てた時に、私は、パラパラしたものを造りたいと考えていました。これが私なりの「脱構築」であり「離散と集合」です。木造のバラックで、しかもパラパラした感じ。

当時は、安藤忠雄のように、小さな住宅をコンクリートの打ち放しで造るというのが、すごくトレンディーでかっこいいと思われていました。小さいながら緊密につくって、空間体験の豊かさでは大邸宅のような満足感を与えるという。ところが私はちょっと冷めておりまして、当時から、コンクリートというのはどうも居心地が悪いな、もっとパラパラした感じのものを造りたいな、と思っていました。私自身、ああいうコンクリートの箱の中にいると閉所恐怖症になってしまう（笑）。

では、どうすればコンクリート打ち放しでないものができるか、パラパラした感じが出せるか。ここでは、木のフレームに、外壁はトタン板にして、壁・屋根・庇などの構成要素がこの辺で飛び出し、あの辺で飛び出し、全体にパラパラしたというふうに私が感じるものをやっています。内装でもパラパラしていて、さわって痛くない粒子感というものが、おぼろげながら私の中で目指されていたのではないかと思います。床も壁も天井もパーティクルボードというボードを使っているのですが、いま考えるとすごく偶然で、パーティクルというのは粒子という意味です。木のくずを粒子みたいに細かく砕いて、固めてつくったボードだから、こんな名前になっている。この質感が私にとっては、当時すごく気持ちいいと思ったのと、このパーティクルボードは、普通の家具の下地にしか使わないので、値段がとても安いのです。これで壁・床・天井の全部をつくっています。

川向　そのパラパラ感は、その次の作品である「M2」にも受け継がれていますね。西洋の古典的な建築言語を使っても、当時のアメリカのポストモダニズムなんかとは相当に違って、構成にルーズさがあって、スカスカしている。

隈　でもコンクリートの印象が強く出てくるところは、どうしても、要素と要素がくっついて、ベトベト感が出てしまう。コンクリートだと、ある程度以上には細かくならないし、軽やかさがない。しかも、コンクリートでは、軽くて、さわって心地よい粒子感は出せないということを、このときに自覚しました。

しかし、日本では、コンクリートが形態をつくるにもコスト面でも万能の素材だと考えられているのです。日本的文化風土と言っていいのですが、それは、実は木造の技術の延長にコンクリートがあるからなのです。型枠大工さんが木造の技術を使って、安く型枠をつくってくれるので、コンクリートが安く自由に造形できる素材として、日本では普及したという状況がある。

亀老山展望台

水／ガラス

内部体験を重ねて、場所の深層へ

川向　その次の作品、「亀老山展望台」[*8]（一九九四）、熱海の「水／ガラス」[*9]（一九九五）、そして「北上川運河交流館」[*10]（一九九九）では、風景の中への建築の「埋蔵」がテーマになりますね。それは、オブジェクトとしての建築の否定、すなわち隈さんの主張する「反オブジェクト」の、「粒子化」とは異なるもう一つの手法となるものですが、埋蔵されることでなお一層、建築としてのある価値が前面に出てきます。ここでいう「ある価値」とは、私の『境界線上の現代建築』（一九九八）にも詳しく書きましたが、オブジェクトとして風景の中に聳え立つ建築のあり方ではなくて、環境に埋没しながらも豊かな内部体験を可能にし、その体験を通して場所（トポス）との深い結び付きを認識させる

*8　亀老山展望台
愛媛県の瀬戸内海に浮かぶ大島（吉海町）に、地中への「埋蔵」形式で建設された展望台。島で最も高い亀老山の山頂に南北約三五メートル、東西約七メートルの穴を掘って擁壁を立て、その上にブリッジを掛け渡す。地下・地上と三次元的に移動しながら展望できる。

*9　水／ガラス
静岡県熱海市の、相模湾を見下ろす崖地に建てられたゲストハウス。隣地にブルーノ・タウト設計の旧日向別邸（一九三六）がある。海と空を眺める、内からの視点による設計手法が徹底して探究された。眺めを枠づける「フレーム」が重要だと気づいた隈は、そのフレームを、水・ガラス・ルーバーなどを用いて「粒子化」した。そのことで、外と切り離すはずのフレームが、見る者の意識を、同じく粒子状にきらめく海や空と接続する効果が生まれた。

*10　北上川運河交流館
宮城県石巻市の、北上運河と北上川との交点に建設された、展示・交流施設。施設全体が土手の中に「埋蔵」され、またルーバーにすることで内からの眺めのフレームが「粒子化」されている。

という、いまでは忘れられた、古くから建築がもつ価値のことです。隈さんも、「水／ガラス」の隣地にたつブルーノ・タウトの「旧日向別邸」[*11]（一九三六）で、それを実際に体験したときのことを、感動を込めて書いておられます。

これらの作品はいずれも、瀬戸内や相模湾の海、あるいは北上川の広い水面に臨み、陽光を受けてキラキラと輝く水面に、「風景の粒子化」を感じさせるものです。そして、粒子化された周囲の風景、それと境界領域で溶け合うように、建築もまた粒子化されていきます。

スーラ的点描法

隈　ええ、おっしゃるようなプロセスで決まっていく「粒子化」を意識し始めたのが、九〇年代半ばです。グレッグ・リンというアメリカの建築家は私のコロンビア時代の友人ですが、その彼が、「水／ガラス」について「点描画法」[*12]という文章を書いています。印象派画家スーラ[*13]は、ドット、粒子に分解して絵を描いて、その画法が点描画法と言われていますが、粒子に分解することで、景観の重さが消えて、彼の絵に特有の軽さが出ています。それは私が目指したものでして、「水／ガラス」のルーバーをグレッグが点描画法と捉えたのには、私は正直びっくりしました。彼の文章を読んだ頃にはすでに「広重美術館」などのその後のルーバー建築の設計を始めていたのですが、彼の指摘にはとても励まされました。

さらに面白いのは、調べてみると、スーラが点描画法を始めたのは、海の絵を描いたときだったのです。ノルマンディーの海の絵を描いたときに、海の水を描こうとして、初めてドットに分解するということをやったらしい。水というのは、これまでの表現を

*11　旧日向別邸
ナチス台頭を嫌って日本に滞在していたドイツ人建築家ブルーノ・タウト（一八八〇～一九三八）が、吉田鉄郎の協力を得て設計した、老実業家日向利兵衛の別邸。内部は社交室・洋風客間・日本間と続く。

*12　グレッグ・リン「点描画法」
隈研吾特集ＳＤ一九九七年一一月号収録の論文。

*13　スーラ
Georges Pierre Seurat　一八五九～九一年。フランスの画家で新印象主義の創始者。色彩理論に強い関心をもち、読書によって知識を得ると同時にドラクロワの作品に即して研究し、そうした科学的研究の成果が代表作「ラ・グランド・ジャット島の日曜日の午後」である。その構成や筆致には計算し尽くされた知的秩序が感じられ、色調分割にも直感に頼らない、補色対照の理論に基づいた科学的厳密さがある。

使えば、ベタベタ感の元凶みたいに思われるけれども、実は光の粒子の集合体みたいなものだということを、スーラは海の絵を描きながら発見した。私も、海を望む場所に「水／ガラス」という建築をつくることから粒子をはっきりと意識して、点描的なものになっていった。それは不思議な偶然です。

身体と場所との境界面

川向　そして重要なのは、隈さんの建築が、視点を固定して一点透視画法のように空間を捉えるのではなくて、身体移動による場所・風景との出合いの深化を大切にしていることです。身体と場所との境界面のあり方が、粒子のあり方を決めているとも言えますね。

隈　たとえば「森舞台」（一九九六）にせよ、「川／フィルター」「森／スラット」「安藤広重美術館」などにせよ、どれも木のルーバーを使っていますが、ルーバーを構成する木の粒子の寸法・形状・色・ピッチなどが、環境にどう合うか、自分の身体にどう響くかを考えながらスタディを繰り返したことを覚えています。結果として、場所によって作品によってルーバーが違う。「川／フィルター」では、阿武隈川の流れと平行させてルーバーを横に使い、「森／スラット」では、迷ったすえに、周囲の樹木の垂直線と対応させてルーバーを縦に使っている。周囲のランドスケープを特徴付ける線の発見とか、寸法・ピッチ、それに色彩・光沢の決定も、最終的には現場に行って私自身の身体でいろいろな角度から試して決めています。

でも、木ではなくてアルミにしただけで、人間の身体は不思議なもので、「冷たそう」「ぶつかったら痛そう」と感じる。「広重美術館」でアルミ・ルーバーを使ったところがありますが、同じ寸法では耐えがたい感じがして、細く華奢に、つまり木の場合の半分の寸法にしています。

都市へ

川向　環境・人との関係に「粒子」が左右されるとすれば、都市の繁華街に立つ場合の粒子はどう決まってくるのでしょう。都会の人間は歩くのが速いと言われますが、人の歩くピッチとかリズムも、粒子の決定に影響を及ぼしますか。

隈　ええ。ゆっくり歩く、ゆったり動作する空間では、細かい粒子でもよく見えます。茶室なんかがいい例で、あらゆる寸法が小さくできています。逆に、素早く動く空間では、すこし大きくしておかないと、粒子が見極められないで、その粒々が消えて、べたっとした面に見えてしまう。

東京の表参道に立つＯＮＥ表参道[*14]（二〇〇三）でも、木のルーバーを使っています。

森／スラット

ONE表参道
木製ルーバーのあるファサード(上)、
木製ルーバーを見上げる(下)

*14　ＯＮＥ表参道
形態ではなく物質や寸法によって、建築と都市を相互作用させようとする。ピッチ六〇〇ミリで並ぶ奥行き四五〇ミリのルーバーは、都市的環境、オフィス機能、それ自体のブリーズソレイユとしての機能やカーテンウォール・マリオンとしての構造、カラマツ集成材の材料特性といった変数からなる多元方程式を誠実に解いた結果だと、隈は説明する。

カラマツ集成材のマリオンがガラスを支える建築で、ファサードに太い縦線が並んでいる。ルイ・ヴィトンの建築家は「広重美術館」が気に入って設計当初、「どうして広重のように細かいルーバーにしないのか」と言うのですが、ルーバーとしては、ピッチを含めて何倍も大きくしています。その違いの理由は、「広重美術館」で絵をゆっくり鑑賞する人と、表参道を若い子が歩き回るのでは、歩く速度がずいぶん違う点にあります。粒子は、細かければいいというわけではなく、条件に合う適正さがポイントです。たとえば「広重美術館」のものを表参道でそのまま使うと、粒子が細かすぎて、つぶれて平板な面に見えてしまうのです。

ほかの都市的なプロジェクトでも、どれぐらい離れ、どの角度で、どれぐらいの速さで移動しながら、それを見るか、といったことを前提に、適正な粒子を選択するように努めています。

川向　適正さ、押さえどころを間違えると、逆効果。やはり、ポイントはそこですね。隈さんの思考をたどって、都市での粒子の決め方までできたところで、ひとまず、終わりにします。

第3章

小嶋一浩
KOJIMA Kazuhiro

コンパクトシティモデル

——スペースブロックというツール

川向　「コンパクトシティモデル」[*1]というテーマで、その現実の例をハノイ[*2]や香港[*3]の超過密地区に見出し、何故それらには恐ろしいほどの活気と魅力があるのかを「スペースブロック」というツールを使って記述分析して、設計にも活かしている小嶋一浩さんにお話をうかがいます。まず、コンパクト、密度感といった概念からご説明くださいませんか。

コンパクトと密度感

小嶋　では、密度にも、密度感として語れるものと容積率といったもので語れるものの二つがあるという話から入ります。たとえば、超高層を高くしていけば確かに高密度にはなります。だけど超高層をたくさん建てても、日本の都市では一般的に、公開空地みたいなものを周りに作ることとセットで超高層が建てられていますから、超高層のエリアに行くと、むしろ密度感が低くなってしまう。上を見あげ、ものすごい階数になっているのを見て、高密度なのだなと頭で理解しているだけで、都市の密度という実感がない。そこがマンハッタンなんかと全然違うところです。そういう日本の超高層ビルの一室で打ち合わせをしていて、どこかにご飯を食べに行く話になって隣のビルまで行くだけで、えらく距離を感じてしまう。

ハノイの場合は、建物がやたら細かく建っていることもありますが、すぐに何十軒先とか、場合によっては何百軒先までも行っちゃうわけです。香港でも同じことが言える。ヴェネチアのようなヨーロッパの旧市街なんかも、同じ魅力を持っている。わざわざ車に乗らなくても、歩いて移動できる、そんな感じが好きです。この種の密度感があることがコンパクトの意味ですが、こういうコンパクトな都市の快適さは、ある程度皆さん

小嶋一浩［こじま・かずひろ］

一九五八年　大阪府生まれ
一九八二年　京都大学工学部建築学科卒業
一九八四年　東京大学大学院修士課程修了
一九八五年　シーラカンス一級建築士事務所を共同創設
一九八八年　東京大学工学部建築学科助手
一九九四年　東京理科大学理工学部建築学科助教授
二〇〇四年　東京理科大学理工学部建築学科教授
二〇〇五年　CAt（C＋Aトウキョウ）に改組

［主な受賞歴］
一九八七年　SDレビュー朝倉賞（氷室アパートメント）
SDレビューSD賞（GIMMICK）
一九九六年　日本建築学会作品選奨（大阪国際平和センター）
一九九七年　日本建築学会賞（千葉市立打瀬小学校）
二〇〇〇年　日本建築学会作品選奨（吉備高原小学校）
二〇〇二年　アルカシア・アワード・ゴールドメダル（スペースブロック上新庄）
二〇〇三年　日本建築学会作品選奨（宮城県迫桜高等学校）

［主な著書］
一九九七年　『シーラカンスJAM』（ギャラリー・間叢書）
二〇〇〇年　『アクティビティを設計せよ！学校空間を軸にしたスタディ』（彰国社）
二〇〇三年　『PLOT　02　小嶋一浩：建築のプロセス』（A・D・A・EDITA）

にも共有されているのではないか。
　都心のマンションなんかでも、オープンスペースを横切って、敷地の外にある既存の街に出て、買い物をする。立地がいくら都心であっても街から遠いのが現状なのです。というように、街に住むこと、街が近いことの快適さを実現させたくて、コンパクトシティと言っています。

スペースブロックというツール

川向　そのコンパクトシティを実現させるツール（道具）としての「スペースブロック」という概念についてお話をうかがいたいのですが、小嶋さんの場合、物でも形態でもなくて、空間の多様性を求めることが、常に発想の原点になっていますね。いろいろな既存の街のもつ豊かさをスペースブロック、つまり、いろいろな空間のヴォリュームとして抽出して、その抽出したスペースブロックを組み立てたり重ね合わせたりして、新しい都市モデルを考えている。

小嶋　スペースブロックにもいろいろありますが、あえて簡単に言えば、たとえば、壁をつくっているマテリアルよりも、その壁によって切り取られる空間の「空気の状態」に興味をもっています。空間と言わないで「空気の状態」と言っていますが、この会場のスペースに人が全然いない場合とか、皆さんがいて、こちらを全員が見ることで、こちらが緊張する場合を考えてください。ある空間の中にいる人間の集団がつくる空気というのは、その床や天井の素材や色よりもはるかに影響が大きく、その会議の空気が一つの発言で急変することもある。雰囲気という意味も含めての空気、そういうものを建築の設計の場合にかなり意識しています。

*1　コンパクトシティモデル
小嶋一浩は、大学研究室の学生といっしょに香港・ハノイ・台北などでフィールドワークを行い、そのデータに基づきスペースブロックを使って、超高密度でコンパクトな街区を構成する住居単位のモデル、つまり「コンパクトシティモデル」を設計している。彼はそれを、都市名を冠して「香港モデル」「ハノイモデル」「台北モデル」などと呼んでいる。

*2　ハノイ
ここでいうハノイとは、ハノイの三六通り地区のことで、二、三階建ての低層であるにもかかわらず、人口密度は一ヘクタール当たり一〇〇〇人という超高密、この密度は一四階建てのマンションが建ち並ぶ高島平とほぼ同じ。この街区に見出される中庭・路地・テラスなどの魅力的な小都市空間をできるだけ正確に捉え、それらをベースにして、現状よりは居住環境を高めた住居単位のモデル、すなわちハノイモデルを設計した。

*2　香港
小嶋は一九九八年に、大学研究室の学生とともに香港を調査し、さらに一九八七年当時の九龍城砦のデータに基づいて（但し、九龍城砦自体は九三年から解体され、跡地は中国式庭園になっている）、ベーシック・スペースブロックを用いて、超高密街区としての九龍城砦を再構成する試みを行っている。

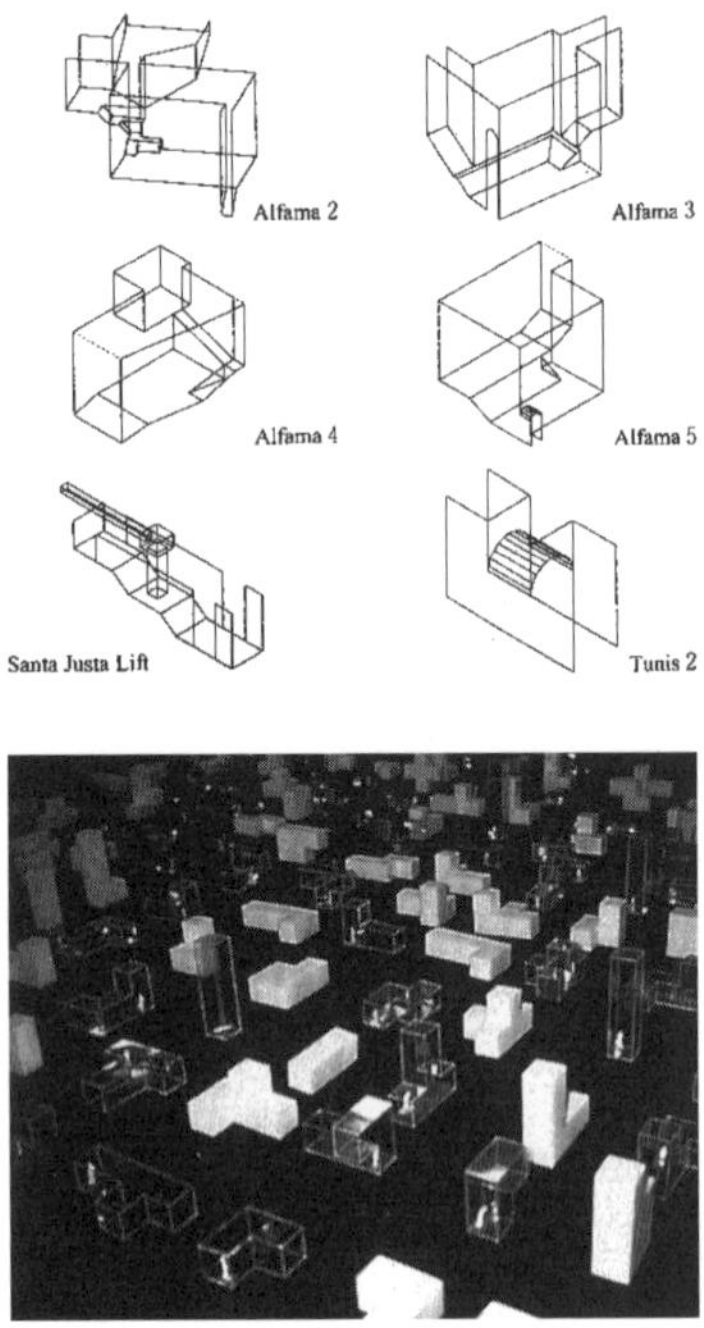

スペースブロック(SB)(上)
ベーシック・スペースブロック(BSB)(下)

川向　なるほど。スペースブロックというのは、単なる透明で抽象的な立体幾何学形態のことではなくて、現実の都市空間の中にある生活とか雰囲気といったものを含んだものだと。

ハノイの例、ベーシックと実体験

川向　ハノイのプロジェクトでは、スペースブロックとベーシック・スペースブロック[*4]という二つの概念を使っていますが、多様な形態のスペースブロックは、小嶋さんたちが恣意的につくり出したものではなく、現実の都市の路地・中庭・小広場・階段・テラスなどを含む魅力的な小空間を、フィールドサーベイして、そっくり取り出したもの。それに対して、ベーシック・スペースブロックというのは、得られたスペースブロックを、端数になる部分を切り捨てて整形し、たとえば一辺二・五メートルとか二・四メートルの立方体の組み合わせに置き換えたもの。

*4　スペースブロック（ＳＢ）とベーシック・スペースブロック（ＢＳＢ）
壁や床などで囲まれた、ひとまとまりに捉えることのできる空隙部分（立体ヴォリューム）を、中にある家具などのしつらえ、樹木、人間などを含めたブロックとして取り出し、積み木のように扱う空間の表現と操作の道具であるツール法でもある。対談の中でも論じられているように、実在する空間のサンプリングによるスペースブロック（ＳＢ）と、それを幾何学的に整理し抽象度を高めてシステム化したベーシック・スペースブロック（ＢＳＢ）とは区別され、新たな設計作業には、後者が使われる。しかし、小嶋は、実在する空間を身体的に体験することを重視し、ＳＢの具体性・身体性をＢＳＢにまで保持して、ＢＳＢによる設計が空虚な積み木遊びになることを避けようとする。とくに、「大阪国際平和センター」（一九九一）、「打瀬小学校」（一九九五）、「ビッグハート出雲」（一九九九）以降は、光の状態のみならず、空気中の温度・湿度・対流、音、匂い、アクティビティなどを含むものと捉え、ＳＢを「空気の状態」を立体的に再現するツールと捉えている。

ベーシック・スペースブロックは、できるだけスペースブロックに近いように立方体ユニットの大きさを決めて、それを組み合わせたものですから、この両者は全体の形態も大きさも似ていますが、現実の都市空間との結び付きでは後者が優れ、逆に抽象化されて操作しやすいという点では前者が優れているという、かなり本質的な違いもある。

この二つのツールを、ハノイの例でご説明願えますか。

小嶋　そうですね。この画像は、ハノイの高密度街区のある小さい中庭を映し出すものですが、この中庭の画像は、まだ抽象化・幾何学化していない、私たちが「実在型」[*5]の中庭と言っているもので、実際の中庭を取り出したスペースブロックと見てもらっても構いません。

川向　例えば、画像の中庭空間を立体と捉えて、その稜線にあたる部分を線で描いていきますと、この中庭の空間形態が線画として視覚化される。そして、そこでの採光・通風・音・におい・テクスチャーなども含めて取り出された空間のかたまりがスペースブロックですよね。小嶋さんたちがプロジェクトを進めているハノイ三六通り地区には、こういう魅力的な都市のヴォイドが、中庭・路地・テラス・小広場などのかたちで無数にあるのですか。

小嶋　ええ、スペースブロック的空間がいっぱいあります。

川向　その種の空間が多様に組み合わさるから、あれほどに高密で、かつすごく魅力的な街が出来上がるのですね。そして、小嶋さんは、そういう現実の都市の魅力を構成する空間要素をスペースブロックと

ハノイモデル・スタディ模型（実在型スペースブロックによる）

*5　実在型
現象学的立場をとる小嶋は、身体を用いた直接経験を非常に大切にする。同じ「空間」という言葉を使っても、われわれは、それに様々な思い込みや臆見（プラトンは、この種の根拠のない主観的信念を「ドクサ」と呼んだ）を混在させており、実在の空間を真に捉えているか否かは疑わしい。ましてや、それを抽象化・システム化したものが、実在の空間の仕組みと一致するものであるか否かは、さらに疑わしい。小嶋は、現象学的方法として、実在する空間を捉えるスペースブロック（SB）と、それを抽象化・システム化したベーシック・スペースブロック（BSB）を考案しながら、常にBSBからSBへ、SBから実在の空間、生活世界へと、立ち戻ろうとしている。

して収集して、今後の都市プロジェクトに活かそうというお考えですか。

小嶋 そうですね。たとえばこの画像は、そうして収集したスペースブロックを組み立てて、この高密度街区における建物の内外の関係を、再現に近いかたちでつくってみた模型の断面写真です。中庭の形状などは、実際にあるものに非常に近いものです。このプロジェクトは、研究室の大学院生たちと一緒にやっているので、今おっしゃっているようなことを彼らに理解してもらう必要があって、実在型と呼んでいる方の、要するに実際の空間を切り取ってきたスペースブロックを使って、街区の魅力というか構成の原理みたいなものを把握するためにつくらせた模型です。こういうことをやっておかないと、ベーシック・スペースブロックのほうで設計作業を始めたときに、抽象的な次元で止まってしまう。現実の街区のほうが、はるかに刺激的でパワーもある。だから、スペースブロックを用いて現状の空間的把握のスタディをした後で、ベーシック・スペースブロックでの設計スタディに移る。だけど設計のスタディの間にも、スペースブロックでつくった実在型の模型を見たり、現状の街区の写真も山ほどありますから、そういうものを見たりする必要があります。もっと重要なのは、チーム全員がハノイに行って、中庭も含めて実際の空間を体験しているということです。そういう現実の空間体験をしないと、幾何学形態を使ってのコンパクトシティの設計が、人間の生活を考えない機械のような、えらく特殊なものになってくる。

川向 そう、その点がすごく重要ですね。現実の高密都市、コンパクトシティの魅力とかパワーを体験していれば、そこにある要素や構成原理が、たとえ意識化・言語化されていなくても、新たな組み合わせ・重ね合わせ作業をやっていると思い出されてくる。そういうものに導かれないと、ただ物理的な空間密度や経済効率だけを考えた最小限ユニットの過密都市になってしまって、人間が心地よく住む環境にはなりません。この具体的な方法論がこれまで構築されなかったから、陽光と通風と自然豊かな、しかし密度感の欠如した都市が人間的だという信仰が生み出されることにもなった。

関連して、もう一点。これまでのデザインサーベイの方法が、スペースブロックのようなツールまでは考えていなかったので、空間把握としては素朴な次元に留まっていたことも指摘しておく必要があります。

スペースブロック上新庄

小嶋　なかなか微妙なところを指摘されていると思いますが、ちょっと、日本国内で新規に立ち上げて、これまでになかった集合住宅を提案した上新庄の例について、ご説明します。

大阪の上新庄につくった単身者用賃貸マンション[*6]（一九九八）の場合、通常の集合住宅だと外に大きな中庭空間のようなものがあって初めて可能になる、空間の上方への抜け、自然採光、通風の状態などが実現されています。しかし現実は、そういう中庭などの存在しない、建て込んだ市街地です。この場合は、ハノイの例とは違って、既存の街区をベースにして空間を組み立てていない。あるとすれば、どこか別のところで過去に体験したその種の空間の記憶です。ですから、操作としては相当に抽象度が高いものになる。だけど、各部屋の内部をお見せしますが、写真で見てもらっても、平面的だけではなく空間的にもすごく多様で、射し込む光の状態だけでも、これらの内部空間に対応する大きな空間が外部にあるように感じられるはずです。そういう空間的な効果を、かなり大きい模型[*7]をつくって、繰り返しチェックします。音の響き方も大きなファクター

＊6　上新庄の単身者用賃貸マンション
大阪市東淀川区豊新に建てられ、「スペースブロック上新庄」のタイトルで発表された。赤松佳珠子との共同担当。五階建てで、一階にはショップ、事務所、トランクルームが、二階以上にはベーシック・スペースブロック（BSB）を全部で一七種類組み合わせた二二戸の住戸が入っている。RC壁式構造で、二四〇〇ミリの基準モデュールを設定し、内法寸法を二一八〇ミリとするが、たとえばユニットバスが入るようにその分だけ幅二四五〇ミリ、高さ二五〇〇ミリに変更するなど、小嶋らは、むしろ魅力的な生活空間をつくるための逸脱を許容し、基準モデュールのキューブに固執していない。

＊7　大きな模型
平面図や小さな模型を上から、外から眺めながら設計を進めるのではなくて、大きな模型をつくって、内側から考えていく。それが、小嶋のいう「空間思考」の意味で、空間の直接経験は内側からのみ可能だ、というわけである。

で、そういうものと自分の身体との間で、やっぱりレスポンスがすごくある。寸法の影響も大きい。写真ではよくわからないけれども、壁の内法は二・一八メートルという相当小さい寸法です。小さいから、ちょっと吹き抜けがあることが、ものすごく効いてくる。

川向　上新庄は、集合住宅としては画期的で、最近、アルカシア建築賞ゴールドメダルを受賞された。この場合、立方体の組み合わせで部屋のバリエーションがつくられたわけですが、たとえば吹き抜けは、立方体ヴォリュームが縦方向に積み上げられたものですね。

小嶋　そうです。写真で見ても、ダイナミックに上に抜けていきます。平面のほうがだだっ広いと、同じ吹き抜けでも小さく浅く見えて、こうはダイナミックにならない。この他に、T字型に横にプランが飛び出しても形がすごく効いてきて、窮屈な感じをなく

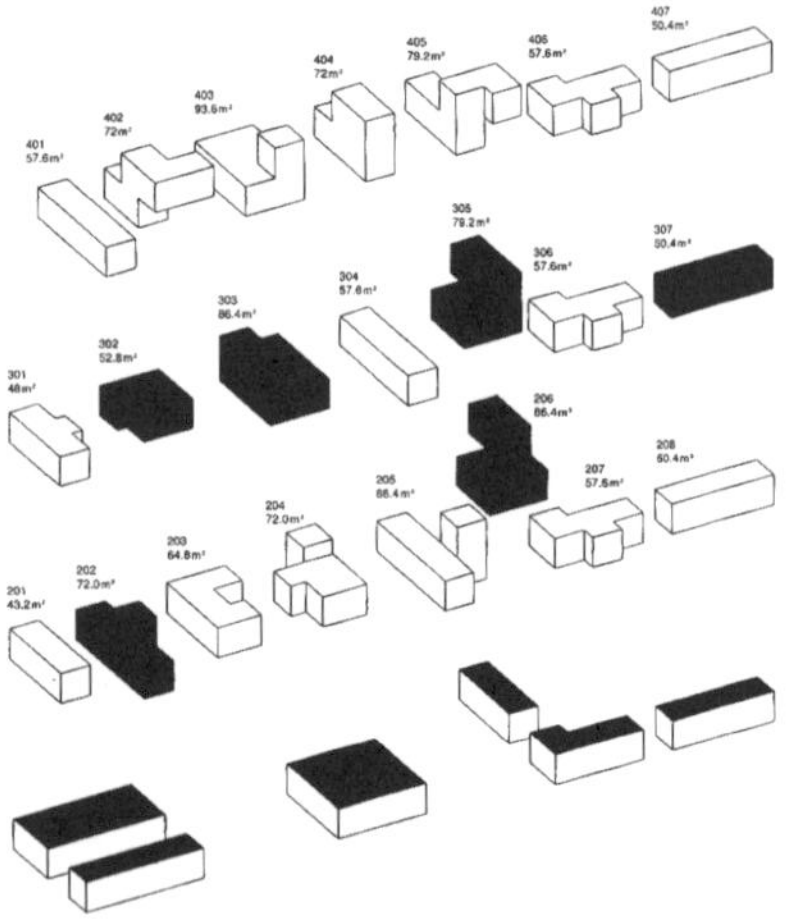

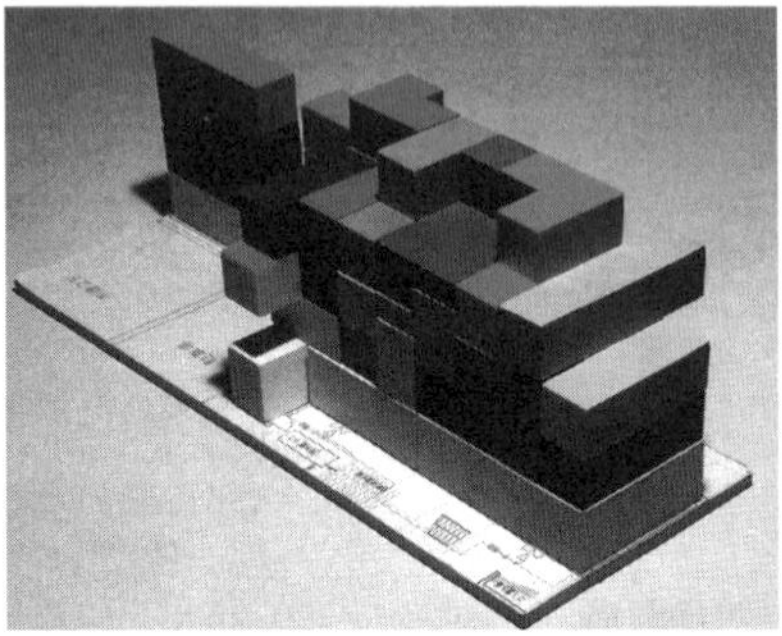

スペースブロック上新庄
2階以上にある全17種類、22戸のスペースブロック(上)、スペースブロックによる完成形の模型(下)

す方向に作用する。ハノイでは、服装や食べ物の匂いまで違うことをスペースブロックのファクターに入れて考えていますが、上新庄ではその辺りの違いをそう意識する必要がなくて、共通項として考えるべき生活要因だけを使ってベーシック・ブロックでやっているのですが、だからといって、やっぱり積み木のままではあり得ないわけです。

川向　二・四メートルの立方体をユニットとするベーシック・スペースブロックでしたね。

小嶋　ええ、コンクリート厚の二二〇ミリを引いて、二・一八メートルの内法です。

実際に建てることの重み

川向　例えばハノイのように、生活風土から大きく違う国で設計を行う場合でも、実際

スペースブロック上新庄

の設計作業になると、ベーシック・スペースブロックで考えるのですか。

小嶋　ハノイも、最終的に二・六メートルという寸法のベーシック・スペースブロックで設計を進めます。最終的にベーシック・ブロックを使って設計を進めることにしたのは、今回のプロジェクトが基本的にプロトタイプづくりだったし、それに、実際の建築設計はプラン、柱の軸組、モデュールといった極めて現実的な要因を踏まえて進めなければいけなかったからです。

川向　上新庄に関しても書いておられましたね。ベーシック・スペースブロックを使ってこのように多様な空間をつくったとしても、壁の食い違いのような構造的問題、その他にも設備の問題などの具体的に解決すべきことがたくさんあって、そういう建築としての具体的な問題とベーシック・スペースブロックでつくられる空間形態とをどうすり合わせていくかが重要なポイントになった、と。

小嶋　はい。それはハノイでやっていても同じです。ベトナムのほうが、施工の考え方にルーズさがあって、出来上がった壁に溝を掘って配線でも何でも埋め込んでOKとか言われると、なんでもありになってしまって怖いのですが、具体的に建築化するときの問題は、基本的に同じです。

そして、最後まで効いてくるのは、現地をどのくらい調査しているかということです。ものすごく丹念にスケッチする記録もあるし、ビデオをいっぱい撮る記録もある。スペースブロックもそういった記録方法のひとつですが、記録をしっかりやっていないと、特に異なった文化の中に入って設計する場合には、私たちの押しつけと受け止められる可能性がある。これは深刻な文化摩擦になりかねない。それに、そういうことをやっていることに自分自身がわくわくしていないと、苦労の多さに「遠いところまで来て何やってんだ」という気持ちになってしまう。

マスとヴォイドを等価に

小嶋　むしろ、非現実さを覚悟で、ベーシック・スペースブロックを使って、ある極端な状況をつくってみる。ハノイでも香港でもいいのですが、高密街区を、同じ戸数とか同じ人口密度を維持しながら、間にある住戸をどんどん抜いてヴォイド[*8]、穴だらけのものにしていくと、香港なら香港の路上の賑わいが街区の芯まで浸透してくる。どこにいても、まさに都市の中にいるという感じがする。超高層をつくって高密度にすると、普通は、エレベーターに乗った途端に雑踏からワープするような形で自分の住戸まで行くわけですが、途中にいっぱい穴が開いて立体的に外部がつながった状況にしておくと、

ベーシック・スペースブロックによるマスとヴォイドのコンパクトな組み合わせ（コンパクトシティモデル）

*8　ヴォイド
高密度でコンパクトであっても、ヴォイド（空隙）を適切に配置することによって、内部に居ても自然の光・風・雨に接することができ、眺めやプライバシーを確保することもできる。その意味で、ヴォイドをどう配置するかによって、その建築や街の居住環境の質が決まると言えよう。

街がそのまま這い上がってくるような感じになる。現実の問題との調整も重要ですが、これまでに無かっただけで、やろうとすれば不可能ではない。そういうオールタナティブを考えることができる楽しさを追求してみたいですね。

川向　なるほど。建物の実体としてのマス、その間の空隙としてのヴォイド、都市は水平・垂直のどちらの方向も、この両者で構成されている。通常は、マスを、つまり建物をどうつくるかを優先的に考える。ヴォイドは単なる残余でしかない。日本の都市は、結果として、中途半端な隙間だらけになっている。ヴォイドを対象化して、小嶋さんのおっしゃるようにマスとヴォイドを少なくとも等価に、しかもシステマティックに扱って、コンパクトな都市をつくろうという思考は、ないですね。小嶋さんのお話をうかがっていると、それが、すぐに実現できそうに思えてきます。日本では駄目でも他のアジアの国では実現していることも少なくないようですが、いずれにせよ、今は非現実的でも基本理念として正しいことにチャレンジする小嶋さんの姿勢には、大いに共感できます。今日はこの辺で。どうも、ありがとうございました。

第4章

阿部仁史
ABE Hitoshi

境界面
――場の状況を映し出す媒体

空間思考と境界面

川向　阿部さんとは縁があって、ロサンゼルスから帰国して仙台に事務所を設立される前後から、ずっと仕事ぶりを拝見してきましたが、無理のない自由な発想をする人だという印象が強いですね。空間がすっと立ち上がってきて、しかも、その空間には存在感がある。内部と外部、隣接する内部同士が相互に貫入したり浸透したり、言葉通り空間的に新しい関係が作り出され、そこには同時に、今日のテーマである、新しい境界面のあり方も示されている、という感じでしょうか。

阿部　今回、対談のお話をいただいて打ち合わせを重ねる間に、自分がやっていることを、きちっとまとめてみたくなりました。そのキーワードとして「境界面」を選んだのですが、私が考える境界面とは、異質なもの同士が接触する面であり、さまざまな事象が立ち現れるところです。私が設計のときに常に気にしているのはこの境界面であって、これが決まれば他のすべてのことが自ずと決まってくると考えています。

　境界面を示すということは、何か二つのもの、あるいは多数のものが接し合う状態を受け入れることであり、また、その異なるものの交わり方を決めることで、逆に、境界面によって、接し合うものを定義しているとも言えます。

川向　そうですね。その境界面の捉え方が見事に空間化されているところが、阿部さんの建築の特質であり新しさでもあるのですが、言葉による説明がむずかしい。いずれにしても、その始まりは、阿部さんの修業時代にあるように思えますね。

阿部仁史［あべ・ひとし］

一九六二年　宮城県生まれ
一九八五年　東北大学工学部建築学科卒業
一九八八年　Coop Himmelblau入所
一九八九年　SCI-ARC M-ARK3課程修了
一九九二年　阿部仁史アトリエ設立
一九九三年　東北大学大学院博士課程修了
一九九四年　東北工業大学建築学科講師（九八年　助教授）
二〇〇二年　東北大学大学院工学研究科都市・建築学専攻教授

［主な受賞歴］
二〇〇〇年　吉岡賞（読売メディアミヤギゲストハウス）
二〇〇三年　日本建築学会賞（苓北町民ホール）
BusinessWeek/Architectural Record賞（関井レディースクリニック）

［主な著書］
一九九九年　建築巡礼『ロサンゼルス・ローカルズ』（丸善）
二〇〇〇年　『a-book』（ＩＦＡフランス建築協会出版）
二〇〇五年　『阿部仁史　FLICKER』（ＴＯＴＯ出版）

コープ・ヒンメルブラウとの出会いへ

阿部　おっしゃる通り、おそらく始まりは、ロサンゼルスのコープ・ヒンメルブラウ事務所[*1]で「オープン・ハウス」[*2]というプロジェクトに出合ったところにあるのだろうと思います。一九八〇年代後半に、私も大きな疑問を抱えながらアメリカに行ったのです。建築を成り立たせる根拠、あるいは、その建築やデザインがそうである根拠はどうやって求めればいいのか、という疑問です。

構造主義にせよポスト構造主義にせよ、当時の建築界でなされる「世界はこういう構造だから、建築もこうあるべきだ」という議論が、どうも私には信じられなかった。それで、その答えを見つけられないかと、そう深い考えもなく、とにかくロサンゼルスに行ってみたところ、八七年九月にSCI-ARC（南カリフォルニア建築大学）でヴォルフ・プリックスというコープ・ヒンメルブラウの主宰者で私の先生になる人の講演会を聴い

オープン・ハウス
目を閉じて描かれたスケッチ（上）
模型写真（下）

*1　コープ・ヒンメルブラウ
Coop Himmelblau　一九六八年にウィーンでヴォルフ・プリックス（一九四二年生まれ）とヘルムート・シュヴィチンスキー（一九四四年生まれ）によって設立。活動初期は実作に恵まれず、設立から九年後の「ライス・バー」（一九七七、ウィーン）が処女作。その後も「レッド・エンジェル」（一九八一、ウィーン）などの店舗内装が主たる活動領域だったが、八三年から彼らは「オープン・ハウス」を通して自らの新しい建築ヴィジョンを探究し続け、法律事務所の屋上再造形という「ルーフトップ・リモデリング」（一九八九、ウィーン）で、その建築ヴィジョンを結実させた。「デコン（脱構築主義）」の記念碑と評される。八八年にロサンゼルス・オフィスを開設。フンダー第三工場（一九八九）、フロニンゲン美術館東館（一九九四）、ザイバースドルフのオフィス・研究センター（一九九五）などの「建築大作」を生み出し続ける。

*2　オープン・ハウス
コープ・ヒンメルブラウが自らの理念「オープン・アーキテクチャー（開かれた建築）」の具体化に向けて、一九八三年からスタディを続けた極めて重要な構想。八三年の時点では架空の構想だったが、八四年に刊行された彼らの作品集の表紙を飾ったこの案を、サンフランシスコからロサンゼルスにかけての海際に適切な敷地を見つけて実際に建てたいというニューヨーク在住の施主が現れる。一年に及ぶ調査を経て、ロサンゼルスの北、マリブに敷地が決定されて、八八年には本格的始動に向けてロサンゼルス・オフィスが開設された。構造解析、実施設計ま

て、その内容にガーンときたのです。それが「オープン・ハウス」の設計プロセスにまつわる話でした。

川向　そのプロジェクトは、それまでの建築のイメージを根幹からくつがえすものですが、そこに至る設計プロセスがまたユニークなものでしたね。

阿部　ええ。その設計プロセスは、一見すると「いいかげん」と受け取られるかもしれない。目を閉じて空間のイメージを描いたスケッチをもとにデザインが進み、実際に建築になっていく。目をつぶって描いた子どものスケッチのようなものに基づいて建築がつくられる。建築が成立する根拠とは何かと悩んでいた私には、衝撃的でした。

建築が成立する根拠とは

阿部　それは、ある意味で甚だいいかげんな根拠だと思うのです。しかし、私が強い印象を受けたのは、彼が世界というものを構造的に捉えて世界の構造はこうだと定義した上で、演繹的にデザインを導き出すことによって、自らのデザインの正当性を主張しようとしていないことなのです。ちょっと説明がむずかしいのですが、「私」がある世界に対峙したときに意識に立ち現れてくる、「私」と世界との境界面を描いている。世界全体をどう定義するかということには全く関心を向けず、世界に自分がどうかかわったか、どう接触したかという、その一点で建築のデザインをやっている。それが、衝撃的だったのです。

川向　その「定義する」という意識的な行為が、すでに問題になるわけですね。世界のあり方、世界との関係を、自分の方から強引に決めてしまう恐れがある。そうではなくて、どうすれば、ありのままに捉えられるか。そこが重要になる。

で進んだが、九〇年の施主の死、九一年にはマリブ市のロサンゼルス市からの独立に伴う開発停止、許可の白紙化などによって実現不可能となった。

ご説明のあった、目を閉じて半眠状態でスケッチする方法は、シュルレアリスムの「自動記述」[*3]ですね。コープ・ヒンメルブラウはロサンゼルスにも事務所がありますが、本拠はウィーンにある。彼らの中にはやはり、フロイト流の精神医学、あるいは「無意識」[*4]への関心があるように思えます。無意識の層で世界に通じたり、そこに世界を映し出したりする。「私」の内部に沈潜しながら、そこで出合う無意識の層に映し出される世界こそ、真の、客観的でもある世界だ、という考え方ですね。逆に意識が介在すると、その意識によって、捉えられた世界がすでに主観的に歪められている、と考えるわけです。

阿部　そうだと思います。「オープン・ハウス」からの痛烈な印象は、それを根拠づけるものが「私」の存在でしかないということでした。関連するところでは、ヒンメルブラウの作品の中に、二人の写真がそのまま都市になっていくというのがあります。二人が肩を組んでいて、それが段々とプランになって、最終的には都市モデルに変わっていくのですが、彼らの場合は、根幹にこの種の「私」への関心がある。

川向　別の様相へと変貌するのは、まさにシュルレアリスムですね。だとすれば、「私」だから単純に主観だとは考えない理由もよく分かります。「私」が主観で、周囲にある世界が客観であるという構図は、常識的には疑い得ないものと受け止められていますが、それとは全く違うシュルレアリスム的な「私」の捉え方に出合って、ガーンと衝撃を受けた？

阿部　ええ。結局、世界と接しているのは「私」だということを、非常に明快にプレゼンテーションして見せてくれたのです。

川向　その一方で、と言うか、だからこそ、コープ・ヒンメルブラウの場合、設計プロ

*3　シュルレアリスムの「自動記述」
心理学では「自動書記」とも訳されて、書く内容をあらかじめ用意せずに、速い手の動きにまかせて書いていく実験を意味する。一九一九年に、当時「書く」ことに行き詰っていたアンドレ・ブルトンは、ノートを広げて何も予定しないで、つまり主観を完全に排除して、ただ書く行為を毎日、しかも次第に書くスピードを速めるという実験に取り組む。しかも彼は、ある種のトランス状態での他者との交流・協働が可能かどうかも実験して、結果を同年に発表し、翌二〇年に『磁場』という本にまとめて刊行している。前掲脚注（本書一六一頁）参照。

*4　無意識
フロイト以前は言うに及ばずフロイト以降も、意識こそがわれわれの思想や行動を規定して動かす根本要因だと考える傾向は、根強く存在している。デカルトの「われ思う　ゆえにわれ有り」はその典型的な例であろう。「われ思う」という内省によって絶対的基盤を見出した意識のみが主体を生成し支える、という考え方に真っ向から反対したのがジークムント・フロイトであった。一九〇〇年、フロイトは『夢判断』において、夢によって到達し得る無意識の構造を中心に扱う深層心理学の基礎を固めていく。彼は、主体の第二の領域として、意識からも独立して全く別の動きをする無意識の構造を明らかにした。無意識は意識に影響を与え、主体を欺きすらする、という。

セスでは常に、建築や空間のあり様を恣意的に決めることを避けようとしますね。日本の建築界でもよく言われた「恣意性の排除[*5]」ということですが。

阿部 そうなのです。そこに現れる境界面を忠実になぞっていくというレベルにおいては、徹底して恣意性を排除しようとする。例えば彼らの「オープン・ハウス」でも、最初のスケッチ以降は、本当に忠実に、緻密に、そして客観的に、組み立てられていくのです。

「私」と世界との境界面

でも、私の場合は、忠実な行為の中に、その日の体調で起きるいろいろなアクシデントだとか、設計する「私」が主体的に織り込まれていくことを否定しません。どう考えても、あの最初のスケッチを客観視し神聖視して、それをひたすら忠実に具体化しようとすることには、どこかに欺瞞があるように思えてならないのです。

ですから、あのスケッチとその描き方に科学的根拠があるかというと、私はそうは思わなくて、あれが重要だったのは、「私」と世界の境界面が今このように立ち現れたと言い切ったところだと思うのです。私を感動させたのは、彼らの自動記述的方法が世界を記述する方法として有効か否かではなくて、世界を記述するときに全体を語らず、触れ合ったその面を問題にしよう、そして、その面に接し得るのは作り手としての「私」なのだという、その明快なステートメントだったのだと思うのです。

川向 なるほど。それで阿部さんは、すでに当時から「私」と世界との境界面のあり方を確認する実験をしていたわけですか。

阿部 まだ大学にいたときのことですが、かなり自虐的な実験をやりました(笑)。じ

*5 恣意性の排除
恣意性とは、気ままで、自分勝手な思い込みなどを指す。建築に限らず、表現に社会性を求める近代運動においては、恣意性の排除は中心的課題であって、自己の印象・感覚ではない客観的・科学的・社会的な根拠やルールを求める動きは、一九世紀から今日まで連綿と続いてきた。しかし、恣意性の問題は決して単純ではないことが、たとえば、これを最も重要なテーゼとしたソシュール言語学などによって明らかにされ、現代建築においても最重要課題であり続けている。

ゃあ、自分と世界の境界面というのはどうなっているのかと考えまして、いくつか実験をしたのです。箱の中に入って、とりあえず自分と世界との境界面を箱でつくってみて、それでずうっと学校の屋上に置き去りにされた状態でいる実験とか、あるいは、道端に置かれた薄い被膜のエアドームの中に私が入って、実はドライヤーで圧力をかけてドームになっているのですが、それに対して周囲の人々がどうかかわってくるかという実験とか。

川向 その結果、分かったことは。

川向 「私」が肉体的にも精神的にもどういう状態にあるかということを境界面がかなり正確に視覚化しますし、「私」がどう世界を認識しているかということもその境界面に表れてきます。ということは、「私」はこの境界面を通して世界にかかわっていける、あるいは、この境界面を有効に使えば世界との関係を変えることができる、そう思ったわけです。世界と積極的にかかわっていく方向に境界面をつくることは可能だし、自分はそうでありたいと強く思いました。最近では、「交流する境界面」という表現も使っています。

世界を映しとる媒体の想定

川向 では、少し具体的な作品のお話をうかがいましょうか。これまで世界という言葉を使ってこられましたが、たとえば、豊かな自然の中と、都市部の完全に市街化された場所では、世界を具体的に構成する要因は、ずいぶんと異なってくるのでしょうね。

阿部 そうですね。たとえば、蔵王の森の中にたつ別荘建築「読売メディア・ミヤギ・ゲストハウス」[*6]（一九九七）の場合は、リボンのような一枚の細長い壁が傾斜した自然地

*6 読売メディア・ミヤギ・ゲストハウス
宮城県蔵王町に建てられた二階建てのゲストハウス。蔵王山麓のゆるやかに傾斜する別荘地にある。上下階をつなぐスロープから着想された「リボン」が発展して、長さ約九〇メートルのリボンを二重に巻き、さらに内外の条件に呼応してリボンが様々な襞をつくり、その襞内に内部空間や外部空間が発生する、という設計手法にまで高められた。

形から螺旋状に立ちあがっていくのですが、その「リボン」が最終的にどういう三次元的な形態になるかは、風の流れとか森の眺望とか、ここで繰り広げられる内部と外部での生活のプログラムとか、まさに世界を構成するさまざまな要因によって決まってきます。この場合は、リボンが世界を映しとる境界面です。

川向　そうか、世界つまり建築が成立するミクロコスモスと「私」との多様な関係を記述するためのリボンというかテープというか、そういった媒体となるものを、いわば「境界面」の初源状態として前もって想定するのですね。それが、さまざまな要因を記述しつつ変形していくわけで、むしろ、変形とか歪みが、世界と「私」との境界面の姿だとも言える。設計手法としては、「I-ハウス」[*7]（二〇〇一）にも共通するところがありますね。

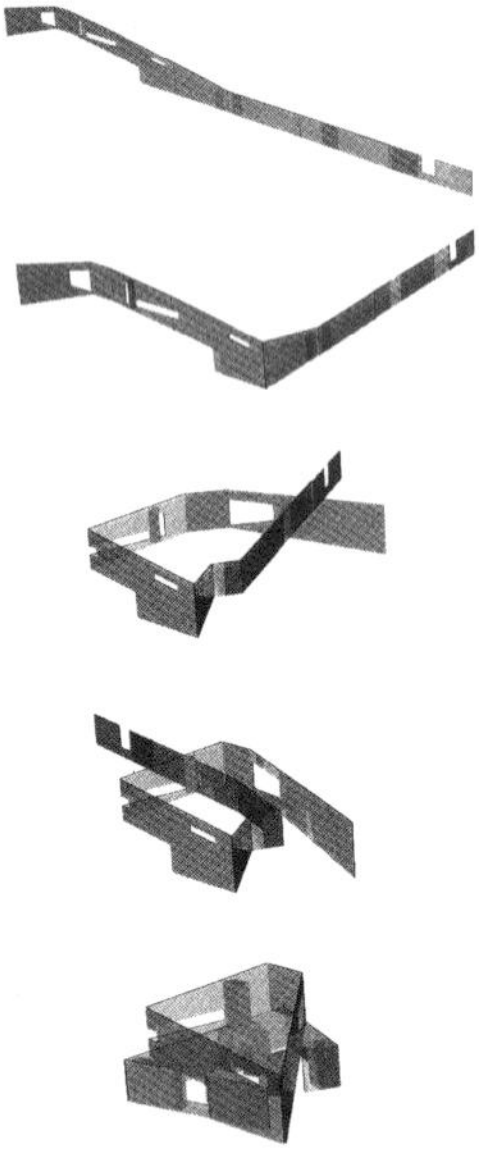

読売メディア・ミヤギ・ゲストハウス（上）
折り曲げられる「リボン」（下）

*7　I-ハウス
夫婦と子供一人という家族のための、地下一階、地上一階の住宅。東は海に臨み、南北には丘があるという、全体が緩やかな谷状の地形で、しかも敷地だけが基壇状になって傾斜面から突き出ているので、周囲を見渡すことができる。ここでは「リボン」ではなくて「チューブ」が想定されて、そのチューブが家族の様々な生活の場をつなぎ、地形に対応して上下しながら、敷地内部に折り込まれていくことで、この住宅が出来上がった。

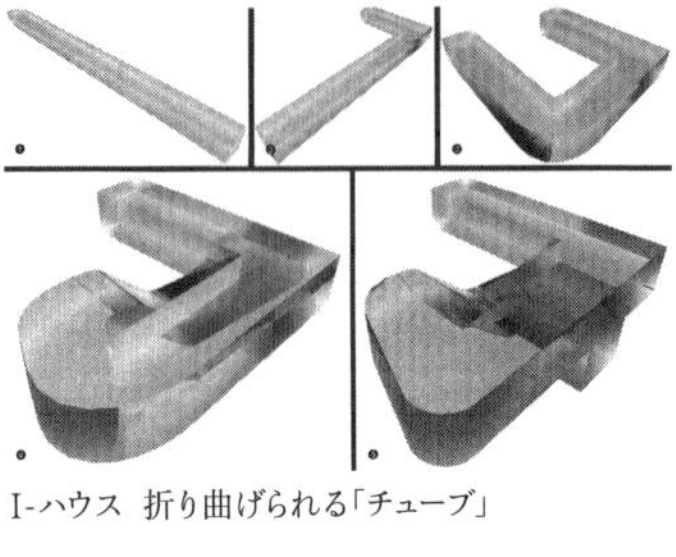

I-ハウス　折り曲げられる「チューブ」

阿部　「I-ハウス」の場合も地形に特徴のある場所で、ここではチューブのような空間を、高低差、眺め、内部での生活のプログラムといったものとの関係で折り曲げていく。この場合は、最初に想定された境界面がチューブ状になっていて、それが多様な要因を映し込むことで三次元的に歪んでいって、ひとつの建築ができあがる。

境界面が、壁やスクリーンなどの単に物体としての境界面ではない例もあります。それは、私の考える境界面が、空間を区切るよりも、世界のあり方とか世界との関係をそこに映し込むことを重視するものだということを、もっと明瞭に伝えるはずです。

たとえば、「ダイアパレス・サウンドスケープ」[*8]（二〇〇〇）は、マンションのエントランスに向かうアプローチ空間の設計です。もともとは大きな川に面して眺めを売り物にしようとしていたのですが、建設中に川との間に別の建物が建って、川との関係が断ち切られてしまった。そこで、このアプローチ空間の壁をパラボラ状にして、マイクロ

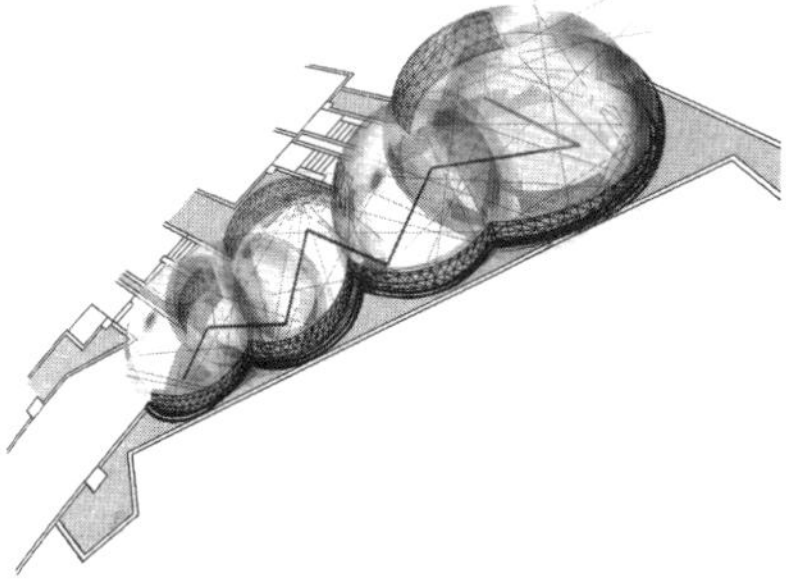

ダイアパレス・サウンドスケープ
楕円球を使ったコンセプト図

*8　ダイアパレス・サウンドスケープ
仙台市北部の、川沿いにたつ集合住宅のアプローチ・デザイン。ほぼ同時期に着工した他のマンションによって川への眺望が遮られたために、失われた川とのつながりを回復するためにデザインされた。音をデジタルツールによって可視化・空間化して、音環境と空間形態を同時に操作する方法が考案された。具体的には、異なる七つの楕円球を、焦点を一つずつ共有させて鎖状に並べ、壁沿いに配されたベンチに幾つもの音源を組み込む。その音源から発せられる聞き取れないほどの音を、パラボラ状の壁面によって焦点に集める。このアプローチを進むと、せせらぎの音の広がりの中を行くように感じられる。なお、計画では楕円球であったが、コストの制約から実施段階で、楕円に沿って、湾曲するコンクリート打放しの壁を立てていく方式に変更された。

ホンで拾った川のせせらぎの音を、ここでスピーカーを使って小さく流すと、パラボラ状の壁面で音が反射したり焦点を結んだりして、ここを通ると、本当に川のせせらぎを近くで聴いているような気分になります。この境界面は、まさに川のある世界を映しこむために存在するものです。

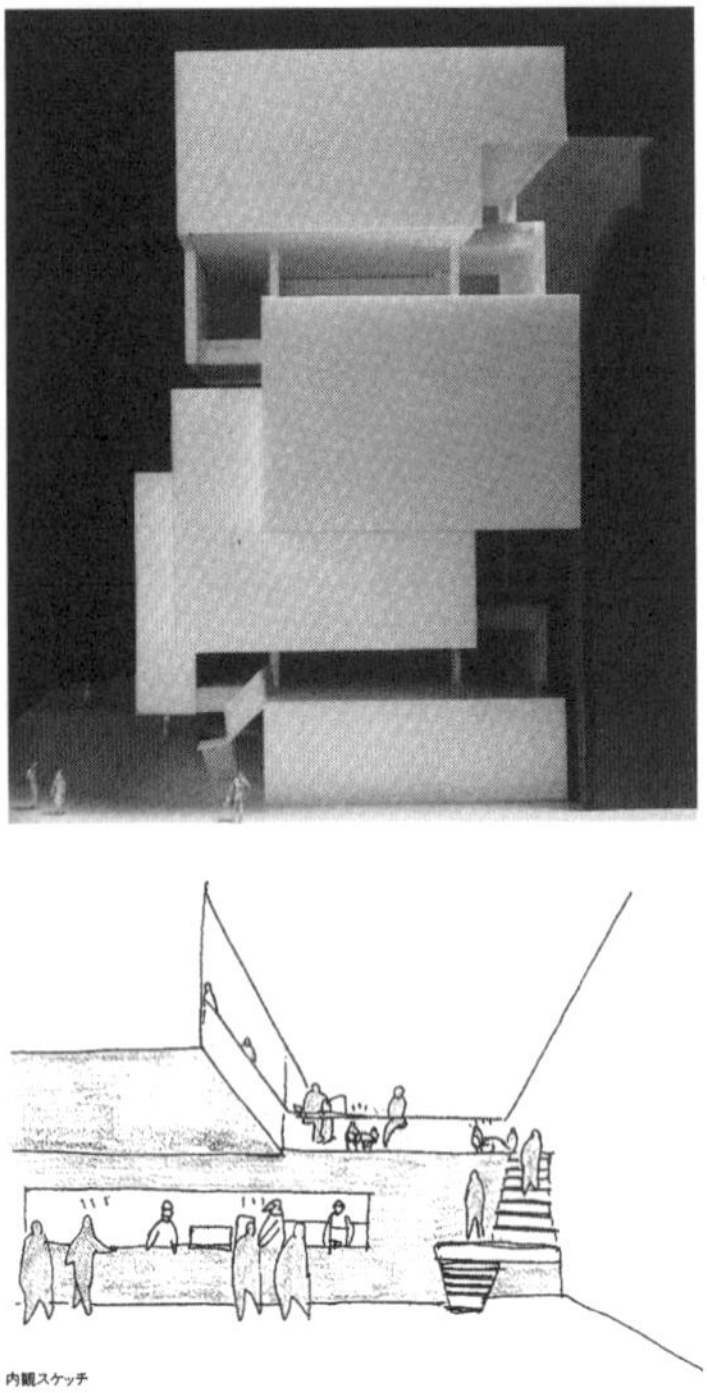

FRP
模型（上）、内観パース（下）

都市との境界面

川向　現在進行中の飲食ビルのプロジェクト「FRP」[*9]は、都市との関係を考えた、非常に興味深い例ですね。三次元的なスケルトン（骨組み）、つまり建築の中に都市の街路空間が貫入し、その外周部を螺旋状にのぼっていく。そして、螺旋状に立ち上がっていく「街路」沿いに店舗空間が並べられるわけですが、その際に「街路」と個々の店舗空間との境界面が曖昧にされている。逆に言えば、螺旋状に上っていく曖昧な境界面は、店舗と都市との多様な関係を映しこんだものになっている。

*9　FRP
二〇〇三年二月に計画が始まった仙台市にたつ予定のテナントビル。完成は二〇〇六年を予定している。

阿部　それぞれにオーナーがいますから、いわゆる権利関係が絡んできて、境界面を曖昧にすることがいかに大変なことかは、想像していただけると思います。七階建てのビルの各階の隅に、それぞれ異なる周辺の状況に向けて開かれた二層の吹き抜けがあって、それらを取り込みつつ螺旋状に最上階まで空間が巻き上がって、それが立体的な「街路」になります。個々の店舗はこの「街路」に、さらにビルの外の街に大きく境界面を広げていきます。構造システムとしては、リンゴの皮がぐるぐるっと巻き上がっている感じだと申し上げればイメージし易いと思いますが、その「皮」が耐震壁になっていまして、これによって柱の負担が軽減されて、すごく細くなると同時に、コーナーの柱がいっさい要らない。空間が立ち上がっていくという印象が、かなり前面に出てくる。テナントビルの新しいプロトタイプになることを期待しています。

川向　つくる「私」のほかに、所有者・利用者としての「私」もいて、境界面の設定も複雑になってくる。公共建築だと、大勢の「私」に、世界との境界面を共有してもらうための工夫が必要になりますね。

複数の「私」とワークショップ

阿部　熊本県でやった「苓北町民ホール」[*10]（二〇〇二）が、そうでした。東北大（助教授）の小野田泰明さんと一緒にワークショップ[*11]から進めていったのですが、ホール、情報コーナー、集会施設といったいくつかの空間を既存の手法で区切れば、行政にも住民にも抵抗なく受け入れられる。だけど大切なのは、そこにある空間の使い方を人々が工夫すること、また、その空間が多様な使い方を受け入れ得ることであって、それで初めて「ホール」が地域生活の核になれる。みんなで何かをしようとなると、必ずここに集

*10　苓北町民ホール
熊本県天草郡苓北町に建てられたホール・公民館施設。東北大学工学部助教授である小野田泰明との共同設計。町役場・公民館の移転跡地に計画されたもので、町の構造が時代とともに大きく変わり、そこに生じたコミュニティの空白をどう埋めるかが、最も重要な課題であった。何をつくればコミュニティの核となり得るか、そのためのプログラムや規模が、町民とのワークショップを通して決められていった。一〇〇〇平方メートルを超えない規模で、北半分に、外に発信する文化ホール機能、南半分に、地域内交流のための集会所機能、そして両者が重なり合う中央部分には、ボランティアビューローが置かれることが決定した。

*11　ワークショップ
「ワークショップは、何かの解決策を導き出すための手段やある決定を正当化する方便などではなく、関係性を取り戻し、紡ぎ出したりする場」なのだと、阿部と小野田は指摘する。さらに両人は、「ワークショップという仮想の空間で想定された場や人との関係が、回を重ねることによって実体化」する、すなわち、ワークショップによって生み出された仮想のコミュニティが現実のコミュニティに変わり得る可能性をも、確信をもって語っている。阿部も参加した、ワークショップとしては早い例だった宮城県白石市での市民参加型のまちづくりについては、拙著『二〇世紀モダニズム批判』（一九九八、日刊建設通信新聞社）第五部の第六章と第七章を参照されたい。

まってくるという関係が生まれます。だから、個別の空間を閉じることも開け放つこともできるし、境界面を取り払って同時に広く使うこともできる。そういう境界面のあり方を設定したいわけだけれども、そういう境界面のあり方が、どうすれば、私自身を含めて大勢の「私」の中から出てくるか。それがポイントでした。

川向　「苓北町民ホール」は、いろいろな意味で、阿部さんの持ち味がよく出ている作品ですね。大勢の「私」が相互に理解しあい、一つの世界と、その世界と「私」自身との境界面を共有するために、ワークショップという共同作業が有効に機能した、その良い例だとも言えます。

苓北町民ホール
外観（上）、架構図（下）

第5章

伊東豊雄
ITO Toyo

場所性

——身体・建築・都市が同調する枠（トポス）として

川向　この対談のテーマとして伊東さんからいただいたのは「場所性」[*1]ですけれども、なぜ今、場所性なのかをお尋ねしたい。

さらにもう一つ、伊東さんの場合、場所性が身体と結びついたかたちで語られ、突き詰めると、空間のあり方も場所のあり方も、実は伊東さんご自身の身体のあり方と深く結びついているように思われるのですが、それは何故なのかをうかがいたい。この結びついた状態には私も関心があって、等号で結んで身体＝場所とか身体＝世界[*2]のように表現して考えています。等号で結ばれた状態は、互いに境界がなく渾然一体になった状態を意味します。それは漠然とした、しかし存在が確実に感じ取れる状態のことでもあって、これは伊東さんがおっしゃる、流動的な状態としての身体とか建築、に近い。では伊東さんの場合、そこからどう「建築化」していくのか、といったことを、うかがいたいと思っています。

身体を包み込むような内部感覚

伊東　二番目の問いに関連するところから始めますと、私は中学三年生の途中まで長野県の諏訪で育ちました。私の家は諏訪湖に面して、庭から湖に出られるような場所でした。毎日、湖を見ながらの生活です。湖の波が来る方向によって明日の天候を知り、水の色によって季節を知るという生活です。盆地の中というのは非常に穏やかで、海辺で暮らした方とは、ずいぶん空間感覚が違うのではないか。

それがどのように今の建築に影響しているかは自分では定かではありませんが、川向さんがかつて私の建築を「里の風景のようだ」[*3]とおっしゃってくださって、それは私の建築の中にある穏やかさとか静けさといった空間感覚のことを表現してくださったのか

伊東豊雄［いとう・とよお］

一九四一年　京城市生まれ、長野県下諏訪町で育つ
一九六五年　東京大学工学部建築学科卒業
一九六六年　菊竹清訓建築設計事務所入所
一九七一年　株式会社アーバンロボット設立
一九七九年　事務所名を株式会社伊東豊雄建築設計事務所に改称

［主な受賞歴］
一九八四年　日本建築家協会新人賞（笠間の家）
一九八六年　日本建築学会賞（シルバーハット）
一九九〇年　村野藤吾賞（サッポロビール工場ゲストハウス）
一九九一年　毎日芸術賞（八代市立博物館・未来の森ミュージアム）
一九九七年　ブルガリア・ソフィア・トリエンナーレ　グランプリ
一九九八年　芸術選奨文部大臣賞（大館樹海ドーム）
一九九九年　日本芸術院賞（大館樹海ドーム）
二〇〇二年　World Architecture Awards 2002 Best Building in East Asia（せんだいメディアテーク）
二〇〇三年　日本建築学会賞（せんだいメディアテーク）

［主な著書］
一九八九年　『風の変様体　建築クロニクル』（青土社）
二〇〇〇年　『透層する建築』（青土社）

なと思います。
川向　生い立った場所が、空間感覚をつくるのですね。
伊東　そうかもしれません。ですから、私にとって空間というと、建築というよりも、朝もやの立つ湖とか、冬の寒くなり始めの頃に朝、湖面すれすれに出る水平の虹であって、少年時代の思い出と結びついた何か空気とか水とか、そういう自然現象なのです。諏訪にいた頃には意識しなかったのですが、この年齢になり、建築をつくってきた三〇年を振り返ると、あの少年時代の自然環境が自分のつくる空間に影響しているのかなと思うようになりました。
　おそらく最初から、私にとっては、建築は何か境界のはっきりしない、自分の体を柔らかく包んでくれるようなもので、盆地で育ったことで、そういう内部感覚が自然に芽生えたのかもしれません。
川向　しかし、私などから見ると、たとえば「中野本町の家」[*4]（一九七五）などに表れる伊東さんの初期の建築思考は、周囲から閉じて内向しており、「モルフェーム（形態素）」[*5]などの概念を使って、内部で複雑な形態操作を行いながら空間の流動化を促していくと

中野本町の家 ドローイング

*1　場所性
前掲脚注（本書一五八頁）参照。
*2　身体＝場所、身体＝世界
拙著『境界線上の現代建築』『二〇世紀モダニズム批判』で、身体と場所あるいは世界との間に境界がないか、切断ではなく接続する境界が存在することによって両者が渾然一体となった状況を等号で表し、そのような状況を実現するための思想と手法を論じている。
*3　里の風景
伊東の建築は、変わるものを拒絶するのではなく吸収してしまう固定点であって、急激な変化を見せるTOKYO、電脳社会・大量消費社会の真ん中に、固定点としての「里の風景」を浮かび上がらせると論じたのは、前掲『二〇世紀モダニズム批判』第四部第六章「分裂を治癒する伊東豊雄の里の風景」である。
*4　中野本町の家
「ホワイトU」とも呼ばれ、伊東の初期の代表作。U字型プランの中心にシンメトリーの軸を通すという観念的志向と、U字型にゆるやかに回り込んでいく壁面の美しさを求めようとする感性的志向との対立の末に、後者を採ったと伊東自身が語っているように、感性的・空間内的・身体的な思考を特徴とする彼のこの後の歩みを、決定的に方向付けた作品である。「流域」と「滞域」、あるいは「モルフェーム」などの重要な概念が誕生するきっかけともなった。
*5　モルフェーム（形態素）
「中野本町の家」の設計にあたって伊東は、湾曲して流れていく白い空間にいくつかの形態要素を配置して、変化とリズムを感じさせる場を

いう、その展開をトレースするだけでも、しんどいものでした。あの頃から「空間の流動化」と同時に「全体が均質ではなくて、空間の部分部分に固有のリズムや運動感覚を刻み込んでいく」という二律背反することを目指しておられた。その目指すところは、今も基本的に変わっていないという印象です。

伊東　私の場合、一方に、少年時代に培われた境界のない柔らかな霧の中にいるような空間感覚があり、もう一方に、非常に鋭利で純粋な形態、直方体とか円柱とか、そういったピュアな幾何学形態を奉じる近代主義の建築があって、この両者が同居した状態から建築思考を始めたからでしょうか。この矛盾と対立から、ご指摘のように、私はまだ完全に脱していない。

近代主義との相克とそこからの解放

川向　純粋化された幾何学形態を受け入れながら、なおその先に、やわらかく包み込むような内部感覚を生み出そうとする。この後者の方がますます強くなることで、伊東さんの建築は明らかに近代主義を乗り越えたものに変わっていきますが、伊東さんの内部での対立点・矛盾点も同時にシフトして、消えることはないわけですか。

伊東　私が大学で建築を学んだのは六〇年代前半でして、丹下健三さんが脚光を浴び、菊竹（清訓）先生も三〇代で突然デビューをされて、彼らによって日本の近代主義が一つの黄金期を迎える時代でした。そして、最初に私が揃えたのがコルビュジエやミースの作品集でしたから、この意味でも、近代主義にどっぷり浸るところから建築を学び始めたと言えます。私の身体は、諏訪湖の自然と同じくらい、近代主義とかその幾何学思考にもどっぷりと浸ったということでしょうか。

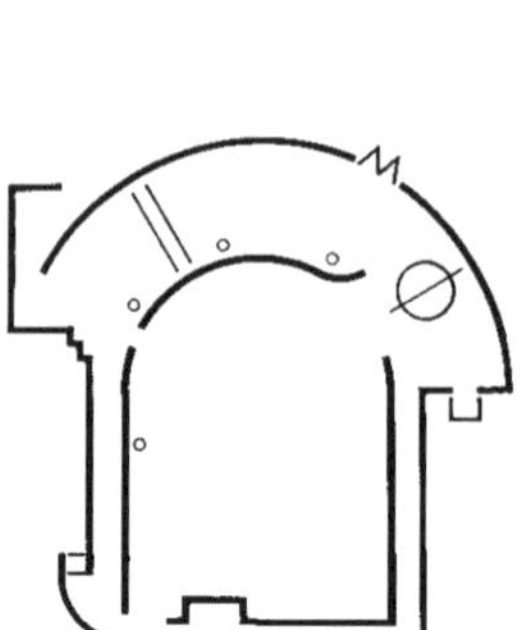

中野本町の家　モルフェーム

次々に発生させるという操作を行った。自己の記憶や意識に留められている、風景や造形から抽象化された形態が、既存の意味から切り離されて単なる形態群として集積されたもので、場を分節する道具とも説明される。

川向　しかし、やがて仕事が東京から八代、諏訪、あるいは仙台[*6]へと広がり、それぞれの場所性と共振し合うことで、伊東さんの身体に封印されていたものが、次第に解き放たれていきますね。いわば、自然な身体に帰っていくように。

伊東　ええ。霧の中にいるような状態を、もう少し建築に引き寄せていく。建築というより日本庭園を歩いているとか、音楽ならば雅楽だとか、能の舞台、能役者が舞っている空間だとか、そういうもののほうが、私の空間のイメージにはぴったりだと思います。

ですから、建築の内と外がスパッと切られてしまうとか、部屋同士を区切る境界がはっきりしすぎていることは、自分にとっては、すごく耐え難いことなのです。しかし、そのラインを引かないと建築になっていかない。特に近代建築は、環境とは無関係に世界の至るところで同じものを再生産しようとしました。それが一つの目的にもなっていましたから、スパッと線を引いて建築と環境とを切り離してしまう。そうすることで、かつての日本建築のように自然環境と連続した空間をつくることが出来なくなります。このことは自分にとって、とても辛いことで、ぜひ、そこから解き放たれたい（笑）。

川向　すべてのものが互いに切れることなく、つながっている。伊東さんの中では、常にそうなのですね。だから、まず「分断すること」から始める近代主義の建築や都市をなんとか乗り越えようとしてこられた。

伊東　近代主義の建築というのは、個別の機能に分けて、それぞれに個別の空間を対応させていく。人間の行為は本来連続的なもので、常に「何々しながら」生活しているのに、たとえば、食べる行為と寝る行為を分け、それぞれをダイニングとかベッドルームという個々の空間に切り分ける。そして、これが一番いい組合せだという「最適解」を目指す。その一方に、ミースのいわゆる均質空間のようにどこもすべて同じで、しかも

*6　八代、諏訪、あるいは仙台
八代市博物館・未来の森ミュージアム（一九九一）、八代ギャラリー（一九九一）、養護老人ホーム八代市保寿寮（一九九四）、八代広域消防本部（一九九五）、下諏訪町諏訪湖博物館・赤彦記念館（一九九三）、そしてせんだいメディアテーク（二〇〇一）など、九〇年代の伊東の仕事は殆どが地方都市で実現した。

それがどんな機能にも対応できて最も自由だという考え方がある。ミースの「レス・イズ・モア」[*7]という思想で、それに基づいて、二〇世紀を席巻した高層オフィスビルの空間のようなものが誕生した。二〇世紀の建築や空間は、このどちらかによって作られてきた、と言えますね。

場所性―現象あるいは状態そのもの

川向　では、本題でもある「場所性」という概念について、冒頭で私が投げかけた二つの問いの、最初のほうに答えるかたちでお話いただきたい。これは、今おっしゃった二〇世紀的な空間のつくり方に対する批判の延長上に出てくるものですね。

伊東　そうです。最初に申し上げたように、私が望むのは、もっと現象そのもののような空間です。それを建築にすると、どうしても現象そのものという状態から離れてしまう矛盾に直面しながら、あえて私が目指すのは、機能に一対一対応する部屋をつくるのでもなく、あらゆる機能を包含し得るという無限定な均質空間をつくるのでもない。とりあえず私は、これらに代わる何か、その目指すところを「場所性」という言葉で伝えようとしているのです。

その際に、川向さんが「地域」とか「場所性」をおっしゃる場合には、例えば仙台とか諏訪という地域とか場所に、どう建築全体として呼応するかということを問題にしているように思うのです。もちろん私も、特に「せんだいメディアテーク」[*8]（二〇〇一）以後、その場所でしか、一回しか出来ない建築をつくろうと思っています。しかし、もう少し「場所」という概念を拡大解釈して、機能に対応する部屋でもなく均質な空間でもなく、自分のつくる建築の中に「ここは違う場所なのだ」と感じられる、たくさんのい

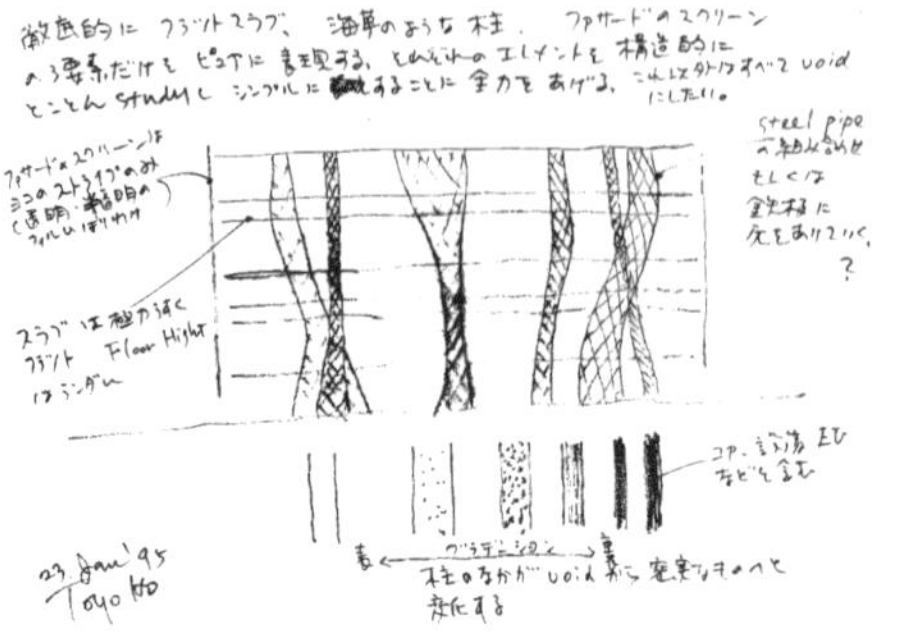

せんだいメディアテーク　初期イメージ

*7　レス・イズ・モア
Less is more.「少ないほど豊かである」。余計な装飾などを一切排除して最低限必要な要素だけで、完璧なディテールをもった豊かな空間づくりを目指したミース・ファン・デル・ローエ（一八八六～一九六九）の、建築思考と作風を的確に言い表したアフォリズム。

*8　せんだいメディアテーク
メディアテークとは、メディアミックス型の施設を表現するためにフランスで生み出された言葉。市民のための展示・発表ギャラリー、図書館、情報メディアセンターなどの複合施設の設計者選定のために公開コンペを実施すると仙台市が発表したのが九四年七月。翌年三月の審査で最優秀案に選ばれたのが、伊東豊雄案であっ

ろいろな場所をつくりたいと思っているわけです。

川向　私も、「地域」とか「場所性」をいう場合にはいつも、そう単純系ではなくて複雑系で捉えていて(笑)、そこで活用できるリソースを調べ、それをチップ[*9]やレイヤー[*10]として組み立て重ね合わせるプロセスを大切にしたいと考えています。確かに私の場合は、外とのつながりを重視しますから、「建築の内部に多様な場所をつくる」とは言わずに、「建築は多様な場所をつくり、多様な場所を内包する広義の建築に変わっていくべきだ」と言っています。この「広義の建築」としては、「ランドスケープ」、さらに正確に言えば「地域」を考えています。あえて「建築の内部」を強調しないが、だからといって、建築の外観とか全体的な性格付けで対応すればいいと考えているわけではない。たとえば、さきほど伊東さんがおっしゃった日本庭園のような空間のあり方にも関心がありま

せんだいメディアテーク 1階

た。植物のような生命体としてのストラクチャーを、七枚のフラットスラブと一二本の網状チューブだけで構成する。次世紀にふさわしい、新しいドミノ・システムの提案だと、伊東は説明した。

*9 チップ
chip 半導体素子を意味するが、ここでは比喩的に、ある全体特性に関する記憶や情報などが高度なシステムで刻み込まれた素子一般を指す。この語が、マイクロ・エレクトロニクス時代の建築・都市を語る際のキーワードであることについては、伊東豊雄『透層する建築』(二〇〇〇、青土社)二四六頁以降に収録された伊東のエッセイ「マイクロチップスの庭園〜マイクロ・エレクトロニクス・エイジの建築イメージ」参照。

*10 レイヤー
layer 層、あるいは積層の意味。

すが、その日本庭園も、極端に様式化されて塀で閉じられたものではなくて、もっと外に対して開いたものであるべきだ、というように私は考えるのです。

多様な場所を内包する森を歩き続けたい

伊東　そう、私ももっと正確に表現すべきですね。常に私の中では、場所という言葉には、境界をはっきり持たない、森の中の空間のようなイメージがあります。森の中を歩いていると、陽光が差してくる場所もあれば、非常にじめじめして暗い場所もある。人々は、都市の中、森の中のいろいろなところで、それぞれに場所を選んで、そこで様々な行為をしている。それと同じようなことを建築の中でつくり出したいというのが、基本的なイメージです。

その際に私としては、どこまでも森の中を歩いていたい。「せんだいメディアテーク」の場合も、森がどこまでも続くようなものであってほしいと願っていました。しかし、実際には敷地条件があって、それはあり得ない。だから、本当は続いているものを、とりあえずスパッと切る。これが、私の「建築化」です。全面がガラス張りでも、ガラスの箱をつくりたかったわけではないのです。

川向　なるほど。敷地とその周辺がもっている自然とか歴史を含んだ状態、それをそっくり掬い上げたような「状態としての建築」[*11]が、伊東さんにとっては、すべてだと。

伊東　ただ、一つ問題があります。場所性を認識し、それを状態として表現することが、その場所に外から入っていく私に、本当に可能かという問題です。私は今、仕事の七割が海外で、特にヨーロッパの各地に散らばっています。海外の場合でも、そこに行ってどう場所性を読み取るのかは、極めて重要な問題です。

*11　状態としての建築
伊東豊雄はエッセイ「蜃気楼のような建築は存在するか」（前掲『透層する建築』一五五〜七頁収録）の中で、今日のわれわれの身体が「不安定で絶えず変化し続ける流動体」であることを指摘したうえで、それに対応する建築もまた、「流動的な状態としての建築」であり、「蜃気楼のような存在感の稀薄な現象的建築」だという。

他者との協働が新しい世界へ

伊東　私は、その場所とか地域にとって、よそ者でしかない。他者です。たとえば、仙台には仙台の歴史や環境条件がある。そうした前提のもとで、他者としての私が地域の人々と話し合いながら、そこに環境に適合した現代の建築をつくれるだろうか。それを試みることが、現在の私の、建築に対するスタンスです。他者としての私が、遠く離れた別の地域に行って、環境や人々やその他の様々な事にかかわり合うことによって、何が生まれてくるか。この点に私は、すごく期待しています。

川向　伊東さんの建築が、というよりも伊東さんの身体が、この数十年の間に、いわば近代主義的他者、その「他者的身体」[*12]から、どこまで解放されて自由になっているか。と同時に、どのような他者に対しても、いかにしなやかにそれと協働して、新しい世界

ブルージュ・パヴィリオン

サーペンタイン・ギャラリー・パヴィリオン

*12　他者的身体
土や血に結びつく風土や地域性、それと一体となって渦巻く大衆エネルギーの真っ只中に、あくまでも他者としてもたらされたモダニズム的身体を指す。伊東のエッセイ「〈カーロとリベラの家〉にみる他者的身体」（前掲『透層する建築』五〇一頁以降収録）を参照。

まつもと市民芸術館　大きくうねっていく壁面

を開くものに進化しているか。そういう期待ですね。でも確かに、伊東さんのお話をうかがっていると、場所の状態をさっと掬い上げることで、誰も予想もしなかった実に斬新な建築が次々に誕生してくるようなイメージが湧いてきます。実際、「ブルージュ・パヴィリオン」[*13]（二〇〇二）、「サーペンタイン・ギャラリー・パヴィリオン」[*14]（二〇〇二）、そして「まつもと市民芸術館」[*15]（二〇〇四）などは、その場に身を置いてみると、開放感があって、実に心地よい。まつもとの外周壁は、水泡が立ち上がっていくような、具象とも抽象とも言える不思議な形態で、それを手作りのガラスでつくり、GRCというガラス繊維の入ったプレキャストコンクリート板にはめ込んでいますね。躊躇せずに場所の状態を形にしていく手腕には、イチローの打撃のような鮮やかさがあり、その軸足は、しっかりと「場所性」「状態」の上にあるという感じです。

＊13　ブルージュ・パヴィリオン
ブルージュは、フランドル地方にあって、人口一二万。この町が、二〇〇二年にEUの文化首都（カルチュラル・キャピタル）に指定されたのを記念して、市庁舎が面するブルグ広場に一年間だけたつテンポラリーなパヴィリオンを、伊東が設計した。アルミ・ハニカムの要所に楕円のアルミパネルを両面から貼り付けて補強するという構造システムでできた、アルミのレース編みにも見えるトンネル状のパヴィリオンが、円形の池を横切るガラスのブリッジの上に、舞い降りたように存在する、という構想であった。

＊14　サーペンタイン・ギャラリー・パヴィリオン
ロンドンのサーペンタイン・ギャラリーが一九九八年から仮設パヴィリオンの企画を続けており、二〇〇一年暮れに、セシル・バルモンドとのコラボレーションという前提で、伊東に参加打診があった。条件は、同ギャラリーの前庭に、約二〇〇〇万円の予算で、三〇〇平方メートルの床と、その覆いをつくること。用途は、通常はカフェで、ときにはレクチャー、パーティー、ディベートの場となる。夏の三ヶ月間の使用だから、空調設備のない完全にオープン・エアでよい、というものであった。設計案は、正方形を回転させながらアルゴリズムに従って無限に拡張させて、屋根面と側面四面を貫くパターンを作り、そのパターンをスチール材でつくって全体のストラクチャーとした。その間の様々な不等辺多角形には、開口として使う面以外には、ガラスとアルミを張り分けた。ブルージュと同様に、デザイン要素はそれ自体がストラクチャ

境界すなわち表皮をつくる

伊東　どれも、ずーっと、つながっていくイメージでつくっています。そこにあるのは、たまたま、ある変転する状態の一瞬だというように。そして面白いことは、外皮というか現象形態がそれ自体で構造体にもなっていて、これによって現象がそのまま建築化されたかたちになっている。これまでは、ひたすらに壁を薄くして軽くすることを考え、その薄さや透明性によって境界をなくそうと考えてきました。ですが今は、境界というか表皮というか、そういうものの存在を楽しむ方向に、私の意識が変わっています。

川向　伊東さんがかつて書いておられますが、日本人は幔幕《まんまく》を周囲に張り巡らせるだけで、ハレであろうがケであろうが実に巧みに、そこに場所性を演出した。場所性は、それを囲む、幔幕のような境界[*16]によって決まる。とすれば、境界という不可思議で魅力的な存在をポジティブに受け止めて、その表現の可能性に挑戦すべきだということになりますね。それが、「トッズ表参道ビル」[*17]（二〇〇四）では、大胆なかたちで実現しています。

伊東　表参道のケヤキ並木をイメージして、重ね合わされた九本の木の姿が、厚さ三〇センチの現場打ちコンクリートで

TOD'S 表参道ビル　壁面展開図

ーでもあり、すべてが等価であって、柱・梁・壁・窓といった旧来の建築言語から完全に解放されたものとなった。

＊15　まつもと市民芸術館
長野県松本市にたつ大小二つのホールを中心とする施設。とくに一八〇〇席の大ホールは、毎年夏に開催される「サイトウ・キネン・フェスティバル」でオペラが上演できる性能を有する。その他、二四〇席の小ホールなど、設備は充実している。圧巻は、南北に長いワインボトルのような敷地を活かして、エントランスから大ホールのホワイエまでの間に用意された長大な動線である。その動線に沿って大きくうねっていく壁面には、ガラス象嵌のGRC（ガラス繊維強化プレキャストコンクリート）パネルが嵌め込まれて、水の中を様々な気泡が立ち上がっていくような不思議な印象をともなう、高揚感のあるシークエンスが創出されている。

＊16　幔幕のような境界
幔幕を「人びとの集まる領域の外郭を辛うじて囲う軽いパーティション」と定義した上で、二一世紀における境界の幔幕的な姿について論じるのは、伊東のエッセイ「二一世紀の幔幕〜流動体的建築論」（前掲『透層する建築』九六頁以降収録）である。

＊17　トッズ表参道ビル
東京表参道の一角に建てられるイタリアの靴・バッグのブランド「トッズ（TOD'S）」の専用ビル。一〜二階がショップ、三〜五階がトッズ・ジャパンのオフィス、六階がプレス発表などのパーティールーム、そして七階がミーティングルームと屋上庭園という構成。周囲をめぐる、

つくられ、枝と枝の隙間にはサッシュレスでガラスがはめ込まれる。この大きな平面を折り曲げて建築の表皮、つまり外壁がつくられる。樹林の切り絵のような表皮は構造体であって、自重のみならずスラブも支えます。この六階建てのビルでは上階にいくほど、外周壁の枝が細くなり数も減っていきますから、隙間が増え広くなって、自然光がますます差し込み、外への眺望も開けていきます。

川向　階毎に、境界のあり様が変わって、異なる場所性が生み出される。森の中を歩き、いろいろな場所に出合うイメージが、実現されています。それにしても、言葉どおり、森の中を歩くようで、すごく分かりやすい世界ですね（笑）。

伊東　分かりやすい。よくぞ、言ってくださったという感じですね。近代主義の建築は、あまりに抽象的で分かりにくく、親しみにくかった。ポストモダニズムによる歴史的な建築言語の再利用でもヴァナキュラーな建築言語[*18]への回帰でもなく、全く違うかたちでもう一度、建築に分かりやすさと親しみやすさ、さらに言えば、楽しさを取り戻すことをねらっていましたから。

ケヤキ並木を想わせる樹状のパターンをもつ表皮が、構造体でもあり、内部には無柱の空間が広がる。表皮と構造を一致させる考え方は、「ブルージュ」「サーペンタイン」と同じである。

*18　ヴァナキュラーな建築言語
前掲脚注（本書二九頁）参照。

年表 1950–2004

年代	建築作品（計画案を含む）	主な建築関連書籍	文化・社会の動向
一九五〇	ファンズワース邸　ミース・ファン・デル・ローエ（米）		文化財保護法公布 住宅金融公庫法公布 ＮＨＫテレビ試験放送開始 朝鮮戦争勃発（〜一九五三）
一九五一	チャンディガールをル・コルビュジエが担当する（印） レイクショアドライヴ・アパートメント　ミース・ファン・デル・ローエ（米）		公営住宅法公布 カラーテレビ放送開始（米） サンフランシスコ講和条約・日米安全保障条約調印
一九五二	◇ゴールデン・レーン計画　Ａ＆Ｐスミッソン（英） ◇ユニテ・ダビタシオン（マルセイユ）　ル・コルビュジエ（仏）		初の水爆実験（米）
一九五三	◇イェール大学アート・ギャラリー　ルイス・カーン（米） スペースフレーム　コンラッド・ワックスマン メキシコ大学都市　ホアン・オゴーマン（メキシコ）		ＮＨＫテレビ本放送開始 ＩＢＭ社、世界初の企業向けコンピューターＩＢＭ六五〇シリーズ発売（米）
一九五四	◇ハンスタントン新中等学校　Ａ＆Ｐスミッソン（英） ◇リーンバーン・センター　ヤコブ・バケマ（蘭）		民法テレビ放送開始 世界初の原子力発電所運転開始（ソ連）
一九五五	◇広島平和会館原爆記念陳列館・本館　丹下健三 ロンシャンの教会　ル・コルビュジエ（仏）	ジークフリート・ギーディオン『空間・時間・建築』（原書一九四一　太田實訳　丸善） ルイス・マンフォード『都市の文化』（原書一九三八　生田勉・森田茂介訳　丸善）	日本住宅公団発足、初のＤＫ表示
一九五六		ル・コルビュジエ『輝く都市』（坂倉準三訳　丸善）	四谷に分譲マンション登場 日本、国連に加盟 「もはや戦後ではない」（経済白書）

一九五七	◇ブラジリア　ルシオ・コスタ＋オスカー・ニーマイヤー（ブラジル） ◇旧東京都庁舎　丹下健三		世界初の人工衛星スプートニク一号打ち上げ（ソ連） 東海村に原子力発電所設立
一九五八	◇ユニテ・ダビタシオン　ル・コルビュジエ（独） ◇旭川市庁舎　佐藤武夫 ◇香川県庁舎　丹下健三 ◇ベルリン首都計画　A&Pスミッソン（独） ◇バグダットのアメリカ大使館　ホセ・ルイ・セルト（イラク） ◇スカイハウス　菊竹清訓 パンナムビル　ワルター・グロピウス＋ピエトロ・ベルスキ（米） 晴海高層アパート　前川國男 シーグラムビル　ミース・ファン・デル・ローエ＋フィリップ・ジョンソン（米）		東京タワー完成 TI社、集積回路（IC）を開発（米） 千里ニュータウン EEC（欧州共同市場）発足
一九五九	グッゲンハイム美術館　フランク・ロイド・ライト（米） ラ・トゥーレット修道院　ル・コルビュジエ（仏）		キューバ革命、カストロ政権樹立 大和ハウス、プレファブ住宅ミゼットハウス発売
一九六〇	◇農村都市計画　黒川紀章 ◇丸の内再開発計画　黒川紀章 ◇K邸計画案　黒川紀章 ◇新宿副都心計画　槇文彦＋大高正人 ◇子供の家　アルド・ファン・アイク（蘭）	川添登『民と神の住まい』（光文社） 川添登『建築の滅亡』（現代思潮社） 川添登編『メタボリズム／一九六〇―都市への提案』（美術出版社）	世界デザイン会議開催 メタボリズム・グループの結成 首都高速道路建設が始まる 安保闘争 ベトナム戦争勃発（～一九七五）
一九六一	◇東京計画一九六〇　丹下健三 ◇長野市民会館　佐藤武夫 ◇ペンシルヴェニア大学リチャーズ医学研究所　ルイス・カーン（米） マンハッタンのジオデシックドーム　バックミンスター・フラー（米）		有人宇宙飛行成功（ソ連） ベルリンの壁構築（独） 水俣病の認定 大衆車パブリカ発売（トヨタ自動車）
一九六二	◇西陣労働センター　黒川紀章 ◇マール・シヴィック・センター　ヤコブ・バケマ（独） 空中都市―空中住居　磯崎新		キューバ危機 首都高速道路（京橋―芝浦間）開通 通信衛星テルスター打ち上げ（米）

年代	建築作品（計画案を含む）	主な建築関連書籍	文化・社会の動向
一九六三	◇出雲大社庁の舎　菊竹清訓 ◇母の家　ロバート・ヴェンチューリ（米）		ケネディ大統領暗殺（米） ビートルズ旋風（〜一九七〇）（英）
一九六四	◇ホテル東光園　菊竹清訓 ◇国立屋内総合競技場　丹下健三 ◇エコノミスト本社ビル　A＆Pスミッソン（英） プラグイン・シティ　ピーター・クック（アーキグラム）		建築基準法改正 東京オリンピック 東海道新幹線開通 ゲルマン、クォーク（素粒子）の概念を提唱（米）
一九六五	◇ソーク生物学研究所　ルイス・カーン（米） ◇ピーボディ・テラス・ハウジング　ホセ・ルイ・セルト（米） 大学セミナー・ハウス　吉阪隆正	クリストファー・アレグサンダー「都市はツリーではない」（論文） 黒川紀章『都市デザイン』（紀伊国屋書店）	東京で初のスモッグ警報 ネーダー『どんな速度でも自動車は危険だ』、消費者運動の火付け役に（米） ル・コルビュジエ死去
一九六六	◇パレスサイドビル　林昌二（日建設計） ◇スコピエ都心部再建計画　丹下健三 新宿西口広場　坂倉準三 山梨文化会館　丹下健三 塔状住居　東孝光	ケヴィン・リンチ『敷地計画の技法』（原書一九六二　前野淳一郎・佐々木宏訳　鹿島出版会）	文化大革命（〜一九七六）（中国） 初のIC電卓発売
一九六七	佐渡グランドホテル　菊竹清訓 ハビタ67　モシェ・サフディ（加） モントリオール万国博覧会アメリカ館　バックミンスター・フラー（加）	黒川紀章『行動建築論』（彰国社） 原広司『建築に何が可能か』（学芸書林）	モントリオール万国博覧会 3C（カー、クーラー、カラーテレビ）が憧れの耐久消費財に EC（欧州共同体）発足
一九六八	◇住宅一号　ピーター・アイゼンマン（米） 萩市民館　菊竹清訓 ベルリン国立美術館　ミース・ファン・デル・ローエ（独）	ケヴィン・リンチ『都市のイメージ』（原書一九六〇　丹下健三・富田玲子訳　岩波書店） カミロ・ジッテ『広場の造形』（原書一八八九　大石敏雄訳　美術出版社）	初の超高層ビル（霞が関ビル）竣工 大規模集積回路LSI開発（米） プラハの春（チェコ） 五月革命（仏）
一九六九	親和銀行本店　白井晟一	菊竹清訓『代謝建築論〜か・かた・かたち』（彰国	東名高速道路の開通

		社） 黒川紀章『ホモ・モーベンス・都市と人間の未来』（中央公論社） ロバート・ヴェンチューリ『建築の複合と対立』（原書一九六六　松下一之訳　美術出版社）	新都市計画法の施行 アポロ一一号が月面着陸に成功 東京駅に大地下街完成 東大紛争、安田講堂落城 プッシュホン方式の電話サービス開始
一九七〇	◇北海道開拓記念会館　佐藤武夫 ◇大阪万博お祭り広場　丹下健三	丹下健三『建築と都市』（彰国社） 丹下健三『人間と建築』（彰国社） 菊竹清訓『人間の都市』（井上書院） 菊竹清訓『人間の建築』（井上書院） 篠原一男『住宅論』（鹿島出版会） ルートヴィッヒ・ヒルベルザイマー『都市の本質』（原書一九五五　渡辺明次訳　彰国社）	大阪万国博覧会　開催 大気汚染、水質汚濁が社会問題化 IBM社、初のメモリー媒体となるフロッピーディスクを開発（米）
一九七一	◇ポーラ五反田ビル　林昌二（日建設計）	磯崎新『空間へ』（美術出版社）	ドルショック 日・米沖縄返還協定調印
一九七二	キンベル美術館　ルイス・カーン（米） ◇中銀カプセルタワービル　黒川紀章 フィリップ・エクセター・アカデミー図書館　ルイス・カーン（米）	長谷川堯『神殿か獄舎か』（相模書房）	田中角栄『日本列島改造論』 ユネスコ、世界遺産条約批准 ローマクラブ『成長の限界』を発表
一九七三	森泉郷カプセルハウスK　黒川紀章 シドニー・オペラハウス　ヨーン・ウッツォン（豪）	クリスチャン・ノルベルグ＝シュルツ『実存・空間・建築』（原書一九七一　加藤邦男訳　鹿島出版会）	第一次オイルショック 歩行者天国（上野―銀座間）が始まる
一九七四	◇ポール・メロン・センター　ルイス・カーン（米） 群馬県立近代美術館　磯崎新 北九州市立美術館　磯崎新 原邸　原広司	ロラン・バルト『表徴の帝国』（原書一九七〇　宗左近訳　新潮社）	MITS社、世界初のパソコン・アルテア発売 田中金脈事件
一九七五	◇ミロ美術館　ホセ・ルイ・セルト（スペイン） アクアポリス　菊竹清訓 福岡銀行本店　黒川紀章	磯崎新『建築の解体』（美術出版社）	ベトナム戦争終結 マイクロソフト社創業（米） 沖縄海洋博覧会の開催

年代	建築作品(計画案を含む)	主な建築関連書籍	文化・社会の動向
一九七六	◇北斎館　宮本忠長 ◇住吉の長屋　安藤忠雄 ◇ソニータワー大阪　黒川紀章 ◇中野本町の家　伊東豊雄 ワールド・トレード・センター　ミノル・ヤマサキ(米)	レイナー・バンハム『第一機械時代の理論とデザイン』(原書一九六〇　石原達二・増成隆士訳　鹿島出版会) チャールズ・ジェンクス『現代建築講義』(原書一九七三　黒川紀章訳　彰国社)	ロッキード事件 バイキング一号・二号火星着陸
一九七七	◇ライス・バー　コープ・ヒンメルブラウ(墺) ポンピドー・センター　レンゾ・ピアノ＋リチャード・ロジャース＋オヴ・アラップ(仏)	ミシェル・フーコー『監獄の誕生―監視と処罰』(原書一九七五　田村俶訳　新潮社) ジル・ドゥルーズ、フェリックス・ガタリ『リゾーム』(原書一九七六　豊崎光一訳　朝日出版社)	コンコルドの定期就航(ニューヨーク―パリ、ロンドン)開始
一九七八	◇松川ボックス(第二期)　宮脇檀	チャールズ・ジェンクス『ポスト・モダニズムの建築言語』(原書一九七七　竹山実訳　エー・アンド・ユー)	日中平和友好条約締結 世界初の体外受精児(試験管ベイビー)誕生
一九七九	◇「ナイジェリア新首都建設」指名コンペ　一等・丹下健三	磯崎新『手法が』(美術出版社)	第二次オイルショック アフガン侵攻(ソ連) パソコン通信コンピュサーブ誕生
一九八〇	◇住宅一〇号　ピーター・アイゼンマン(米)	槇文彦　他『見えがくれする都市』(鹿島出版会)	イラン―イラク戦争(〜一九八八) 無印良品販売
一九八一	◇レッド・エンジェル　コープ・ヒンメルブラウ(墺) 名護市庁舎　象設計集団＋アトリエモビル	コーリン・ロウ『マニエリスムと近代建築』(原書一九七六　伊東豊雄・松永安光共訳　彰国社)	日米自動車貿易摩擦 核戦略強化 マイクロソフト、IBM-PC用の基本ソフトMS-DOSを開発
一九八二	◇新宿NSビル　林昌二(日建設計) ◇サウジアラビア国家宮殿　丹下健三		世界初のコンピューターグラフィック映画「トロン」公開 フォークランド戦争 レバノン侵攻(イスラエル)

一九八三	◇オープン・ハウス（マリブの家）のスケッチ　コープ・ヒンメルブラウ（米） つくばセンタービル　磯崎新	黒川紀章『道の建築―中間領域へ』（丸善） 柄谷行人『隠喩としての建築』（講談社） 浅田彰『構造と力　記号論を超えて』（勁草書房）	大韓航空機爆破事件 東京ディズニーランド開園 任天堂、ファミコン発売
一九八四	シルバーハット　伊東豊雄 タイムズ　安藤忠雄		ガンジー暗殺（印） アフリカで飢餓拡大 NHK衛星放送開始
一九八五	SPIRAL　槇文彦	マンフレッド・タフーリ『建築のテオリア　あるいは史的空間の回復』（原書一九七六　八束はじめ訳　朝日出版社）	つくば科学万博開催 電電改革三法成立、日本電信電話公社民営化・NTT発足
一九八六	◇395　北川原温 香港上海銀行　ノーマン・フォスター（香港） ロイズ・オブ・ロンドン　リチャード・ロジャース（英） RISE　北川原温	ジル・ドゥルーズ、フェリックス・ガタリ『アンチ・オイディプス』（原書一九七二　市倉宏祐訳　河出書房）	バブル経済はじまる チェルノブイリ原発事故（ソ連） 男女雇用機会均等法施行
一九八七	ヤマトインターナショナル　原広司 アラブ世界研究所　ジャン・ヌーヴェル（仏） 東京工業大学百年記念館　篠原一男 ベルリン国際建築展（IBA）　ヨーゼフ・パウル・クライフス他（独） キリンプラザOSAKA　高松伸	アモス・ラポポート『住まいと文化』（原書一九六九　山本正三他訳　大明堂）	NTT携帯電話サービス開始 ニューヨーク株式市場大暴落（ブラックマンデー）（米） 国鉄民営化
一九八八	◇伊豆の風呂小屋　隈研吾 ◇ハーグ国立ダンスシアター　レム・コールハース（蘭） グラン・アルシュ　ヨハン・オットー・フォン・スプッレケルセン＋ポール・アンドリュー（仏） ワールド・ファイナンシャル・センター　シーザー・ペリ（米）	クリスチャン・ノルベルグ＝シュルツ『住まいのコンセプト』（原書一九八五　川向正人訳　鹿島出版会）	青函トンネル開通 リクルート事件 イラン―イラク戦争終結
一九八九	◇ルーフトップ・リモデリング　コープ・ヒンメルブラウ（墺） ◇フンダー第三工場　コープ・ヒンメルブラウ（墺） ◇オハイオ州立大学ウェクスナー視覚芸術センター　ピーター・アイゼンマン（米） ◇ラ・ヴィレット公園　バーナード・チュミ（仏）	F・デーヴィッド・ピート『シンクロニシティ』（原書一九八七　管啓次郎訳　朝日出版社） 伊東豊雄『風の変様体：建築クロニクル』（青土社）	天安門事件（中国） ベルリンの壁崩壊 東西冷戦終結

年代	建築作品(計画案を含む)	主な建築関連書籍	文化・社会の動向
	東京都葛西臨海水族館　谷口吉生		
一九九〇	◇日本電気本社ビル　林昌二(日建設計) 中国銀行香港支店ビル　I・M・ペイ(香港)	磯崎新『見立ての手法』(鹿島出版会) 原広司『住居に都市を埋蔵する—ことばの発見』(住まいの図書館出版局)	バブル経済の崩壊 東西ドイツの統一 熱帯雨林消滅の加速化
一九九一	◇デュオ柏原タウンセンター　北川原温 ◇M2　隈研吾 ◇大阪国際平和センター　小嶋一浩(シーラカンス) ◇八代市博物館・未来の森ミュージアム　伊東豊雄 ◇八代ギャラリー　伊東豊雄 ◇東京都新都庁舎　丹下健三 再春館製薬女子寮　妹島和世	アルド・ロッシ『都市の建築』(原書一九六六　大島哲蔵・福田晴虔訳　大龍堂書店) エドワード・レルフ『場所の現象学　没場所性を越えて』(原書一九七六　高野岳彦・阿部隆・石山美也子訳　筑摩書房)	ソ連崩壊 湾岸戦争 アパルトヘイト(人種隔離政策)廃止
一九九二	◇海の博物館　内藤廣 ◇水戸市立西部図書館　新居千秋	宮本忠長『住まいの十二か月』(彰国社) コーリン・ロウ、フレッド・カッター共著『コラージュ・シティ』(原書一九七六　渡辺真理訳　鹿島出版会) 槇文彦『記憶の形象』(筑摩書房)	EC、EU(欧州同盟)発足を決定 ブラジル、リオ・デ・ジャネイロで地球サミット開催 日本でインターネットにWWWシステム導入
一九九三	◇桜田門の交番　安田幸一(日建設計) ◇下諏訪町諏訪湖博物館　伊東豊雄 梅田スカイビル　原広司		ラムサール条約(国際湿地保全に関する条約)批准 パレスチナ暫定自治宣言調印
一九九四	◇アリア　北川原温 ◇亀老山展望台　隈研吾 ◇養護老人ホーム八代市保寿寮　伊東豊雄 ◇西海パールシー・センター　古市徹雄	黒川紀章『黒川紀章ノート—思索と想像の軌跡』(同文書院) 隈研吾『新・建築入門』(筑摩書房)	ネットスケープ社、ブラウザ(閲覧ソフト)開発、インターネットへのアクセスが身近になる 携帯電話自由化 英仏トンネル開通
一九九五	◇黒部市国際文化センター(コラーレ)　新居千秋	内藤廣『素形の建築』(INAX出版)	純国産ロケット、H2の打ち上げ成

	◇水／ガラス　隈研吾 ◇ザイバースドルフのオフィス・研究センター　コープ・ヒンメルブラウ（墺） ◇八代広域消防本部　伊東豊雄 ◇「せんだいメディアテーク」公開コンペ　一等・伊東豊雄　二等・古谷誠章 ◇棚倉町文化センター　古市徹雄	レム・コールハース『錯乱のニューヨーク』（原書一九七八　鈴木圭介訳　筑摩書房）	功 阪神・淡路大震災 地下鉄サリン事件 PHSサービス開始
一九九六	◇アンパンマン・ミュージアム　古谷誠章 ◇川／フィルター　隈研吾 ◇森舞台　隈研吾 ◇フジテレビ本社ビル　丹下健三 ◇安曇野ちひろ美術館　内藤廣 国際情報科学芸術アカデミーマルチメディア工房　妹島和世	黒川紀章『都市デザインの思想と手法』（彰国社） 黒川紀章『新・共生の思想』（徳間書店）	世界最高となるペトロナスタワー完成（マレーシア） CSデジタル放送開始
一九九七	◇サンタマリア聖教会　北川原温 ◇読売メディア・ミヤギ・ゲストハウス　阿部仁史 ◇茨城県天心記念五浦美術館　内藤廣 ＪＲ京都駅ビル　原広司	八束はじめ、吉松秀樹『メタボリズム　一九六〇年代—日本の建築アヴァンギャルド』（ＩＮＡＸ出版） 浅井健二郎編訳・久保哲司訳『ベンヤミン・コレクションⅢ』（筑摩書房）	地球温暖化問題、京都議定書の採択 香港を中国に返還（英）
一九九八	◇ビッグパレットふくしま　北川原温 ◇スペースブロック上新庄　小嶋一浩 ◇北会津村役場庁舎　古市徹雄 ◇クアラルンプール新国際空港　黒川紀章 ◇ヒルサイドウエスト　槇文彦	川向正人『境界線上の現代建築』（彰国社） 川向正人『二〇世紀モダニズム批判』（日刊建設通信新聞社） ジル・ドゥルーズ『襞〜ライプニッツとバロック』（原書一九八八　宇野邦一訳　河出書房新社） 原広司『集落の教え一〇〇』（彰国社） 仙田満『環境デザインの方法』（彰国社）	石川県畜産総合センターでクローン牛誕生
一九九九	◇竹の家　隈研吾 ◇森／スラット　隈研吾 ◇北上川運河交流館　隈研吾 ◇牧野富太郎記念館　内藤廣 ◇十日町情報館　内藤廣	新居千秋『喚起／歓喜する建築』（ＴＯＴＯ出版） 内藤廣『建築のはじまりに向かって』（王国社）	人間のＤＮＡの全容解読ほぼ完了 ペット型ロボットＡＩＢＯ（ソニー）登場

年代	建築作品(計画案を含む)	主な建築関連書籍	文化・社会の動向
	埼玉県立大学　山本理顕		
二〇〇〇	◇安藤広重美術館　隈研吾 ◇石の美術館　隈研吾 ◇高柳町　陽の楽屋　隈研吾	伊東豊雄『透層する建築』(青土社) リン・マーギュリス『サイエンス・マスターズ一四　共生生命体の三〇億年』(原書一九九八　中村桂子訳　草思社) 隈研吾『反オブジェクト―建築を溶かし、砕く』(筑摩書房)	ヤフーの株価が日本株式市場初の一億円の大台に乗る 初の南北朝鮮首脳会談 コンコルド墜落事故(仏) そごうが経営破たん 沖縄サミット開催
二〇〇一	◇せんだいメディアテーク　伊東豊雄 ◇栃木県立なかがわ水遊園おもしろ魚館　古市徹雄	『メタボリズム／二〇〇一』(大林組広報室) 宇野求・岡河貢『東京計画二〇〇一』(鹿島出版会) 塚本由晴　他『メイド・イン・トーキョー』(鹿島出版会)	同時多発テロによって世界貿易センタービルが崩壊(米) 家電リサイクル法の施行 政府は戦後初のデフレを公式に認定 ソニーのネット専業銀行が営業開始
二〇〇二	◇ポーラ美術館　安田幸一(日建設計) ◇ブルージュ・パヴィリオン　伊東豊雄(ベルギー) ◇サーペンタイン・ギャラリー・パヴィリオン　伊東豊雄(英) ◇苓北町民ホール　阿部仁史 ◇横浜赤レンガ倉庫　新居千秋 横浜港大さん橋国際客船ターミナル　foa	巌谷國士『シュルレアリスムとは何か』(筑摩書房) 古谷誠章『Shuffled　古谷誠章の建築ノート』(TOTO出版) 藤森照信、丹下健三『丹下健三』(新建築社) ケネス・フランプトン『テクトニック・カルチャー』(原書一九九五　松畑強・山本想太郎訳　TOTO出版)	ノーベル賞で日本初のダブル受賞 欧州単一通貨ユーロの現金流通が始まる 丸ビル新装開業
二〇〇三	◇東雲キャナルコート(一街区)　山本理顕 ◇群馬県神流町中里合同庁舎　古谷誠章 ◇ONE表参道本社ビル　隈研吾 ◇ハノイモデル　小嶋一浩(ベトナム)	香山壽夫『ルイス・カーンとはだれか』(王国社) 小泉格編『日本海学の新世紀3―循環する海と森』(角川書店) 宮脇檀・法政大学宮脇ゼミナール『日本の伝統的都市空間―デザインサーベイの記録』(中央公論美術出版) 山本理顕『つくりながら考える／使いながらつ	米英軍とイラクが開戦 個人情報保護法・有事関連三法が成立 住民基本台帳ネットワークが本格始動 産業再生機構設立

くる』(TOTO出版)

二〇〇四

◇ヴィラ・エステリオ　北川原温
◇北京建外SOHO　山本理顕(中国)
◇まつもと市民芸術館　伊東豊雄
◇トッズ表参道ビル　伊東豊雄

隈研吾『負ける建築』(岩波書店)

スマトラ島沖地震
新潟中越地震
アテネオリンピック
九州新幹線(新八代駅～鹿児島中央駅)開通
自衛隊イラク派遣開始
紀伊山地の霊場と参詣道がユネスコ世界遺産に登録される

◇は、本書で言及されたもの。( )内の米はアメリカ、伊はイタリア、英はイギリス、印はインド、加はカナダ、豪はオーストラリア、墺はオーストリア、蘭はオランダ、独はドイツ、仏はフランスを意味し、計画案を含む建築作品の所在する国名を表す。

作成者：大野隆司・藤田英介

【マ行】

【ヤ行】

【ラ行】

【ワ行】

【タ行】

【ナ行】

【ハ行】

【サ行】

事項索引 「　」:論文名、『　』:書名

スミッソン夫妻 Alison & Peter Smithson
……8、23注、34、35注、41注
スミッソン,ピーター Smithson, Peter (1923-2002)……23注、24注、35注、38
スミッソン,アリソン Smithson, Alishon (1928-93)……23注、35注、38
セルト,ホセ・ルイ Sert, Josep Lúis (1902-83)
……40、42注

【タ行】

武谷三男(1911-2000)……48、50-52注、54
丹下健三(1913-2005)……5、9、17、23注、37注、72-73、75、202
タウト,ブルーノ Taut, Bruno (1880-1938)
……53注、170注、171
チュミ,バーナード Tschumi, Bernard (1944-)
……9、84-85、114、124、125注
長大作(1921-)……24注
妻木頼黄(1859-1916)……118注、130
デ・カルロ,ジャンカルロ De Carlo, Giancarlo (1919-)……23注、38、42注
デュシャン,マルセル Duchamp, Marcel (1887-1968)
……85、105、106-107注、125注
ドゥルーズ,ジル Deleuze, Gilles (1925-95)……42、45注、74注、137注
朝永振一郎(1906-79)……50-51注

【ナ行】

内藤廣(1950-)……6、7、49、148、151-162
中井正一(1900-52)……51注
流政之(1923-)……55注
ニーマイヤー,オスカー Niemeyer, Oscar (1907-)
……75注
西山卯三(1911-94)……23注

【ハ行】

バケマ,ヤコブ Bakema, Jacob (1914-81)
……23注、36、37注、38、40
バタイユ,ジョルジュ Bataille, Georges (1897-1962)
……101注
ハディド,ザハ Hadid, Zaha (1950-)……30注
林昌二(1928-)……131注、132
バルト,ロラン Barthes, Roland (1915-80)……109
ピート,F.デイヴィッド Peat, F. David (1938-)
……23、25-26注
ヒルベルザイマー,ルートヴィッヒ Hilberseimer, Ludwig (1885-1967)……61-62、64-65、70
ファーネス,フランク Furness, Frank (1839-1912)
……112、114注
ファン・アイク,アルド Van Eyck, Aldo (1918-99)
……8、17、23注、38-40、41注
ファン・ドゥースブルフ,テオ Van Doesburg, Theo (1883-1931)……53注
フィッシャー,セオドア Fischer, Theodor (1862-1938)……52注
フェルミ,エンリコ Fermi, Enrico (1901-54)
……50注
古市徹雄(1948-)……9、17、71-82
ブルトン,アンドレ Breton, André (1896-1966)
……191注
古谷誠章(1955-)……7、85、135-146
フロイト,ジークムント Freud, Sigmund (1856-1939)……191注
ベーレンス,ペーター Behrens, Peter (1868-1940)
……52注
ベンヤミン,ワルター Benjamin, Walter (1892-1940)
……85、100-102、106

【マ行】

槇文彦(1928-)……3-4、8、16、21注、24注、33-46、57、229
マーギュリス,リン Margulis, Lynn (1934-)
……22、25注
マラルメ,ステファヌ Mallarmé, Stéphane (1842-98)……85、105-106
ミース・ファン・デル・ローエ,ルートヴィヒ Mies van der Rohe, Ludwig (1886-1969)……44注、61注、202-204
宮本忠長(1927-)……6、84-85、87-98
宮脇檀(1936-98)……41、44注
ヤマサキ,ミノル Yamasaki, Minoru (1912-1986)
……24注、34
ムテジウス,ハーマン Muthesius, Hermann (1861-1927)……52注
メロン,ポール Mellon, Paul (1907-99)……115
モリス,ロバート Morris, Robert (1931-)……125注

人名索引

【ア行】

アースキン,ラルフ Erskine, Ralph (1914-) ……24注

アイゼンマン,ピーター Eisenman, Peter (1932-) ……40、43注

芦原義信(1918-2003)……23注

阿部仁史(1962-)……7、9、148-149、187-198

新居千秋(1948-)……7、9、84-85、111-122

アレグザンダー,クリストファー Alexander, Christopher (1936-)……74注

粟津潔(1929-)……21注、35

アンダーソン, C. D. Anderson, Carl David (1905-91) ……50注

安藤忠雄(1941-)……125、158注、168

アンドレ,カール Andre, Carl (1935-)……125注

磯崎新(1931-)……138注

伊東豊雄(1941-)……43注、49、51、57、61注、138注、149、199-210

今西錦司(1902-92)……160

ヴァン・ド・ヴェルド,アンリ Van de Velde, Henry (1863-1957)……53注

ヴェンチューリ,ロバート Venturi, Rovert (1925-)……41、43注

栄久庵憲司(1929-)……21注、24注、35

大高正人(1923-)……21注、24注、34-35、36注

椎尾弁匡(1876-1971)……21

小野田泰明(1963-)……197

オッペンハイマー, J. R. Oppenheimer, John Robert (1904-67)……50注

【カ行】

カーン,ルイス・イザドア Kahn, Louis Isadore (1901-74)……9、24注、34、56-57、84-85、112-116、118注

川添登(1926-)……21注、24注、34、35注、48、52注、56注、57

加藤秀俊(1930-)……52注

ギーディオン,ジークフリート Giedion, Sigfried (1894-1968)……22注

菊竹清訓(1928-)……3-4、16、21注、23注、28注、34、35注、47-58、85、146、162注、202

北川原温(1951-)……85、99-110

キャンディリス,ジョルジュ Candilis, George (1913-95)……23注、38

隈研吾(1954-)…7、148-149、159注、163-174

黒川紀章(1934-)……2-4、8、16、19-32、34、35注、52注、57、85、138注、149、229

グロピウス,ワルター Gropius, Walter (1883-1969) ……36、53注、113注

剣持勇(1912-71)……24注

コープ・ヒンメルブラウ Coop Himmelblau ……9、189、191

プリックス,ヴォルフ Prix, Wolf (1941-) ……189注

シュヴィツィンスキー,ヘルムート Swiczinsky, Helmut (1942-)……189注

コールハース,レム Koolhaas, Rem (1944-) ……114

神代雄一郎(1922-2000)……41、44注

小嶋一浩(1958-)……7、148-149、175-186

コスタ,ルシオ Costa, Lucio (1902-98)……75注

今和次郎(1888-1973)……52注

【サ行】

坂倉準三(1904-68)……30注

坂田昌一(1911-70)……48、50-51注

佐藤功一(1878-1941)……89注

佐藤武夫(1899-1972)……84、88、89注

篠原修(1945-)……155-156

篠原一男(1925-)……84-85、131

ジャッド,ドナルド Judd, Donald (1928-94) ……125注

ジャンヌレ,ピエール Jeanneret, Pierre (1896-1967)……42注

シュウマッヒャー, F Schumacher, F (1869-1947) ……52注

白川静(1910-)……160

スーラ, G. P. Seurat, Georges Pierre (1859-91) ……171-172

あとがき

「はじめに」でも触れた拙著三冊を刊行してから本書までに六年を超える歳月が過ぎたが、この歳月は、私の建築思考の中で一つ次元を上げるための貴重な時間になった。

拙著三冊で捉えることができたのは、身体、建築、そして地域までだった。たとえば、『二〇世紀モダニズム批判』は、いわゆる本の帯と呼ばれるところに「治癒から成熟にむかおうとする建築と地域の流れを描き出す」と書いているように、個人、建築、そして地域が、それまでの急激な近代化から受けた重い傷から立ち直るための道筋を描くものだった。

「地域」というテーマにそのまま留まることも可能だったが、二一世紀への変わり目に、私はもう一度、「都市」というテーマを目指した。勤務する大学から在外研究の許可をとり、コロンビア大学大学院で工藤国雄教授とともに「現代日本建築」という一コマを教えることになって、二〇〇〇年秋から一年間マンハッタンに住んだ。グリッド構造の上に摩天楼が立ち並ぶマンハッタンは、超がつく近代都市である。その街に住んで、工藤氏、ケネス・フランプトン教授、それに同大学院の有能な若手教師や学生たちと重ねた議論は、私の建築と都市の研究に計り知れない刺激を与えた。その勢いが、本書の対談を支えている。

外から批判するよりもその内部に入り、もし問題があるならばそれをどう内発的に変えることができるかを提案するのが、私の基本スタンスである。その意味で、「超」近代都市マンハッタンに住むという経験は、大きな収穫だった。近代都市文明が転機を迎えており、それが国や世界の未来を左右すると、再認識した時だった。

地域という次元から一つ上がって、都市の次元に踏み込む。その際に、地域の次元で獲得した「つなぐ」という理念の有効性を、都市の次元でも考える。あらゆるものは内発的につながるとするのが私の立場だから、当然、地域でも都市でも同じ理念で考えねばならないわけだが、それは都市研究に対する大きなチャレンジでもあった。その意味で、黒川紀章氏の「コネクター」「道空間」「中間領域」、槇文彦氏の「リンケージ」などの概念の存在は、「つなぐ」理念の実例として、大いに励まされた。

現実の都市のように分裂・断片化・孤立に陥ることもなく、「つなぐ」を巡る思想と手法が、当初予想した以上にまとまりをもって浮かび上がってきたように思う。その意味で、事前打ち合わせから、対談、そして本書刊行までお付き合い下さった一五人の建築家に、心から御礼を申し上げたい。連続公開対談の主催者となり、新聞紙上に掲載した一五の対談を本書のようにまとめることを認めてくださった日刊建設通信新聞社の西山英勝社長、そして公開対談の場としてニューオータニ・ガーデンコート三階のすばらしいスペースを提供してくださった岡村製作所の中村喜久男会長（当時、社長）は、いわば本書の生みの親であって、その変わらぬご厚情に深く感謝したい。また、本書の刊行を引き受けてくださった鹿島出版会と、編集を担当した同編集部・編集チーフの相川幸二氏、そして、ブック・デザインを担当したデザイン実験室の工藤強勝氏にも、衷心より謝意を表する。

ちょうど、本書の編集作業が山場にさしかかったときに、私が所長となる長野県小布施町の「東京理科大学・小布施町まちづくり研究所」の設立準備が重なり、年表・索引の作成作業を、大学研究室の院生、大野隆司、藤田英介、勝亦達夫、大貫健太郎、井上桂司郎、蒲原剛、野口亮一の諸君が中心となって進めサポートしてくれたことを、ここに記して謝意を表する。

とはいえ、最終的な内容と出来栄えの責任は、すべて編著者の私にある。思わぬ誤りがあるかもしれないが、ご叱正をたまわり、さらに研究に精進したい。

二〇〇五年七月一〇日

川向正人

初出一覧

第Ⅰ部

第１章　黒川紀章：共生―中間領域による多元的世界へ（建設通信新聞二〇〇三年六月二五日付）

第２章　槇文彦：グループフォーム―都市の形象をつくる基礎概念として（同二〇〇三年四月一一日付）

第３章　菊竹清訓：か・かた・かたち―現象と実体に架橋する思考（同二〇〇四年五月一一日付）

第４章　山本理顕：職住混在―都市居住の全体性の回復に向けて（同二〇〇三年一一月一九日付）

第５章　古市徹雄：スパイン（背骨）―多様性を受け入れる柔らかい軸として（同二〇〇三年一月二一日付）

第Ⅱ部

第１章　宮本忠長：修景―景を修める職能への熱き思い（同二〇〇四年二月一八日付）

第２章　北川原温：コンステレーション―組織づける詩的概念として（同二〇〇二年一一月一五日付）

第３章　新居千秋：ファンタズマゴーリア―多様な視線と動線の交錯を伴う風景（同二〇〇三年七月三〇日付）

第４章　安田幸一：ミニマル―都市のリプログラミングに向けて（同二〇〇三年一二月一七日付）

第５章　古谷誠章：ハイパーコンプレックス・シティ―世界都市のあるべき姿として（同二〇〇三年三月五日付）

第Ⅲ部

第１章　内藤廣：素形―都市空間に場所性を蘇らせる形成因として（同二〇〇三年一〇月一五日付）

第２章　隈研吾：粒子―深い意味や世界とのつながりを回復するために（同二〇〇三年九月一〇日付）

第３章　小嶋一浩：コンパクトシティモデル―近未来の都市像とその設計手法を求めて（同二〇〇二年一二月一一日付）

第４章　阿部仁史：境界面―場の状況を映し出す媒体として（同二〇〇三年五月一四日付）

第５章　伊東豊雄：場所性―身体・建築・都市が同調する枠（トポス）として（同二〇〇四年三月二四日付）

［図版出典］

（六一頁下）監修鵜沢隆『未来都市の考古学』、東京新聞、一九九六、一三二頁。

（六七頁）W. Boesiger, "Le Corbusier 1946-1952" Artemis, 1953, 207P.

［写真撮影］

（六七頁下左）Nacása & partners inc.、（七三頁）村井修、（一三一頁）石黒守、

（一八九頁下）Sabine Haase-Zugmann、（一九八頁上）阿野太一、（二〇八頁）上田宏、

（五三頁上）（五五頁）（六一頁上右、上左）（七四頁）（七八頁上）（八〇頁中、下）（九二頁）

（九五頁）（九七頁）（一〇一頁左）（一一四頁下）（一一八頁上左、下右、下左）（一二六頁）

（一三二頁）（一五三頁）（一五四頁上）（一六七頁）（一七〇頁下）（一七三頁）（一九四頁上）川向正人。

これ以外の写真・図面は各建築家あるいはその事務所より提供。

川向正人(かわむかい・まさと)
現代建築都市研究者。
東京理科大学理工学部建築学科教授。
一九五〇年香川県生まれ。
一九七四年東京大学建築学科卒業、同大学院進学。
一九七七〜七九年ウィーン大学美術史研究所・ウィーン工科大学留学。
一九八一年東京大学大学院博士課程修了、明治大学助手。
一九八八年東北工業大学助教授、一九九三年東京理科大学助教授。
二〇〇〇年コロンビア大学准教授(客員)。二〇〇二年より現職。
著書に『アドルフ・ロース』(住まいの図書館出版局)、
『ウィーンの都市と建築』(丸善)、
『オーストリア』『中欧』(ともに共著、新潮社)、
『風土・地域・身体と建築思考』『二〇世紀モダニズム批判』
(ともに日刊建設通信新聞社)、『図説 近代建築の系譜』(共著)
『境界線上の現代建築』(ともに彰国社)、
訳書にD・スミス『アメニティと都市計画』、
V・M・ランプニャーニ『現代建築の潮流』、
C・ノルベルク=シュルツ『住まいのコンセプト』
(いずれも鹿島出版会)などがある。

現代建築《げんだいけんちく》の軌跡《きせき》
建築《けんちく》と都市《とし》をつなぐ思想《しそう》と手法《しゅほう》

二〇〇五年九月五日　第一刷発行
二〇一四年三月一〇日　第二刷発行

著者　川向正人《かわむかいまさと》
発行者　坪内文生
発行所　鹿島出版会
〒一〇四-〇〇二八　東京都中央区八重洲二-五-一四
電話〇三-六二〇二-五二〇〇　振替〇〇一六〇-二-一八〇八八三
印刷・製本　壮光舎印刷
造本　工藤強勝+伊藤滋章

ISBN 978-4-306-04454-8 C3052

本書の内容に関するご意見・ご感想は下記までお寄せ下さい。
URL: http://www.kajima-publishing.co.jp/
e-mail: info@kajima-publishing.co.jp